DRUGS IN HISTORY

마약의 역사

개정증보판

마약의 역사

초판 1쇄 발행 2012년 4월 20일
개정증보판 1쇄 발행 2024년 10월 15일

지은이 조성권
펴낸이 장길수
펴낸곳 지식과감성#
출판등록 제2012-000081호

교정 한장희
디자인 이현, 강샛별
편집 강샛별
검수 이주연, 정윤솔
마케팅 김윤길, 정은혜

주소 서울시 금천구 벚꽃로298 대륭포스트타워6차 1212호
전화 070-4651-3730~4
팩스 070-4325-7006
이메일 ksbookup@naver.com
홈페이지 www.knsbookup.com

ISBN 979-11-392-2163-3(93330)
값 16,700원

• 이 책의 판권은 지은이에게 있습니다.
• 이 책 내용의 전부 또는 일부를 재사용하려면 반드시 지은이의 서면 동의를 받아야 합니다.
• 잘못된 책은 구입하신 곳에서 바꾸어 드립니다.

※ 이 연구는 2007년도 한국학술진흥재단의 인문저술지원사업 과제(과제번호: B0001)임.

지식과감성#
홈페이지 바로가기

DRUGS IN HISTORY

마약의 역사

개정증보판

조성권 지음

은사(恩師)이신

럽샤 교수님에게

Dedicated to Peter A. Lupsha, my mentor,

who led me to the way of narcotics studies

목차

개정판 서문 I
초판 서문 IV

제1장 서론

제1절 인류의 역사와 마약의 역사 2
제2절 마약식물과 마약의 종류 8

제2장 원시 시대
(BC 10000~BC 500)

제1절 신화와 마약식물 24
제2절 원시종교와 마약식물 31

제3장
고대 시대
(BC 500~AD 500)

제1절 그리스 시대와 마약   42
제2절 로마 시대와 마약   50

제4장
중세 시대
(500~1500)

제1절 로마 가톨릭교와 마녀사냥   62
제2절 마녀사냥과 마약   74

제5장
근대 시대
(1500~1800)

제1절 이성의 시대와 마약의 부활   86
제2절 동서교역과 아편무역   91

제6장
19세기
(1800~1900)

제1절 화학발달과 합성마약   100
제2절 합성마약과 중독개념   110
제3절 제국주의와 아편전쟁   131

제7장
20세기 전반
(1900~1950)

제1절 1900년대:
상하이 아편위원회와 미국의 등장   142
제2절 1910년대:
헤이그 아편협약과 마약 불법화의 시작   145
제3절 1920년대:
금주법과 미국 마피아의 형성   149
제4절 1930년대:
프렌치 커넥션과 국제 마약밀매의 시작   153
제5절 1940년대:
정치권력과 마약조직의 공생관계   156

제8장
20세기 후반
(1950~2000)

제1절 1950년대:
매카시즘, MK-ULTRA, 쿠바 커넥션 — 167

제2절 1960년대:
반항문화운동, 환각제 혁명, 프렌치 커넥션 — 177

제3절 1970년대:
마약과의 전쟁, 통제약물법, 피자 커넥션 — 185

제4절 1980년대:
마약전의 군사화, 코케인과 크랙, 아프간 커넥션 — 193

제5절 1990년대:
탈냉전, 조직범죄의 세계화, 글로벌 마약밀매 — 217

제9장
21세기와 전망

제1절 팔레르모 협약, 테러와의 전쟁, 멕시코 마약전쟁 — 242
제2절 초국가적 위협: 테러조직과 마약조직의 연계 — 251
제3절 미국 마리화나 정책과 글로벌 합법화 — 269

제4절 21세기 국제 마약밀매의 구조　　　　　　　　280

제5절 21세기 국제 마약밀매의 전망　　　　　　　　284

제10장

결론

개정판 서문

『마약의 역사』 초판은 2012년에 발간됐다. 필자가 2017년 절필하고 2022년 은퇴할 때까지 이 단행본은 필자가 재직한 한성대학교에서 학부생과 대학원생의 강의교재로 사용했다. 초판을 발행할 때 필자는 출판사로부터 200만 원으로 원가의 70%인 약 12,000원으로 구매했다. 이유는 학부생 및 대학원생에게 5,000원에 재판매하고 학부생에게 재판매한 것은 대학도서관에 기부했고, 대학원생에게 재판매한 것은 학과대표의 운영비에 사용하도록 했다. 5년에 걸쳐 단행본을 집필하는 과정에서 도서관을 통해 구입한 서적이 500만 원도 넘었을 것이다. 아마도 국내도서관 중에서 마약 관련 서적이 가장 많은 도서관이라고 자부한다.

개정판이라고 해서 특별히 많은 수정 보완을 한 것은 아니다. 왜냐하면 초판이 21세기 10년 정도까지를 언급하여 집필했기 때문이다. 그렇다면 이후 현재까지 10년의 역사를 집필해야 하는데 이 부분은 현재 필자가 집필하고 2024년 4월에 출간한 『21세기 환각제 혁명』이라는 단행본에서 어느 정도 취급하기 때문이다. 다만 이 개정판에서 부분 수정한 것은 제9장 제1절과 제2절 **[초국가적 위협: 테러조직과 마약조직의 연계]**이고 새로 첨가한 부분은 제3절의 **[미국 마리화나 정책과 글로벌 합법화]**이다. 20세기 동안 국제 마약사는 미국이 주도적 역할을 담당했다. 한마디로 미국은 마약의 불법화 정책을 넘어 범죄화 정책의 화신이었다. 이런 미국이 마리화나에 대한 정책을 변화시키는 조짐을 보이고 있기 때문에 필자의 관심을 끌었다.

또한 개정판은 소소한 측면에서 크게 세 가지를 수정했다. 첫째, 초판에서 많이 발견한 오탈자를 가능한 한 수정했다. 그럼에도 오탈자가 있다면 그 책임은 전적으로 필자의 잘못이다. 둘째, 읽기 편하도록 가능한 한 영어를 삭제했다. 이런 의미에서 초판에서 학문적 차원에서 도움이 되도록 설명한 각주도 가능한 한 삭제했다. 셋째, 가능한 한 한국어를 사용하되 종종 영어 성명이나 영어 타이틀 등은 한국어로 번역하는 대신 그대로 사용했다. 이 점이 독자들에게 불편함을 느낀다면 미리 사과한다.

개정판을 쓰게 된 동기는 단순했다. 은퇴를 1년 앞두고 후배이며 제자인 대학원생(이지은)이 『마약의 역사』를 수강할 때 필자는 초판이 품절된 것을 알고 있었다. 또한 원본파일을 분실하여 e-book도 판매할 수 없었다. 그래서 그녀에게 어떻게 교재를 구입했느냐고 물었더니 중고를 샀다고 했다. 그것도 초판의 3배 가격인 5만 원에 구매했단다. 필자가 알아본 중고판의 최고가는 10만 원이었다. 그 제자는 현재 직장에 다니면서 마퇴본부에서 봉사활동도 계획하고 있는 성실한 사람이다. 한데 어느 날 필자에게 전화해서 초판을 자신이 직접 전부 다시 썼단다. 헐! 필자는 그저 놀랄 수밖에. 이래서 개정판이 등장한 것이다.

이런 연유로 이 개정판이 세상에 나올 수 있게 만든 최고의 공적은 후배이며 제자인 이지은 덕분이다. 당연히 개정판은 물론 e-book을 포함한 모든 판권은 그녀의 몫이다. 또한 필자의 단행본에 대해 칭찬이든 비판이든 서평을 해 주신 모든 분들에게 미리 감사드린다. 무더운 여름에 지루하고 따분한 교정 작업을 깔끔하게 해 주신 한장희 선생님에게 특별감사를 드린다. 끝으로 하늘나라에 있는 나의 아내 경희와 이제는 석사과정 졸업한 진우와 둘째 민규에게 무한한 사랑을 보낸다.

초판 서문

국내에서 마약학 분야는 매우 미진하다. 마약학에서 가장 중요한 분야의 하나가 마약의 역사이다. 그러나 국내에서 마약의 역사를 가르치거나 저술한 단행본은 없다. 이것은 마약학을 사회과학 혹은 자연과학의 일부로 인식하고 있기 때문이며 인문학 분야에서도 관심을 두지 않는다. 그렇다고 사회과학 분야에서 마약의 역사를 취급하지도 않는다. 이처럼 마약의 역사는 인문과학과 사회과학의 사각지대에 놓여 있다. 이런 연유로 마약의 역사에 대한 심도 있는 연구는 마약학 분야에서 반드시 필요하다. 마찬가지로 마약의 역사는 마약학의 연구에 선도적인 역할을 수행할 수 있을 뿐만 아니라 국내에서 미개척 분야인 이 연구를 통해 장래 마약학의 학문적 토대를 형성하는 계기가 될 수 있기를 희망한다.

인간은 인류 역사의 주체이다. 반면 마약은 인류 역사의 과정에서 존재하는 수많은 객체의 하나이다. 이 연구는 역사의 주체인 인간과 역사의 객체인 마약과의 상호관계를 가능한 한 객관적으로 설명하고 해석하는 것이다. 이 때문에 이 연구의 연구방법론으로 역사-구조적 접근방법을 선택했다. 왜냐하면 이 접근방법이 특정 시간과 공간에 존재하는 거시적 사회구조와 사회행위자의 상호작용을 통해 사회현상을 이해하는 것이기 때문이다. 이런 분석방법을 통해 이 연구는 인간의 역사에서 함께 존재해 온 마약의 의미를 탐구하는 것이다. 다시 말하면 이 연구는 사회행위자로서의 인간이 과거에서 현재까지 역사과정 속에서 마약을 어떻게 인식하고 그런 인식이 어떻게 변화되어 왔는가에 대한 역사적 분석이다. 역으로 마약이라는 매개체를 통해 역사적 구조 속에서 제한받는 인간의 인식이 어떻게 사회구조를 변화시키는지에 대한 연구도 함께 이루어질 것이다.

국내 선행연구의 측면에서 이와 같은 학술 연구는 부스(Martin Booth)의 단행본에 대한 2005년 번역본 『아편(Opium: A History)』을 제외하고는 거의 없다. 외국의 경우 단편적인 마약들에 대한 역사는 많은 연구가 되어 있다. 특히 인류의 시작과 함께 사용했다고 해도 무리가 아닌 마리화나와 아편의 역사에 대한 단행본은 이미 많이 발간됐고 또한 현재에도 지속적으로 발간되고 있다. 그러나 외국문헌에서조차도 마약의 역사에 대한 포괄적 역사서는 찾아보기 쉽지 않다. 마약에 대한 간략한 역사서는 에스코타도(Antonio Escohotado)의 단행본(A Brief History of Drugs)이다. 그리고 비교적 포괄적인 마약 관련 역사서는 문화사적 측면에서 고찰한 데이븐포트-하인즈(Richard Davenport-Hines)의 단행본(The Pursuit of Oblivion: A Global History of Narcotics)이 거의 전부라 해도 과언이 아니다.

이 연구에서 논의되는 마약의 종류는 19세기 초 아편에서 모르핀이 합성되기 이전까지는 주로 마리화나, 아편, 코카잎과 같은 천연마약을 중심으로 설명한다. 제2장의 원시 시대는 이런 천연마약 외에도 다양한 향정신성 특성을 지닌 마약식물도 함께 고찰한다. 19세기부터 현재까지는 천연 마약류 외에도 천연마약에서 화학적으로 추출된 모르핀,

코케인, 헤로인과 같은 ※화학 합성마약을 중심으로 논의를 전개한다. 물론 20세기에 등장한 메스암페타민, LSD, 엑스터시, GHB와 같은 화학합성 마약들도 언급한다. 이를 통해 이 연구가 오늘날 국가적 차원은 물론 글로벌 차원에서 나날이 심각해지는 마약 이슈와 문제에 대해 올바른 이해의 길잡이가 되기를 희망한다. 나아가 가까운 장래 마약의 오남용에 적절한 해결방안을 위한 지혜를 획득하기를 바란다.

제1장은 인류의 역사와 마약의 역사 그리고 마약식물 및 마약의 종류에 대해 기술했다. 제2장은 원시 시대의 마약사이다. 신화와 마약식물 그리고 원시종교와 마약식물의 상관관계를 분석했다. 제3장은 고대 시대의 마약사이다. 그리스와 로마 시대의 마약에 대한 인식을 설명했다. 제4장은 중세 시대의 마약사이다. 로마가톨릭교가 마녀사냥을 어떻게 이용했는지? 그리고 로마가톨릭교가 마녀사냥에서 마약을 어떻게 악용했는지에 대해 설명했다.

제5장은 근대 시대의 마약사이다. 근대의 이성주의가 마약의 부활에 어떤 의미가 있는지? 그리고 동서교역이 아편무역에 어떻게 활성화됐는지를 분석했다. 제6장은 19세기의 마약사이다. 화학의 발달이 어떻게 합성마약의 발견에 응용됐는지? 합성마약이 어떻게 인간을 중독시켰는지? 그리고 서구 제국주의의 대표적 사례인 아편전쟁의 과정과 결과는 무엇인지를 살펴본다.

제7장은 20세기 전반기의 마약사이다. '1909년 후발 제국주의로 등장한 미국이 상하이 아편위원회를 제안한 이유는 무엇인가? 1912년

마약 관련 최초의 국제협약인 헤이그 아편협약의 의미는 무엇인가? 1919년 미국의 금주법은 미국 마피아의 형성에 어떻게 작용했는가? 1930년에 형성하기 시작한 프렌치 커넥션이 마약사에 준 의미는 무엇인가? 정치권력과 마약조직의 공생관계가 현대 중국의 역사에 어떤 영향을 주었는가?'에 대한 분석이다.

제8장은 20세기 후반기의 마약사이다. 1950년대의 매카시즘, 1960년대의 반항문화운동, 1970년대 마약과의 전쟁, 1980년대 마약전의 군사화, 1990년대 탈냉전과 세계화 등의 역사적 사회구조 속에서 인간의 마약에 대한 인식의 변화를 추적한다. 제9장은 21세기 10년의 테러와의 전쟁하에서 전개한 간략한 마약사이다. 이와 함께 국제마약밀매의 구조와 향후 전망을 간략히 기술했다. 끝으로 제10장은 결론 부분으로 이 단행본의 대미를 장식했다.

이 단행본은 필자가 1994년 학위를 마치면서 향후 25년간 총 5권의 사회과학적 역사서를 집필하기로 계획한 것 중에서 세 번째이다. 이런 계획은 2006년에 『한국조직범죄사』, 2011년에 『21세기 초국가적 조직범죄와 통합안보』, 그리고 이 『마약의 역사』가 세 번째이다. 이 단행본을 집필하는 데 있어 많은 기관과 지인들의 도움을 받았다. 이 단행본은 2007년도 한국학술진흥재단의 인문저술지원사업의 과제이다. 마약과 관련된 많은 저서들은 필자가 몸담고 있는 한성대학교 학술정보관을 통해 구입했다. 또한 여러모로 도움을 제공한 국제범죄정보센터에도 감사드린다. 도움을 주신 지인들 중에서 으뜸은 은사이시며 마약이라는 새로운 학문 분야의 지평을 열어 주신 Peter A. Luphsa 교수님이다. 그리고 필자에게 항상 새로운 학문의 길에 대한 영감을 불어 넣어 준 김우상 연세대학교 교수와 국방연구원의 박상현 박사이다.

한국외국어대학교의 정경원, 김원호, 이상환, 하상섭 교수, 울산대학교의 이순주 교수, 한라대학교의 장노순 교수, 그리고 분당 수다팀인 주미영, 유호근, 김기석 교수에게도 끊임없는 감사를 드린다. 이 외에도 한성대학교 역사문화학부 교수들, 이름은 거명할 수 없지만 국가정보원의 제자들, 배향자, 명재신 박사들을 비롯한 고광언, 정용범, 정두형, 이학렬, 김재우, 이용기, 인천공항의 김병두, 배성태, 이규형 그리고 박종연 박사를 비롯한 이민수, 조명근, 정세환, 하진 연구원, 용미숙 수간호사, 윤치장, 김형종, 김화인 선생에게도 마음의 빚을 졌다. 또한 한성대학교 마약학과를 위해 항상 깊은 애정과 많은 도움을 주신 오유경 교수, 서희부대장을 역임한 최광연 대령, 많은 사랑스러운 제자를 대표하여 한재준에게 이 자리를 빌려 깊은 감사를 드린다.

Univ. of North Carolina에서 근무하는 나의 친구 허경과 그의 아내 Martha Ruiz-Garcia 교수와 김호선·김상숙 교수에게도 특별한 감사를 드린다. 또한 워싱턴 한인 회장이신 최정범·최리나 부부를 비롯한 안민호·이상온 부부, 임로이·김소연 부부, 정동균·김미경 부부 등은 미국, 말레이시아 그리고 한국에서 필자와 아내에게 이 연구를 위해 물심양면으로 도움을 주었다. 이 단행본이 나오기까지 수고해 주신 도서출판 인간사랑의 여국동 사장님을 비롯하여 이국재, 디자인을 담당해 주신 박무선 팀장 및 편집진 여러분에게도 깊은 감사를 드린다. 끝으로 너무도 소중한 사랑하는 나의 아내 경희와 두 아들 진우와 민규에게 한없는 사랑을 보낸다.

제1장

서론

"These immense changes occurred largely as a result of the synergies between human beings and the various plants with which they interacted and coevolved."

- Terence K. McKenna, *Food of Goods*(1992)

제1절
인류의 역사와 마약의 역사

 지구 역사에서 인류의 기원은 최후의 빙하기가 시작되는 대략 400만 년 전에 시작한 것으로 추정한다. 그 후 인류의 조상은 계속 진화하여 대략 200만 년 전에 호모 하빌리스(handy man)가 등장하여 직립보행을 통해 손을 사용하면서 도구를 제작했다. 약 100만 년 전에 호모 에렉투스(to set upright)는 불을 사용하고 통제했다. 약 30만 년 전에 호모 사피엔스(wise man)가 등장하고, 15만 년 전에는 오늘날 인류의 직접조상이라고 할 수 있는 호모 사피엔스 사피엔스가 등장했다. 6만 년 전 이들은 아프리카에서 전 세계로 이동했으며, 3만 년 전에는 거의 전 세계로 분산됐다. 이들은 빙하기가 끝나는 BC 10000년 경까지 혹독한 환경에 적응하면서 언어도 사용하고 석기도 제작하면서 구석기 시대를 형성했다.

 미국의 민족식물학자 메케너(Terence McKenna)는 인류의 진화와 마약식물과의 상관관계에 대한 흥미로운 가설을 제기했다. 그는 【마약 원숭이(Stoned Ape)】 가설을 제시하면서 인간이 실로사이빈과 같은 환각성 알칼로이드를 함유한 향정신성 식물들이 지닌 특수한 능력을 발견하고 섭취하여 자신의 뇌를 자극했다고 주장한다. 그는 환각성 알칼로이드가 인간에게 사물에 대한 시각과 언어능력은 물론 도구제작과 의식적으로 자기 성찰을 고취시켜 종교와 같은 인간의 내적 상상력의 발달을 고무시키면서 동물계에서 영장류로 진화하는 데 결정적 요인으로 작용했다고 주장한다.[1] 그는 유목민들의 생활방식 중에서 하나의 독특한 부산물은 그들이 점차적으로 향정신성 균류의 사용을 증가시켰다고 주장한다. 그러나 그는 인류가 BC 12000년경 기후변화로 인해 실로사이빈 버섯류를 식량 목록에서 제거했다고 주장한다.[2]

BC 10000년경 빙하기가 끝나면서 지구의 온난화가 시작됐다. 생존환경이 호전되면서 식량을 확보하기 위한 인류의 이동면적은 더욱 확대됐다. 이때까지 인류는 여전히 수렵, 어로, 채집을 통한 유목생활을 영위했다. 그러나 BC 10000~BC 5000년 사이 인류는 서서히 농업을 통해 정착생활을 시작했다. 특히 야생 동식물의 사육은 식량자원의 증산과 인구증가에 공헌했다. 이 기간 농업에 필요한 새로운 도구도 개발됐다. 호주 문헌학자 차일드(Gordon Childe)는 이를 신석기 혁명으로 명명했다. 농업혁명은 인류 역사를 한 단계 급성장시킨 결정적 요인이다. 농업의 발달에 따라 농경문화가 형성되고 인구가 급증하여 혈연 중심의 씨족사회는 지연 중심의 부족사회로 변화·발전했다. 이 과정에서 BC 5000~BC 3000년 사이 도시가 형성되기 시작했다. 또한 경제적으로 무역이 등장하고 사회적으로 계급이 분화되기 시작했다.

석기 시대와 같은 원시 시대에 원시인들에게도 비록 원시적인 형태이지만 종교적 믿음이 있었다. 예를 들면 애니미즘, 샤머니즘, 토테미즘과 같은 자연숭배사상이다. 1964년 루마니아의 저명한 종교사학자

엘리아데(Mircea Eliade)는 샤머니즘에 대한 특성을 한마디로 【엑스터시의 기술(Techniques of Ecstasy)】로 표현했다.[3] 샤머니즘의 실행의식은 BC 12000년경의 구석기 시대까지 올라간다고 추정한다.[4] 샤머니즘의 주체는 샤만으로, 그는 인간세계와 정신세계의 중개자이며 조정자이다. 샤만은 환상의식 혹은 희생의식을 통해 정신세계로부터 교감을 얻어 인간을 치료한다. 이런 환상의식을 얻기 위해 【황홀경 혹은 망아상태(ecstatic trance)】가 필요하고, 이를 위해 다양한 향정신성 마약식물들을 이용한다.[5] 이것은 샤만들이 자신들의 활동 지역에 자생하는 향정신성 마약식물에 대한 전문적 지식을 지니고 있음을 의미한다.

최근의 고고학·인류학적 연구는 신석기 시대의 샤머니즘과 같은 원시종교를 살펴볼 때 인류가 향정신성 마약식물을 이용해 왔음을 점차 밝혀내고 있다. 하나의 예로 고고학적 증거는 알제리 동남부에 위치한 신석기 시대의 동굴벽화가 있는 유적지이다. 1982년 유네스코가 지정한 세계자연문화유산인 이 유적지의 벽화그림은 환각성 버섯류를 사용하는 샤만을 묘사하고 있다.[6] 원시종교, 특히 샤머니즘에서 마약식물의 사용에 대해서는 제2장에서 좀 더 구체적으로 고찰할 것이다. 한편 BC 5000~BC 3000년 사이 인류는 다양한 향정신성 마약식물들 외에도 마리화나, 양귀비, 코카잎과 같은 새로운 천연 마약식물들을 사용했다는 흔적이 발견된다.

BC 3000년경 인류는 구리와 주석의 합금인 청동기 시대를 시작한다. 도시의 형성과 발달과정에서 사회가 점차 복잡해지면서 자연스럽게 문자가 필요하게 된다. BC 3000년경 메소포타미아에서 인류 최초의 문자기록이 발견된다. 문자발명은 기록의 역사가 시작되었음을 의미한다. 문자발명으로 인해 종교적 전통은 경전으로, 사회적 관습은 법전으로, 신화적 기록은 역사와 문학의 발달을 유도했다. 농업을 토대로 형성된 도시가 문자발명과 함께 이집트, 메소포타미아, 인도, 중국에서 인류 4대 문명의 탄생에 중요한 영향을 주었다. 차일드가 명명한 소위 도시혁명이다. 도시혁명은 점차적으로 산업 및 노동분화, 계급분화와 신분제도, 무역발전, 종교적 의식의 탄생을 유도했다. 도시의 발달은 그리스와 로마에서처럼 도시국가의 형태로 더욱 발전되면서 후에 국가의 형성으로 이어진다.

흥미로운 사실은 인류 역사에서 마리화나, 아편, 코카잎과 같은 천연 마약식물에 대해 구체적으로 문자로 기록되면서 등장하는 시기가 기록의 역사가 시작되는 BC 3000년경 청동기 문명의 시작과 거의 일치한다는 것이다. 예를 들면 이집트와 메소포타미아 문명에서는 아편에 대한 기록이 전해지고, 인더스와 황하 문명에서는 마리화나에 대한 기록이 전해진다. 이 외에도 남아메리카의 고대 페루 문명의 하나인 노르테 치코(Norte Chico: BC 3500~BC 1800) 문명에서는 코카잎의 사용이, 그리고 중앙아메리카의 고대 멕시코 문명들인 마야(Maya: BC 2000~AD 900), 올멕(Olmec: BC 1400~BC 400), 테오티와칸(Teotihuacan: BC 200~AD 700), 톨텍(Toltec: 800~1000)은 물론 아즈테카 제국(Azteca: 13세기~1521)에서도 다양한 향정신성 마약식물을 사용했다. 특히 아즈테카 제국의 테오나나카틀(teo-nanacatl: flesh of gods)의 의식은 실로사이빈이 함유된 환각성분의 버섯을 종교적 의식에 이용했다.[7] 아즈테카 제국의 마지막 통치자였던 목테수마 II세의 즉위식에 이 버섯을 봉헌했다.

결론적으로 원시 시대에 마약은 주로 종교적 의식 및 치료용으로 이용되는 초자연적 객체였다. 고대 시대가 시작되면서 히포크라테스는 처음으로 마약을 과학적 객체로 인식했다. 이때부터 그리스·로마 시대에 마약은 주로 치료 및 오락용으로 이용되면서 매우 긍정적 의미로 사용됐다. 그러나 로마제국이 기독교를 공인하고 국교화되는 AD 4세기부터 마약은 기독교의 교리에 위배된다는 미명하에 점차적으로 부정적 이미지와 함께 불법화됐다. 이 때문에 중세 시대부터 르네상스 초기까지 마약은 금지됐지만 지속적인 전쟁으로 인해 아편과 같은 마약은 비공식적으로 비밀리에 치료용으로 이용됐다. 15~16세기경 중세가 몰락되는 르네상스 시대에 절정을 이룬 마녀사냥의 과정에서 마약은 희생양을 처단하는 마녀사냥의 도구로 이용됐다.

마약을 【악마의 선물】이라고 인식한 중세 시대와는 달리 16~18세기 근대 시대에 마약이 다시 대중화되면서 아편은 인간의 고통을 구제하기 위한 【신의 선물】로 부활했다. 특히 18~19세기 근대 산업혁명의 변화와 경쟁과정에서 아편은 긴장해소의 필수적 의약품으로 등장했다. 19세기 화학의 발전과 함께 새로운 의약품의 발달과정에서 모르핀, 코카인, 헤로인과 같은 半화학합성마약에 대한 소비가 급증했다. 이 과정에서 19세기 말에서 20세기 초에 마약중독은 중요한 국내외 사회문제로 등장했다. 미국의 정신약리학자인 시겔(Ronald Siegel)은 중독 경험에 대한 열망은 기아, 갈증, 섹스 다음으로 네 번째 본능적 욕구라고 강조한다.[8] 그때부터 현재까지 마약은 점차적으로 금지 및 불법화를 넘어 범죄화됐다. 그러나 마약사용의 범죄화는 조직범죄의 부상을 유도했다. 이런 이유로 메케너는 마약, 특히 향정신성 마약은 불법이든 합법이든 세계화와 함께 점진적으로 글로벌 문화의 중요한 일부분으로 성장할 것이라고 예측했다.[9]

제2절
마약식물과 마약의 종류

지구상에 존재하는 약 40만 종의 식물 중에서 인간에게 【축복】과 【저주】를 동시에 주는 대표적인 식물은 칸나비스, 양귀비, 코카나무와 같은 마약식물이다. 마약식물의 종류에 대한 분류는 다양한 방법이 있으나 이 글에서는 현재 글로벌 차원에서 일반적으로 대중들에게 가장 잘 알려진 마약식물들에 대해서 초점을 맞춘다. 역사적으로 19세기 초 화학 및 약리학이 발달하기 이전까지 마약은 순수한 자연산 마약식물들이 주류를 이루었다. 대표적인 것이 마리화나, 양귀비꽃에서 추출되는 아편, 코카잎, 그리고 수많은 향정신성 마약식물들이다. 그러나 19세기 이후 아편에서 半화학합성마약들인 모르핀과 헤로인 그리고 코카잎에서 코케인이 추출되었다. 이와 함께 20세기에 100% 화학합성마약들인 필로폰, LSD, 엑스터시, GHB 등이 등장했다.

마리화나는 인간의 중추신경계에 작용하는 데 있어 환각성 마약으로 분류된다. 마리화나의 화학적 주성분은 THC이다. 마리화나는 꽃, 잎, 줄기로 구성된다. 이 중에서 THC가 가장 많이 함유된 부분은 암꽃 마리화나의 꽃가루인데, 잎의 10배 함량이 있고, 잎은 줄기의 10배 함량의 THC가 있다. 암꽃 마리화나의 꽃가루만을 응축해 만든 해시시는 평균 15~30%의 THC 성분이 있다.[10] 해시시에 다양한 화학적 용매를 첨가해 만든 해시시 오일의 경우 평균 60%의 THC 성분이 있다.[11] 네덜란드 커피 가게에서 판매하는 마리화나는 평균 18%의 THC 성분이 있다.[12] 동아줄을 만드는 데 사용하는 산업용 햄프의 경우 1% 미만의 THC 성분이 있어 오락용으로 사용하지 못한다. 마리화나에 있는 THC 성분이 의료용 혹은 징검다리 가설 혹은 관문이론의 논쟁을 일으키고 있다.

마리화나는 두 가지 의미 있는 종이 있다. 1753년 스웨덴 식물학자 린네는 이를 칸나비스 사티바(Sativa)와 칸나비스 인디카(Indica)로 분류했다. 마리화나는 다른 마약식물과는 달리 온대지방에서부터 열대지방까지 거의 전 세계에 걸쳐 널리 분포되어 있다. 온대지방의 저지대에서 자라는 것은 주로 사티바종으로 6m까지 자라며 동아줄로 사용할 수 있다. 냉대지방의 고지대에서 자라는 것은 주로 인디카종으로 약 1m 정도 자란다. THC 성분이 다량 포함되어 있는 인디카종은 주로 해시시 혹은 해시시 오일로 이용된다. THC가 많이 포함된 종은 지역적으로 주로 중동, 인도, 자메이카, 멕시코에서 자생한다. 특히 강하(ganja)라 불리는 자메이카산 마리화나가 가장 높은 THC를 함유하고 있다.

역사적으로 마약식물 중에서 마리화나만큼 인간과 지속적으로 밀접한 관계를 맺은 것은 없을 것이다. 마리화나에 대한 가장 오랜 역사는 BC 10000년까지 거슬러 올라가는데, 대만에서 대마섬유를 사용한 흔적이 발견됐다.[13] BC 5000~BC 3000년경 황하유역의 양사오 문화

(仰韶文化)에서도 대마섬유가 발견됐다. 이런 흔적은 인간에게 마리화나가 이미 신석기 시대의 농경생활을 영위하는 주요 작물의 하나임을 의미한다. 청동기 시대인 BC 3000년경 마리화나의 씨와 흔적이 중앙아시아를 중심으로 많은 유적지에서 발견됐다.[14] 이를 중심으로 마리화나는 전 세계로 전파됐다. 유럽의 경우 BC 700년경 중앙아시아의 유목민족인 스키타이족이 전파했다. 이것은 마리화나에 대한 이름이 각 지역마다 독특하게 다르다는 측면에서 잘 나타난다. 예를 들면 BC 685년 아시리아인의 편지에 마리화나는 쿠누부(Kunubu: way to produce smoke)로 불리었다.[15] 그 이름은 나중에 카나푸(kannapu)로 바뀌었고 그리스·라틴어인 칸나비스(cannabis)의 어원이 되었다.[16]

BC 300~AD 200년경에 쓰였다고 추정하는 중국 최초의 농업 및 약용식물에 대한 내용을 적은 『神農本草經』에 의하면, BC 2800년경에 살았다는 신화적 인물인 신농신(神農神)이 섬유를 위해 대마를 재배하는 법을 가르쳤다고 전해진다. 그러나 이것은 구전의 역사이다. 마리화나에 대한 실제 기록의 역사는 BC 1550년경 고대 이집트의 가장 뛰어난 의학적 기록인 에베르스 파피루스에서 시작한다. 이 파피루스에 500개 이상의 약물로 구성된 876종의 처방전이 있다.[17] 이 파피루스는 마리화나를 의료용으로 묘사하고 있다.[18] 조로아스터교의 성전(Ahura-Mazda), 고대 인도 브라만교의 성전(Rig Veda와 Atharva Veda), 그리고 고대 불교에서는 마리화나를 명정에 유용한 수단으로 인식했다.[19]

마리화나에 대한 기록은 고대 히브리 성경과 BC 9세기경 오리엔트 문명을 최초로 통일시킨 아시리아 제국 시대의 문헌에서도 나타난 다.[20] 특히 히브리 성경과 구약성경의 출애굽기(30장 22~33절)에서 언급하는 【신성한 향유(Holy anointing oil)】는 마리화나를 의미한 다.[21] 220년 중국 문헌에는 포도주에 마리화나를 넣어 마취제로 사용 했다는 기록도 전해진다.[22] BC 5세기경 그리스 역사가인 헤로도토스 는 스키타이인들이 마리화나를 이용하여 【마리화나 찜질방】을 즐겼다 는 기록도 있다.[23] 중요한 것은 그러한 마리화나의 사용에 대해 오늘날 에 만연된 부정적 인식보다는 오히려 상당히 긍정적이고 신성한 인식 이 자리 잡고 있었다는 점이다.

양귀비(Papaver somniferum: sleep-inducing poppy)의 꽃봉오 리에서 추출하는 아편은 진정성 마약으로 분류된다. 꽃의 색깔은 매우 다양하다. 아편의 화학적 주성분은 아편 알칼로이드로 보통 모르핀 성 분의 10%를 함유하고 있다. 둥글고 연한 초록색을 띤 미성숙된 꽃봉 오리를 칼로 그으면 진한 우윳빛 액체가 흘러나온다. 이것을 모아 하루 정도 햇빛에 말리면 끈적끈적한 흑갈색으로 변하는데 이것이 아편이 다. 〈그림 1-1〉은 모르핀과 헤로인의 정제과정이다. 건식방법은 비용 과 기술적 이유 때문에 밀매조직들은 선호하지 않고 의약용을 위한 합 법적 사용에만 부분적으로 이용된다. 양귀비씨와 양귀비씨 오일은 아 편 알칼로이드가 매우 낮아 제빵 혹은 요리용에 이용된다. 양귀비는 지 리·환경적 요인에 의해 지중해 인근이 다른 지역보다 2~3배 더 많은 아편 알칼로이드를 함유하고 있다. 이런 요인으로 인해 다른 어느 지역 보다도 지중해를 중심으로 번성한 문명에 아편에 대한 기록이 많이 존 재한다.

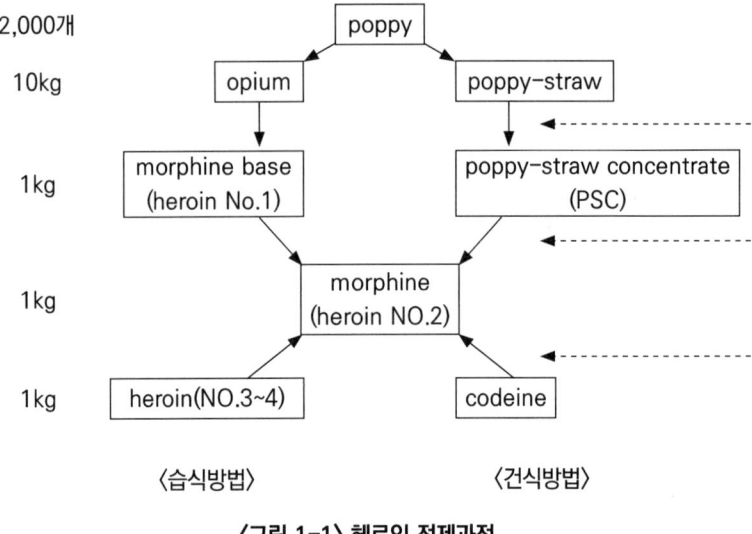

〈그림 1-1〉 헤로인 정제과정

    역사적으로 양귀비의 재배는 BC 8000년경 구석기 시대까지 거슬러 올라간다.[24] 스페인의 박쥐동굴에서 발견된 신석기 거주인의 매장지에서 BC 4200년경 사용된 흔적이 있는 양귀비의 씨를 발견했다.[25] 특히 신석기 시대의 양귀비 재배는 식량, 의료, 의식적 목적을 위해 사용한 흔적이 있다. 양귀비의 이미지는 BC 4000년경 수메르인의 인공물에서도 발견된다. 가장 잘 알려진 양귀비 경작은 BC 3400년경 청동기 시대 메소포타미아의 수메르인이다. 당시 수메르인은 양귀비를 【Hul Gil: 환희의 식물】로 명명했다.[26] 아편에 관한 가장 오래된 기록의 하나는 BC 3000년경 수메르 시대의 메모장에서 발견되는데, 아편을 【즐긴다】는 의미로 사용했다. 양귀비 꽃봉오리의 문형은 가장 오래된 바빌로니아 청동기 석기와 크레타·미케네 문화에도 등장한다.

의학적 기록인 이집트의 파피루스, 로마 의사인 디오스코리데스(Dioscorides)와 갈렌(Galen), 아라비아 의사인 아비세나(Ibn Sina: 일명 Avicenna)의 작품에 아편은 가장 중요한 의약품으로 언급하고 있다.[27] 예를 들어 파피루스에 의하면 아이들의 심한 울음을 멈추게 하기 위해 아편을 사용했다는 기록이 있다. 파피루스에는 양귀비 봉우리에서 추출액인 아편을 언급했고, 그것을 먹거나 연고의 형태로서 진통제나 진정제로의 사용을 권장했다.[28] 이 때문에 아편은 메소포타미아 수메르인과 바빌로니아, 아시리아, 이집트로 전해지면서 보편적인 진통제로 널리 사용됐다. 또한 페니키아인과 그리스의 미노아인들은 지중해와 카르타고를 거쳐 유럽으로 아편무역을 확장했다. BC 1100년경 양귀비는 지중해의 사이프러스섬에서도 경작했다.[29] 아편은 BC 6세기경 페르시아가 아시리아와 바빌로니아를 정복한 후에도 언급된다.[30]

고대 그리스 시대인 BC 8세기경 호머의 『Odyssey』 4권에서 언급한 【헬렌의 네펜테(Helen's Nephethe)】는 아편을 의미한다. 고대 그리스 신화 속의 트로이 전쟁(BC 12세기경 발생한 것으로 추정되며, 그리스의 신화 시대와 역사 시대의 전환점)은 스파르타의 왕인 메네라우스(Menelaus)의 아름다운 아내 헬렌으로 인해 발생된다. 10년 전쟁은 결국 트로이 목마의 고안자이며 그 전쟁의 영웅인 오디세우스의 그리스군이 승리하여 헬렌은 스파르타로 귀환한다. 전쟁이 끝난 후 오디세우스의 아들인 텔러마쿠스(Telemachus)는 스파르타를 방문하여 왕의 환영을 받는다. 그러나 텔레마쿠스는 트로이 전쟁에서 죽은 전사들의 기억으로 눈물을 흘린다. 이때 헬렌이 그의 슬픔을 진정시키기 위해 와인에 아편을 넣어 그에게 제공한다.[31] 이것은 고대 그리스 신화나

문헌에서 【망각의 약】으로 묘사되고 있다. 그 약은 이집트 여왕이 헬렌에게 주었다고 전해진다. 이것은 아편 및 아편 혼합물에 관한 전통이 당시 소아시아에 만연했음을 의미한다.

매우 쓴 맛의 아편은 원시인들이나 고대인들에게 처음에는 주로 종교적 의식용으로 사용되었지만 점차적으로 의학적 치료용으로 사용됐다. 인류학자들은 특히 원시 시대의 샤만들이 아편을 주로 종교적 의식용으로 사용했으며, 고대 시대의 종교적 의식을 취급하는 사제들의 경우 아편을 점차적으로 종교적 의식용과 함께 치료용으로 병행하여 사용했을 것으로 추정한다. 고대 이집트에서 아편의 사용은 주로 사제, 주술사, 그리고 전사들에 제한됐다.[32] 이런 맥락에서 원시 시대이건 고대 시대이건 양귀비에서 추출하는 아편의 경우도 마리화나와 마찬가지로 긍정적 이미지가 지배적이었다. 아편은 후에 아랍 상인들에 의해 스페인, 북아프리카, 페르시아, 인도, 그리고 중국으로 소개됐다.

코카(Erythroxylon coca)는 흥분성 마약식물로 약 200종이 넘는다. 코카는 마리화나나 양귀비와는 달리 지리적으로 라틴아메리카의 안데스 지역에서만 자란다. 그중에서 코케인을 생산할 수 있는 종은 17개이다. 17개의 종에서 15종은 코케인 알칼로이드 함량이 낮아 상업적 가치가 낮다. 따라서 두 개의 종(Erythroxylum coca var. coca, Erythroxylum coca var. ipadu)만이 합법이든 불법이든 재배에 이용된다. 종자는 코케인 알칼로이드가 가장 많이 함유된 2~3년생 나무로부터 얻는다. 20~30일 파종한 다음 두 달 정도 지나 30cm 정도 자라면 이식할 정도가 된다. 그리고 1~2년 정도 자라면 1~2m 정도의 높이가 된다.[33] 이후 약 20~50년 동안 1년에 보통 3~4회 수확이 가능하다. 코카잎의 주요 화학적 성분은 코케인 알칼로이드로 0.1~0.9% 존재한다.[34] 알칼로이드가 가장 많이 함유된 양질의 코카잎은 잉카제국의 중심지였던 현재의 페루에서 생산된다. 코카잎에서 추출한 코케인의 정제방법은 〈그림 1-2〉처럼 헤로인 정제과정과 비교할 때 상대적으로 간단하다.

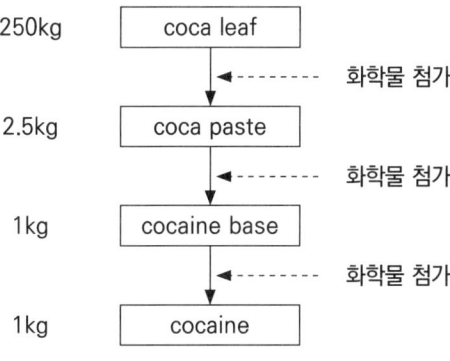

〈그림 1-2〉 코케인 정제과정

코카잎의 사용은 BC 3000년경 안데스 지역의 미라에서 발견됐다.[35] 특히 BC 3000년경 안데스 지역의 노르테 치코 문명에서 사용한 흔적이 발견됐다. BC 3세기경의 차빈 문명(*Chavin*: BC 900~BC 200), 6세기경의 모체 문명(*Moche*: 100~800), 잉카문명(*Inca*: 1197~1533)에서 코카잎을 씹는 볼록한 뺨을 가진 조각상들이 존재한다.[36] 코카잎은 또한 종교적 의식용으로도 사용됐다. 이들 문명들에서 코카잎은 자연신들에게 제공되는 제물에서 중요한 부분을 차지했다. 이것은 이들 문명들에서 코카잎이 종교·문화적으로 신성시되었음을 의미한다. 코카잎을 씹는 전통은 오늘날까지 고도에 적응하는 안데스 원주민들에게 허기, 갈증, 고통, 피로를 극복하는 수단으로 라임과 함께 이용되고 있다. 오늘날 코카잎은 상업용 코카 차(mate de coca)로도 이용된다. 한마디로 안데스 원주민들은 코카잎을 종교적 의식용, 의료용, 오락용 등으로 사용했음을 알 수 있다.

코카잎에 대한 역사적 기록은 잉카제국에서 유래한다. 잉카인들에게 코카잎은 아편과 마찬가지로 의약용과 종교의식의 액세서리로 사용된 흔적이 발견된다. 이 때문에 잉카제국(특히 Topa Inca: 1471~1493)에서는 코카의 재배를 왕의 사유지에서만 경작하도록 독점했다. 그것의 사용은 왕족, 제사장과 귀족, 전쟁에서 공훈을 세운 장군들에 한정됐다.[37] 평민들이 사용하는 예외적인 경우는 장거리를 달리는 연락병 혹은 해안지역에서 잉카제국의 수도인 쿠스코까지 매일 아침 왕의 식탁에 생선을 올리는 일을 하는 심부름꾼에게 제공됐다. 코카잎을 입에 물고 씹으면 피로와 갈증이 감소되기 때문이다. 코카잎과 유사한 효능이 있는 카트(Khat)는 예멘, 소말리아, 에티오피아에서 생성된다. 이들 잎들은 모두 인간의 중추신경을 자극하여 결국 덜 먹고 더 많은 일을 할 수 있는 에너지를 제공한다.

16세기 초 스페인이 잉카제국을 정복한 이래 19세기 초 유럽에서 나폴레옹 전쟁을 계기로 중남미가 스페인 식민지로부터 독립이 될 때까지 300년 동안 스페인 정복자들은 은 및 주석 광산지역에 원주민 노동자들을 대량으로 투입했다. 이때 정복자들은 혹독한 원주민 착취의 메커니즘으로 원주민들에게 코카잎을 노동의 대가로 지불했다. 그것은 원주민들에게 더 많은 일을 시킬 수 있고 음식을 덜 먹게 할 수 있었기 때문이다. 허기, 피로, 추위를 견디게 해 주는 코카잎은 원주민들에게는 이중 고통이었다. 소위【코카잎 씹기(chewing coca)】에 따른 중독현상으로 원주민들은 울며 겨자 먹기 식으로 스페인 정복자들의 노동력 착취에 동원됐다.[38] 스페인 식민지 동안 이런 열악한 환경에서의 중노동으로 인해 전체 원주민 인구의 약 70%가 말살되는 가장 중요한 원인이 됐다.

원시사회에서 사용한 마리화나, 아편, 코카잎 외에도 세계의 많은 지역에는 인간의 중추신경계에 환각작용을 일으키는 수많은 향정신성 마약식물들이 존재한다. 예를 들면 시베리아와 북유럽에서 주로 고대 마법사들이 사용했던 다양한 환각성 마약류들이 있다. 고대 멕시코 아즈테카 종족들에게【神의 살】혹은【신성한 버섯】으로 일컫는 다양한 향정신성 버섯류와 마약식물들이 있다. 이들 대부분의 마약식물들은 오늘날의 LSD 혹은 메스칼린과 유사한 환각작용을 일으킨다.[39] 멕시코 市의 북부에 위치한 거대한 피라미드가 있는 테노치티틀란(Teno-chititlan)의 사원은 아즈테카 제국(1325~1521)이 건설했다. 이 사원의 테판티틀라(Tepantitla) 벽화와 소치필리(Xochipilli: 꽃의 신)의 조각상에는【神의 살】을 의미하는 페요테(peyote)와 같은 향정신성 식물들에 의해 둘러싸여 있다.[40]

환각성 식물들은 크게 네 그룹으로 분류된다. **첫째**, LSD 유형의 환각성 식물이다. 이런 유형에는 페요테, 아침의 영광, 맥각균(ergot)이 있는데, 이들의 특성은 사고감각의 확장, 사고속도의 신속, 복잡한 인식과 행위에 대한 이해력을 증진시킨다. **둘째**, 트라이프타민이 함유된 환각성 식물이다. 이런 유형에는 DMT와 실로사이빈이 있는데, 이들의 특성은 간결, 집중력, 탁월한 언어능력이다. **셋째**, 베타 카볼라인이 함유된 환각성 식물이다. 이런 유형에는 아야와스카(ayahuasca)가 있는데, 이것의 특성은 환상을 추구하는 힘이 존재하여 샤머니즘의 의식에서 종종 이용된다. **넷째**, 이보가(iboga) 계열의 환각성 식물이다. 이것의 특성은 강력한 환상과 감정적 경험을 유도한다. 한마디로 마리화나, 양귀비, 코카처럼 원시사회에서 향정신성 마약식물도 종교적으로 신성시하고 의료용으로 사용되는 긍정적 측면을 보여 준다.

마약의 종류에 대한 분류방법은 다양하다. 그러나 일반적으로 세 가지로 분류할 수 있다. 천연식물에서 그대로 추출해 낸 천연마약, 천연식물에 화학물을 첨가해 만든 半화학합성마약, 그리고 화학합성마약이다. 대표적인 천연마약들은 위에서 논의한 마리화나, 아편, 코카잎이 있다. 半화학합성 마약으로는 아편에서 추출하는 모르핀과 헤로인 그리고 코카잎에서 추출하는 코케인이 있다. 화학합성마약은 메스암페타민, LSD, 그리고 동물 마취제로 사용하는 PCP가 있다. 이러한 마약들은 사람의 중추신경계에 어떻게 작용하느냐에 따라 다시 다음 세 가지로 분류된다. **첫째**로 아편, 모르핀, 헤로인처럼 사용하면 졸린 듯한 진정성 마약이다. **둘째**로 코케인, 메스암페타민, 엑스터시처럼 사용하면 정신을 흥분시키는 흥분성 마약이다. **셋째**로 마리화나, LSD, PCP처럼 사용하면 정신이 오락가락하는 환각성 마약이다.

한편 메스암페타민은 1888년 동경의대 나가이 나가요시(長井長義)

교수가 천식약재인 마황(麻黃: ephedra plant)으로부터 에페드린을 추출하는 연구과정에서 처음 발견하고 1893년 최초로 합성했다. 1941년 대일본제약주식회사가 히로뽕(philopon)이라는 상품명으로 판매했고 일부는 군수용품으로도 사용하면서 그 상품명이 현재 그대로 국내에서 필로폰이라는 이름으로 사용되고 있다.[41] 전쟁 후 일본은 1951년 심각한 사회문제가 되고 있는 히로뽕을 의약품이 아닌 마약으로 규정하여 단속했다. 이후 강제 징용된 한국인 중 일부가 그 제조기술을 국내에 도입하여 1970년대까지 일부에서 사용됐다. 그러나 이 마약은 1980년대 이후 국내에서 가장 많이 밀매되고 사용되는 대표적인 마약이 됐다. 21세기 이후 이 마약은 국제적으로는 한국→일본→하와이→미국 서부지역에서 동양인에게 주로 사용되었고, 최근엔 미국 전 지역으로 점차 확산되고 있다.

참고문헌

대검찰청(2003). 『2002 마약류범죄백서』.

Akerknecht, Erwin H.(1995). *A Short History of Medicine*. The Johns Hopkins Univ. Press.

Booth, Martin(1996). *Opium: A History*. NY: St. Martin's Griffin.

Booth, Martin(2005). *Cannabis: A History*. NY: Picador.

Butricaa, James L.(2002). "The Medical Use of Cannabis Among the Greeks and Romans." *Journal of Cannabis Therapeutics*, vol.2, no.2, June.

Clottes, Jean(2002). "Paleolithic Cave Art in France." http://www.bradshawfoundation.com/clottes/page7.php.

Constable, Nick(2002). *This is Cocaine*. London: Sanctuary House.

DEA(1993). "Coca Cultivation and Cocaine Processing: An Overview." *Schaffer Library of Drug Policy*, 1 Sep. http://www.mellowgold.com/Coca-Cultivation-Processing.html.

Devenport-Hines, Richard(2002). *The Pursuit of Oblivion: A global History of Narcotics*. NY: W. W. Norton & Company.

Eliade, Mircea(1964). *Shamanism: Archaic Techniques of Ecstasy*. NY: Pantheon Books.

Escohotado, Antonio(1999). *A Brief History of Drugs: From the Stone Age to the Stoned Age*. Rochester: Vermont Park Street Press.

Furst, Peter T. ed.(1990). "Introduction." In *Flesh of Gods: The Ritual Use of Hallucinögens*. edited by Peter T. Furst. Long Grove, IL: Waveland Press, INC.

Herodotus. *The History of Herodotus: Book IV.* translated by George Rawlinson. http://classics.mit.edu/Herodotus/history.4.iv.html.

Kritikos, P. G. and S. P. Papadaki(1967). "The early history of the poppy and opium." *Journal of the Archaeological Society of Athens.* http://www.poppies.org/2001/07/13/theearly-history-of-the-poppy-and-opium.

Li, Hui-Lin(1974). "An Archaeological and Historical Account of Cannabis in China." *Economic Botany*, vol.28, no.4.

McKenna, Terence(1992). *Foods of Gods: The Search for the Original Tree of Knowledge, A Radical History of Plants, Drugs, and Human Evolution.* NY Bantam Books.

Pahnake, Walter N.(1996). "Drugs and Mysticism." *The International Journal of Parapsychology*, vol.VIII, no.2, Spring, http://www.psychedelic-library.org/pahnake.htm.

Rivera M. A. et. al.(2005). "Antiquity of coca-leaf chewing in the south central Andes: a 3,000 year archaeological record of coca-leaf chewing from northern Chile." *Journal of Psychoactive Drugs*, vol.37, no.4.

Rubin, Vera D. ed.(1976). *Cannabis and Culture.* Chicago, IL: Aldine Publishing Company.

Rudgley, Richard(1998). *Lost Civilizations of the Stone Age.* Century.

Rudgley, Richard et. al.(1998). *The Encyclopedia of Psychoactive Substances.* NY: Thomas Dunne Books.

Samorini, Giorgio(1992). "The oldest Representations of Hallucinogenic Mushrooms in the World: Sahara Desert, 9000-7000 B.P." *Integration*, vol.2/3. http://web.archive.org/web/20060116104741/www.samorini.net/doc/sam/sah_int_htm.

Schiff, Paul L, Jr.(2002). "Opium and its alkaloids." *American Journal of Pharmaceutical Education*, Summer, http://findarticles.com/p/articles/miqa3833/is.200207/ain9107282/.

Schultes, Richard E.(1990). "An Overview of Hallucinogens in the Western Hemisphere." In *Flesh of Gods: The Ritual Use of Hallucinogens.* edited by Peter T. Furst. Long Grove, IL: Waveland Press, INC.

Schutes, Richard E. et. al.(2001). *Plants of the Gods: Their Sacred, Healing and Hallucinogenic Powers.* Healing Arts Press.

Stafford, Peter (1992). *Psychedelics Encyclopedia.* Berkeley, CA: Ronin Publishing, Inc.

Streatfeild, Dominic (2001). *Cocaine: An Unauthorized Biography.* NY: Picador.

UNODC(2006). *World Drug Report 2006,* http://www.unodc.org/unodc/en/data-and-analysis/WDR-2006.html.

UNODC(2009). *World Drug Report 2009 Series: Why does cannabis potency matter?* http://www.unodc.org/unodc/en/frontpage/2009/June/why-does-cannabis-potency-matter.html.

"Cannabis and the Christ." http://www.cannabisculture.com/backissues/cc11/christ.html.

"Coca Leaf." http://cocaine.org/cokleaf.html.

"Hash Oil." http://www.alb2c3.com/drugs/hash005.htm.

"Opium." http://en.wikipedia.org/wiki/Opium.

"The Ebers Papyrus The Oldest Egyptian Medical Writing About Marihuana." http://www.onlinepot.org/medical/eberspapyrus.htm.

BBC News(2003). "Cannabis linked to Biblical healing." 6 January.

제2장

원시 시대

(BC 10000~BC 500)

"In consciousness dwells the wondrous, with it man attains the realm beyond the material, and the Peyote tells us, where to find it."

- Antonin Artaud, The Tarahumars(1947)

제1절
신화와 마약식물

 학문적으로 신화는 사실 혹은 거짓에 대한 판단이 아니라 전통적 이야기에 내재된 상징성에 더 중요한 의미를 부여한다. 신화는 최초로 일어난 사건으로서 성스러운 역사에 대한 이야기이다.[42] 성스러운 역사는 창조를 포함한 하나의 신비를 의미한다. 그러나 신화의 대부분은 기록이 남아 있지 않고 구전으로 내려오는 원시 시대의 내용이다. 이러한 구전으로 내려오는 신비가 세상 속으로 등장하면서 세속적 인간에게 종교적 혹은 정신적 의미를 부여한다. 그보다 더 중요한 것은 신화가 종교적 의식을 통하거나 다른 여러 방식을 통해 인간의 정신세계에 중요한 의미로 등장한다는 점이다. 인간은 신들을 모방함으로써 성스러운 것에 머무르려고 노력한다. 이 때문에 모방은 대부분 종교적 행동이나 행위를 통해 신성성을 유지하는 형태로 나타난다. 이것이 신화의 전형적인 특징이다.

 신화를 구성하는 가장 중요한 부분은 영혼과 정신에 대한 신념이다. 이런 의미에서 신화는 애니미즘에 기반을 둔다. 애니미즘은 모든 자연물에 영혼이 존재한다는 신념이다. 애니미즘에 대한 구체적 정의는 1871년 영국의 인류학자 타일러(Edward Tylor)의 저서인 『원시문화

(*Primitive Culture*)』에서 이루어졌다. 애니미즘의 세계관에 따르면 인간은 자연환경에서 우월한 존재가 아닌 단지 자연의 일부분에 불과하다. 따라서 인간이 그런 자연환경 속에서 생존하고 생명을 영속화하기 위해서는 정신적 존재에 대한 의식이 필요하다. 애니미즘은 후에 태양신 숭배와 같은 보다 구체적인 종교의식으로 발전한다. 신화와 애니미즘을 비교할 때 대부분의 신화는 정신적이고 무형적인 존재보다는 물질적이고 유형적인 존재에 초점을 맞춘다. 그러나 신화가 미래 생활과 순수한 정신적 존재에 대한 수많은 아이디어를 포함하기 시작하면서 신화와 애니미즘의 경계선은 무너졌다. 이러한 신화와 애니미즘 사이의 혼합이 종교 신화의 창조로 유도됐다.

한편 엘리아데는 장례 및 창조신화의 많은 부분이 샤머니즘과 관계가 있는데, 삶과 죽음으로 이르는 통로 ― 그는 이를 【역설적 통로】로 명명 ― 에 대한 주제는 샤머니즘의 중요한 특징의 하나라고 강조한다.[43] 흥미 있는 사실은 신과 인간의 중재자로서 샤만은 이 통로에 접근하기 위해 마약식물을 이용했다는 사실이다. 바꾸어 말하면 마약식물이 샤만을 신과 인간을 중개하는 초월적 혹은 초자연적인 존재로 부상하게 만든 중요한 도구였다는 의미이다. 마약식물의 섭취를 통해 샤만은 초자연적 세계로 몰입하여 육체를 분리하거나 혹은 자신의 정신을 환상적 망아상태로 유도함으로써 정신세계(自然神)와 교감하거나 악한 정신에 의해 야기된 병을 치료할 수 있었다. 원시사회의 종교적 인간으로서 샤만은 초월적 존재인 동시에 신의 대리인으로서의 책임을 다하기 위해 주기적인 종교적 의식행사(축제)를 벌인다. 이 축제의식에서 샤만은 엑스터시라는 초월적 체험을 보여 주고 신화를 재현함으로써 자신이 신의 영역에 접근할 수 있음을 보여 준다.[44]

그런 초월적 체험을 육체적·정신적으로 이루기 위해서 샤만은 그의 신체에 특이한 자극을 제공하는 마약식물이 필요하다. 신화의 재현과정에서 마약식물은 신의 영역에 들어가는 중요한 도구이므로, 마찬가지로 그것에 신성성이 부여된다. 원시사회의 신화에 등장하는 환각성 식물들은 그 효과가 너무도 특별해서 신비한 경험과 혹은 죽음으로부터의 치료용으로 이용되면서 우상숭배의 대상이 되었다.[45] 이 때문에 미국의 민족균류학자 왓슨(Gordon Wasson)은 환각성 마약식물을 이용한 【황홀경 혹은 망아상태】가 샤머니즘의 본질이라고 강조한다.[46] 메케너는 샤만이 엑스터시를 이루기 위해 마약을 섭취하는 것을 【마약 샤머니즘】이라고 명명했다.[47] 이런 맥락에서 샤머니즘은 의약, 종교, 마력이라는 분리할 수 없는 세 가지 차원의 가장 오래된 혼합물이라고 할 수 있다.

구체적으로 세계 각지의 일부 신화에 등장하는 마약식물의 의미와 역할을 살펴보자. **첫 번째 사례**는 멕시코의 우이촐(Huichol) 창조신화이다. 이 신화에 의하면 모든 신들은 지하세계의 지모신(地母神)으로부터 나타난다. 이를 통해 모든 생명들이 차례로 하나의 존재로 등장한다. 우이촐 신화에서 환각성분의 선인장인 페요테는 태양이 탄생하는 동쪽의 신성한 땅에서 자란다. 원시사회에서 이 식물은 초자연적인 힘이 있기 때문에 신성한 의식 및 치료용으로 이용된다. 따라서 신화의 재현을 원하는 샤만은 마약식물인 페요테를 신성한 의식에 이용한다. 현재도 멕시코에서는 이 의식에 따라 페요테를 찾는 순례행사가 진행되고 있다. 순례자들은 상징적으로 눈을 가리는 의식을 통해 페요테가 자라는 신성한 곳을 찾는다. 페요테 순례자들은 신비로운 【구름의 관문]을 지나 신성한 영토로 들어가는 상징적 통과의례를 치른다.[48] 다음의 구절은 페요테 순례행사에 대한 찬가이다.

Look, you hummingbirds,
(보라, 순례자들이여)
Surely we are going where the peyoteros have gone,
(확실히 우리는 페요테 순례자들이 갔었던 곳을 가고 있노니)
On their ancient pilgrimage of the peyote.
(페요테의 고대 순례 여행지.)

Who knows if we are going to get there or not,
(우리들이 그곳에 도달할지 아닌지를 누가 알랴)
Because this journey is very dangerous,
(왜냐하면 이 여정은 매우 위험하므로)
One must fly high in order to pass over the wind,
(바람을 넘기 위해 우린 높이 날아가야 해)
Light as air,
(공기처럼 가볍게)
We will make camp there,
(거기에 우린 캠프를 지을 거야)
Under the highest trees.
(가장 높은 나무 아래에.)

Maxa Kwaxi gives them guidance,

(마사 와시가 그들을 안내하리)

He give them the names of where they will fly,

(그는 그들에게 날아갈 곳의 이름들을 주리)

So that they may enter there safely.

(그래서 그들은 안전하게 거기를 들어가리.)

They rise, they rise,

(그들은 오르고 또 오르리)

Like a string of beads,

(구슬의 줄처럼)

"How pretty is this pilgrimage,

(얼마나 멋진가! 이 순례여행이)

How very pretty."

(너무도 멋지지 않은가.)

So says Maxa Kwaxi.

(그렇게 마사 와시는 말하리.)

- Furst(1990), "To Find Our Life" pp.148-149.

두 번째 사례는 콜롬비아의 아마존 지역에 거주하는 투카노(*Tukano*) 원주민의 창조신화이다. 이 신화에 아야와스카(*ayawaska*)라 불리는 환각성 마약식물이 등장한다. 스페인어로 아야와스카는 에콰도르, 볼리비아, 페루 지역의 원주민 언어인 케추아로는 【영혼의 덩굴】 혹은 【사자(死者)의 덩굴】이라는 의미이다. 원래 투카노 원주민들은 이 마약식물을 야헤(yageé)라고 발음한다. 이 신화에 의하면 이 식물은 태초의 신비적인 시기에 창조됐다고 전해진다.[49] 페루의 아마존 지역에 거주하는 또 다른 원주민들은 이 마약식물을 종교적 성찬식에 이용한다. 오늘날에도 페루에는 이를 기념하는 아야와스카 관광행사가 있다.

세 번째 사례는 서부 아프리카의 가봉에서 전해지는 브위티(Bewiti) 종교 신화이다. 이 신화에 의하면 창조신이 한 흑인(Pygmy Bitumu)을 측은하게 여겨 이보가라는 환각성 마약식물을 주었다는 내용이 있다. 이 식물의 열매를 먹으면 죽음의 비밀이 있는 신비롭고 깊은 숲속으로 인도할 수 있도록 한다는 내용이다.[50] 이런 연유로 지금까지 브위티 종교를 믿는 원주민들은 이보가를 원주민의 커뮤니티와 가족을 보호하는 신성한 존재로 간주하고 의료용으로도 사용한다. 최근에는 헤로인 중독에 대한 치료용으로 연구 중이다.

네 번째 사례는 그리스·로마 신화에 등장하는 양귀비이다. 양귀비는 수면과 죽음을 상징하는 꽃으로 알려져 왔다. 수면은 양귀비에서 추출되는 알칼로이드의 성질 때문이고, 죽음은 양귀비의 색깔이 핏빛이기 때문이다. 그러나 어떤 의미에서 수면과 죽음은 같은 의미이다. 예를 들면 그리스·로마 신화에서 양귀비는 사자(死者)에게 바치는 꽃으로 이용됐다.[51] 이 때문에 양귀비는 영원한 수면을 상징하는 무덤의 묘비에 이용됐다. 그러나 그리스·로마 신화에서 양귀비의 또 다른 의미는 사자의 부활 약속에 대한 상징이다. 1900년 미국 작가 바움(Frank Baum)의 소설인 『오즈의 마법사(The Wonderful Wizard of Oz)』가 1939년에 영화화되었다. 영화에서 일행이 양귀비밭을 지날 때 양철인간만 제외하고 모두 깊은 수면에 취하지만 일행은 다시 잠에서 깨어난 다는 내용은 이러한 양귀비의 양면성을 상징한다. 오늘날 영국과 미국에서 재향군인의 날에 양귀비꽃 모양을 기념으로 착용하는 것은 죽은 자의 부활을 상징하기 때문이다.

한편 메케너는 구약성경의 창세기에 등장하는 【생명의 나무】 혹은 【지식의 나무】의 선악과(善惡果)는 실로사이빈이 함유된 버섯이라고 주장한다.[52] 이와 유사한 내용이 히타이트 제국을 비롯한 고대 중앙아시아의 창조신화에도 등장한다. 그곳에서는 광대버섯(Amanita muscaria)을 【생명의 나무】 혹은 【지식의 나무】로 묘사한다.[53] 유럽지역에서 등장하는 인간창조의 신화에는 맨드레이크(Mandrake)가 【지식의 나무】로 불린다. 이런 맥락에서 벨라도나(Belladona)의 경우도 대부분의 유럽 신화에서 중요한 역할을 담당했다. 한마디로 신화에 등장하는 마약식물은 신성한 존재로 간주되었고 그러한 신화를 재현하는 종교적 의식에 중요한 도구로 이용되었다.

제2절
원시종교와 마약식물

앞에서 언급했듯이 원시종교의 중요한 특징 중 하나는 향정신성 마약식물의 의식적 사용이다. 더욱 중요한 사실은 종교적 표현의 가장 오랜 형태인 애니미즘과 샤머니즘 같은 고대 원시종교에서 샤만과 같은 특정 종교집단이 마약식물을 자신들의 권력유지 및 통제 메커니즘을 위한 중요한 수단의 하나로 삼았다는 사실이다. 이를 자세히 고찰하기 위해 첫째, 원시종교에서 지배적인 위치에 있었던 종교계급인 샤만이 마약식물을 어떻게 인식하고 있었는지에 대한 탐구가 필요하다. 둘째, 그런 인식이 어떻게 그들의 권력 메커니즘을 위한 수단으로 이용됐는지를 분석한다. 셋째, 원시사회에서 고대사회로 넘어가는 인류 역사의 발전과정에서 마약에 대한 인식이 초자연적에서 과학적으로 변하는 것에 대한 연구이다. 마약에 대한 이런 변화는 결국 원시사회에서 종교적 특권계급이었던 샤만의 몰락과 맥을 같이한다.

첫째, 고대 원시종교에서 마약에 대한 샤만의 인식이다. 이것은 원시사회에서 마약의 의미가 무엇인지를 살펴보는 것과 마찬가지이다. 결론부터 말하면, 원시사회에서 마약은 희생양이라는 단어에서 유래됐다. 예를 들면, 고대 그리스 종교 혹은 그리스 신화에서 사용했던 파마코스(pharmakós)는 희생양을 의미했다. 특히 그리스 신화에 등장하는 태양신 아폴론의 축제에 바치는 파마코이(pharmakoi)는 인간 희생양을 의미했다.[54] 한편 어원적으로 고대 그리스어인 파마콘(pharmakon)은 현대적 의미의 마약을 의미했다. 이런 맥락에서 약리학이라는 용어는 파마콘이라는 단어에서 유래된 것이다.[55] 이처럼 희생양과 마약은 어원적으로 동질성이 있다. 이것은 마약을 의미하는 파마콘이 희생양을 의미하는 파마코스에서 유래됐다는 의미이다. 이러한 단어의 어원적 동질성을 추적하기 위해서는 원시문화에서 희생양과 마약의 역할에 대한 이해가 필요하다.

원시사회에서 희생양은 神에게 바치는 신성한 의미를 지닌다. 최고의 희생양은 인간이다. 소위 인신공양(人身供養)의 의식이다. 이런 의식이 행해지는 시기는 대부분 기근, 전염병, 홍수와 같은 자연재해의 시기나 외적의 침입과 같은 사회적 혼란기에 이루어졌다.[56] 왜냐하면 희생양을 통해 위기를 모면할 수 있다고 인식했기 때문이다. 원시사회에서 이런 의식을 주관하는 인물은 샤만이다. 샤만은 질병이나 천재지변을 막기 위해 혹은 신의 은총을 얻기 위해 희생물을 바쳤다. 아즈테카 문명에서 태양신을 위해 인신공양으로 인간의 심장을 바친 것이나 구약성경에서 하나님을 위해 양을 제물로 바치는 것은 모두 신의 은총을 얻기 위한 일종의 종교적 의식이었다. 인간이 신에게 바친 희생물의 대가로 신으로부터 받은 선물로 인식한 것이 마약식물이다. 이 때문에 원시종교에서 【희생양=마약】의 등식이 성립되는 것이다.

이런 마약식물의 대표적인 예가 마리화나, 양귀비, 코카잎, 페요테,

환각성 버섯, 환각성 식물들이다. 원시종교 연구가인 엘리아데는 원시 사회에서 하늘, 태양, 달, 물, 돌, 식물 등 다양한 존재들에 신성성(神聖性)을 부여하고 있음을 관찰하고 인간의 전통적 종교성을 강조한다.[57] 전형적인 예로서 그는 기적적인 생식력이 있다고 믿었던 구약성경의 창세기 30장 14절에 나오는 환각성 마약식물인 만드라고라(Mandragora)를 언급한다.[58] 이 식물은 중세에서는 마녀식물의 대명사로 불렸고, 현대의 악마숭배자들에게도 여전히 신성한 식물로 간주된다. 현대처럼 의약품이 풍족하지 않았던 원시인들의 눈에는 육체적 고통을 없애 주고 환각을 제공하는 치료제로서의 마약식물은 분명 신비로운 물건이었다. 따라서 그것은 당연히 신성의 대상으로 간주됐다. 같은 의미로 인도 브라만교의 경전(Atharva Veda)은 "대마는 하늘로부터 떨어진 신찬(神饌)이 있는 장소에서 성장했다."라고 신성을 부여한다.[59] 또한 마리화나는 인도 고대 힌두교의 시바 신에 바치는 종교적 의식에 사용됐다.[60]

둘째, 마약에 대한 샤만의 인식이 어떻게 그들의 권력 메커니즘을 위한 수단으로 이용됐는지를 분석한다. 이를 위해 원시사회에서 샤만의 등장과 역할을 간략히 언급하자. 인류의 역사는 현재까지 일반적으로 농업혁명, 도시혁명, 산업혁명, 정보혁명이라는 네 번의 혁명을 거쳐 발전했다. 제1의 혁명은 유목생활에서 정착생활로 전환하면서 등장한 경작지로서의 밭이 형성된 후 나타난 농업혁명이다. 인류가 경작지를 가꾸면서 가장 중요하다고 생각한 것은 농작물의 수확이다. 이러한 수확에 가장 민감하게 작용하는 것이 천둥, 번개, 홍수, 가뭄과 같은 자연현상이다. 오늘날의 과학적 입장이 아닌 당시 원시인류의 입장에서 이러한 자연현상은 이해할 수 없는 초자연적 현상이었다. 따라서 그런 초자연적 자연현상에 대한 자연스러운 숭배가 애니미즘과 샤머니즘 같은 원시종교가 출현하는 중요한 배경이 된다.

앞에서 논의했듯이 가장 오랜 원시종교의 하나로서 애니미즘은 동식물을 포함한 자연계의 모든 사물에 자연신으로서의 영혼이 존재한다고 믿는 신앙이다. 타일러는 이런 애니미즘을 정령숭배(精靈崇拜)라고 불렀다. 타일러의 정의에 의하면 정령숭배는 "영적 존재들에 대한 신앙과 교리"이다. 타일러는 이러한 정령숭배가 후에 다신교(多神教)나 일신교(一神教)로 진화·발전했다고 주장한다. 현상학적으로 정령숭배는 자연계의 모든 사물과 현상을 육체적인 것과 정신적인 것으로 분리하여 바라본 이원론적 시각이다. 전자는 유한하지만 후자는 무한하다는 믿음이다. 그러나 종교학적으로 애니미즘은 일원론적 시각이다. 왜냐하면 특정의 사물과 자연은 하나이기 때문이다. 이러한 하나가 분리되는 것은 육체와 정신이 분리되는 것으로 한마디로 죽음을 의미한다.

사후부활에 대한 희망 혹은 무한한 생명에 대한 추구는 고대로부터 현재까지 내려오는 인간의 오랜 전통 중 하나이다. 원시종교의 세계에서 무한한 생명에의 추구를 관장하는 자는 누구인가? 그것은 바로 주술사, 마법사 혹은 주의(呪醫)라고 불린 샤만이다. 원시사회의 거의 모든 종족에서 샤만이 존재한다고 주장한 최초의 학문적 비교연구는 1871년 타일러의 저서인 『원시문화』이다. 따라서 원시사회에서 샤만은 매우 중요한 위치를 차지한다. 샤만은 부족장이나 제사장이 될 수도 있고, 현대의 계급적 관점에서 볼 때 적어도 그 사회에서 지배계급에

속한다고 할 수 있다. 앞에서 지적했듯 원시종교의 사회는 유목생활에서 점차적으로 농경생활로 전이하는 과정에 존재하는 사회이다. 이러한 사회의 특징은 개인주의보다는 집단주의가 강한 철저한 공동체 생활을 영위한다. 그러한 생활의 사회구조는 집단적 가부장제라고 할 수 있다.[61]

원시공동체를 영위하기 위한 중요한 요인의 하나는 문화적 일체감이다. 문화적 일체감을 공유하기 위한 표현의 하나가 숭배대상에 대한 종교적 의식행사였다. 종교적 의식에는 신에게 바칠 신성한 희생물이 필요했다. 최고의 희생물은 인신공양이었고, 사회가 발전함에 따라 점차적으로 인신공양에서 동물공양으로 바뀌었다. 이 외에도 신성한 희생물로 종종 포도주와 같은 알코올 혹은 향정신성 마약식물을 사용한다.[62] 따라서 종교적 의식을 주관하는 샤만에게 마약식물은 매우 중요하다. 종교적 의식에서 샤만은 미래에 대한 예언, 자연재해에 대한 해명, 질병에 대한 치료 등을 주도하면서 신과 인간의 중개자 역할을 했다. 신과 인간의 가교역할을 유도하는 정신적 도구로 샤만은 주로 마약식물을 이용했다. 이를 통해 샤만은 자신이 주관하는 원시종교뿐만 아니라 원시공동체의 생존을 유지했다.[63]

샤만과 마약식물의 상관관계에 대해 현재까지 활발한 연구가 이루어지고 있다. 타일러는 샤만이 영적 존재와 접촉을 위한 망아상태에 이르기 위해 특정 마약을 이용했다고 강조한다.[64] 메케너도 그의 저서 (Food of the Gods)에서 향정신성 식물을 통해 샤만은 자기 성찰의 의식과 힘의 신비를 자연이라는 살아 있는 세계의 정신과 연계시킨다고 주장한다.[65] 물론 망아상태를 얻기 위해 모든 샤만이 마약식물을 사용한 것은 아니다. 그러나 마약식물만큼 샤만의 망아상태를 극적인 효과로 유도한 방법은 없었다.[66] 엘리아데는 그의 저서(*Shamanism*)에서 샤만의 엑스터시 현상을 샤머니즘의 결정적 요소로 단순화한다. 그는 샤만이 엑스터시 현상을 유도하기 위한 도구로 사용하는 마약에 대해서는 크게 강조하지 않았다. 그러나 1970년 캘리포니아 대학에서 개최한 마약식물에 대한 최초의 심포지엄에서 발표자들은 샤만이 엑스터시 상태에 이르기 위한 핵심적 수단으로 마약을 사용했음을 강조했다.[67] 특히 왓슨은 샤머니즘과 마약의 밀접한 관계에 대한 재평가로 유명하다.

요약하면, 스웨덴 종교학자인 홀트크란츠(Ake G. Hultkrantz)는 샤만이 황홀경인 엑스터시에 빠지는 것을 샤머니즘의 중요한 네 가지 중심사상의 하나로 간주한다.[68] 즉 ①이념적으로 영계(靈界)가 있고 그것과 접촉한다는 것; ②인간집단을 위한 행위자로서의 샤만이 있다는 것; ③수호신의 강신(降神)으로 인해 샤만이 인정된다는 것; ④샤만의 비상한 망아적 경험이 있는 것으로 간주했다. 1960년대 서구에서 자본주의의 부정적 산물인 물질주의에 대한 회의가 나타났다. 이런 회의와 함께 등장한 레이브(rave)와 마약문화, 非서구 종교에 대한 관심, 환경운동, 현대적 애니미즘 운동인 뉴에이지(New Age) 운동 등이 결합하여 1970년대 新샤머니즘 운동이 부활한 것은 흥미로운 사실이다. 오늘날 테크노 파티장에서 젊은이들은 엑스터시라는 마약을 복용하고 밤새도록 춤을 춘다. 그들은 소위 【레이브 문화】를 만끽하기 위한 수단의 하나로 엑스터시를 복용한다. 그런 젊은이들의 행태가 원시사회로의 회귀를 위한 무의식적인 몸부림이 아닐까?

본론으로 돌아와서 샤만은 어떻게 마약을 그들의 권력 메커니즘을 위한 수단으로 이용했는가? 이것이 가능했던 가장 중요한 이유는 샤만이 마약식물에 대해 독점적 지식을 가지고 있었기 때문이다. 샤만은 마약식물의 치유력에 대한 배타적 지식을 원시사회의 일원에 대한 질병의 치료에 적절히 이용했다. 그리고 이러한 자신들의 능력이나 신통력은 초자연적 존재로부터 부여받았음을 강조했다. 또한 샤만은 주기적인 종교적 의식행사를 통해 인간과 초자연적 존재와의 가교역할을 수행했다. 샤만의 이러한 행위와 역할은 세습에 의해 그 배타성을 유지했다.[69] 현대적 관점에서 이것은 그 사회의 지배계급으로서의 지속적인 권력유지를 의미한다. 한편 인간영혼의 내적 깊이를 탐구하기 위해 샤만이 사용하는 마약식물은 주로 환각성이 주류를 이루었다.[70] 예를 들면 환각성 버섯류, 마리화나, 페루의 차빈 문화에 등장하는 산 페드로(San Pedro) 선인장, 페요테, 아야와스카, 벨라도나, 광대버섯, 이보가, 아침의 영광, 살비아 디비노럼(Salvia divinorum) 등이다.

셋째, 원시사회에서 고대사회로 넘어가는 인류 역사의 발전과정에서 마약에 대한 인식이 초자연적에서 과학적으로 변하는 것에 대한 연구이다. 앞에서 지적했듯이 인류에게 제2의 혁명은 도시혁명이다. 원시종교적 측면에서 이 시기에 애니미즘의 또 다른 형태인 물신숭배와 함께 다양한 인공신(人工神)이 출현한다. 더욱 중요한 것은 이러한 인공신의 등장에서 세습적 권력 엘리트에 의한 계급분화가 이루어졌다는 사실이다. 그러나 아이러니하게도 신정일치(神政一致)의 고대사회에서 계급분화는 원시사회에서 지배계급으로 군림한 샤만의 위치를 점차적으로 몰락시키는 중요한 계기가 된다. 왜냐하면 문자의 발명과 함께 사회적으로 과학적 지식의 발전은 마약에 대한 기존의 초자연적 해석을 비현실적으로 만들었다. 결국 마약에 대한 과학적 인식은 샤만에 의한 초자연적인 종교적 의식을 몰락시키고 점차적으로 세습적 권력 엘리트에 의한 정치적 의식을 더욱 선호하게 만들었다.

그럼에도 불구하고 정치적 지배계급은 마약을 여전히 사회통합을 위한 중요한 도구로 간주했다. 다시 말하면 원시사회에서 고대사회로 넘어가는 전환기에 지배계급의 변동에 관계없이 지배계급은 여전히 마약을 자신들을 위한 권력유지의 중요한 도구의 하나로 이용했다. 예를 들면 중미의 메소아메리카 문명에서 페요테와 같은 다양한 향정신성 마약식물들, 잉카 문명의 코카잎, 이집트와 메소포타미아 문명의 아편, 인더스와 황하 문명의 대마초, 그리고 아마존의 아야와스카, 서아프리카의 이보가, 오세아니아의 카바(Kava) 등이 그 지역의 지배적인 마약식물로 여전히 자리를 잡았다. 한마디로 특정 지역사회의 지배계급들은 그 지역사회에 존재하는 특정 향정신성 마약의 경험을 통해 문화적 일체감을 확인했다. 그리고 지배계급들은 이 문화적 일체감을 그들의 지배 이데올로기로 발전시키고 활용했다.[71]

참고문헌

Burkert, Walter(1985). *Greek Religion*. Cambridge, MA: Harvard University Press.

Eliade, Mircea(1964). *Shamanism: Archaic Techniques of Ecstasy*. NY: Pantheon Books.

Eliade, Mircea(1993). 이재실 역, 『종교사 개론』. 서울: 까치.

Eliade, Mircea(2005). 이은봉 역, 『성과 속』. 서울: 한길사.

Escohotado, Antonio(1999). *A Brief History of Drugs: From the Stone Age to the Stoned Age*. Rochester: Vermont Park Street Press.

Fernandez, James W.(1990). "Tabernanthe Iboga: Narcotic Ecstasis and the Work of the Ancestors." In *Flesh of the Gods*. edited by Peter T. Furst. Waveland Press.

Furst, Peter T. ed.(1990). "To Find Our Life: Peyote Among the Huichol Indians of Mexico." In *Flesh of Gods: The Ritual Use of Hallucinogens*. edited by Peter T. Furst. Long Grove, IL: Waveland Press, INC.

Graves, Robert(1993). *The Greek Myths*. NY: Penguin Books.

Hultkrantz, Ake G.(1988). "샤머니즘의 생태학적·현상학적 측면". 최길성 역, 『시베리아의 샤머니즘』. 서울: 민음사, 1988.

McKenna, Terence(1992). *Foods of Gods: The Search for the Original Tree of Knowledge, A Radical History of Plants, Drugs, and Human Evolution*. NY: Bantam Books.

Reichel-Dolmatoff, Gerardo(1990). "The Cultural Context of an Aboriginal Hallucinogen: Banisteriopsis Caapi." In *Flesh of Gods: The Ritual Use of Hallucinogens*. edited by Peter T. Furst. Long Grove, IL: Waveland Press, INC.

Schultes, Richard E.(1990). "An Overview of Hallucinogens in the Western Hemisphere." In *Flesh of Gods: The Ritual Use of Hallucinogens*. edited by Peter T. Furst. Long Grove, IL: Waveland Press, INC.

Smith, Huston(1964). "Do Drugs Have Religious Import." *The Journal of Philosophy*, vol. LXI, no.18 (Sep.17), http://www.psychedelic-library.org/hsmith.htm.

Touw, Mia(1981). "The religious and medicinal uses of Cannabis in China, India and Tibet." *Journal of Psychoactive Drugs*, vol.13, no.1, Jan. http://www.cnsproductions.com/pdf/Touw.pdf.

Voigt, V.(1988). "민족학적 시각에서 본 北유라시아의 샤머니즘" 최길성 역, 『시베리아의 샤머니즘』. 서울: 민음사.

Wasson, Robert G.(1990). "What was the Soma of Aryans?" In *Flesh of the Gods*. edited by Peter T. Furst. Waveland Press.

http://en.wikipedia.org/wiki/Narcotic.

http://en.wikipedia.org/wiki/Pharmacon.

http://en.wikipedia.org/wiki/Pharmacos.

제3장

고대 시대

(BC 500~AD 500)

"I will not give a lethal drug to anyone if I am asked, nor will I advise such a plan."

— Hippocratic Oath

제1절
그리스 시대와 마약

　개인주의 전통이 강한 초기 그리스·로마 시대에 계급분화가 일어나면서 전통적 원시종교의 지배계급이었던 샤만은 서서히 몰락한다. 샤만이 몰락하면서 마약에 내포된 종교성과 초자연성도 사라지고 마약은 처음으로 과학적 입장에서 새롭게 해석된다. 마약은 인간이 어떻게 사용하는가에 따라 【명약(名藥)】이 될 수도 있고 【독약(毒藥)】이 될 수도 있다는 해석이다. 한마디로 로마제국이 기독교화되기 전까지 그리스·로마 시대는 마약의 개념을 가치중립적으로 보았다. 이것은 원시사회에서 샤만이 마약을 자신의 권력유지 수단으로 간주하는 행위와 같은 것은 이제 더 이상 무의미함을 의미한다. 흥미로운 사실은 계급이 미분화된 원시사회에서는 지배계급인 샤만이 마약에 신성을 부여하여 자신의 지위를 공고히 한 반면, 계급이 확연히 분화되고 기독교화된 로마제국이라는 고대사회에서는 정치·종교적 지배계급이 마약에 악성(惡性)을 부여하여 상대방을 공격하는 수단의 하나로 사용한 점이다.

　기독교화된 로마제국에서 정치·종교적 지배계급은 국가라는 틀 내에 존재하는 새로운 양식의 권력계급이다. 그들은 자신의 적이나 혹은 이단을 타도하기 위해 상대방에게 마약사용의 혐의로 박해를 했다. 이러한 박해는 기독교화된 로마제국에서 기독교의 공고화를 더욱 강화하는 과정에서 박차를 가했다. 한마디로 초기 그리스·로마 시대에 등장한 마약의 선악에 대한 가치중립성은 중세 가톨릭 사회에서 끊임없이 나타나는 이단에 대한 정치적 탄압의 수단으로 종종 악용되면서 사라졌다. 그러나 피해자의 입장에서 이단이라는 미명은 지배계급이 자신의 권력유지를 위한 수단에 불과한 것이다. 이를 자세히 살펴보기 전에 제1절과 제2절의 서두에서 먼저 그리스와 로마의 간략한 정치사를 살펴본다.

그리스 혹은 에게 문명은 유럽 고대문명의 기원이다. BC 2000년경 고대 그리스인은 미케네와 크레타를 중심으로 청동기 해양 문명을 건설했다. BC 7세기경 이들은 에게해와 소아시아 연안 부근에서 도시국가를 구축했다. 부속도서를 중심으로 1,000여 개의 도시국가를 건설한 그리스인은 BC 6세기경 지중해를 중심으로 상업 활동을 통해 아테네와 스파르타라는 대표적인 도시국가를 형성했다. 그리스 도시국가의 특징은 종교적으로 다신교이며 사회문화적으로 개인의 자유에 대한 강조이다. 아테네는 페르시아 전쟁에서 승리한 후 페르시아의 재침략에 대비하여 200여 개의 도시국가를 모아 델로스 동맹을 결성한 페리클레스 시대에 전성기를 구가했다. 그러나 그리스 도시국가는 델로스 동맹의 맹주인 아테네와 펠로폰네소스 동맹의 맹주인 스파르타 사이의 소위 펠로폰네소스 전쟁을 계기로 분열되어 붕괴가 시작됐다.

BC 338년 그리스 도시국가는 신흥국가인 마케도니아와 카이로네이아 전쟁에서 패했다. 이를 계기로 마케도니아의 필립포스 2세는 그리스 도시국가를 정복했다. 그의 아들 알렉산더 대왕은 BC 334년 동방원정을 단행하여 BC 330년에 페르시아 제국을 붕괴시키고 인더스 강까지 진출했다. 그러나 동방원정 후 갑작스러운 대왕의 죽음으로 제국은 이집트, 마케도니아·그리스, 그리고 시리아의 세 왕국으로 분열됐다. 페르시아를 정복한 BC 330년부터 이집트 왕국이 로마에 의해 정복된 BC 30년까지 약 300년간을 그리스 문화와 오리엔트 문화가 결합된 헬레니즘 시대라고 한다.

그리스 시대의 마약에 대한 인식을 이해하기 위해서는 먼저 그리스 신화에 등장하는 마약의 의미를 이해할 필요가 있다. 그리스 신화에 등장하는 올림포스의 12神 중에서 곡식과 풍요의 여신 데메테르(Demeter)가 있다. 그 여신의 양손에 들려 있는 것이 곡식과 양귀비이다. 이 때문에 양귀비는 곡식과 함께 풍요의 여신을 상징한다. 고대 그리스인은 양귀비의 약물학적 특성을 수면의 신(Hypnos), 어둠의 여신(Nyx), 죽음의 신(Thanatos)의 손에 양귀비를 지니거나 양귀비 화환을 쓴 모습으로 묘사했다.[72] 이처럼 그리스인은 양귀비를 신성시하여 태양의 신인 아폴로, 사랑의 여신인 아프로디테, 그리고 데메테르에게 헌화하고 그 봉우리를 그림, 조각, 그릇, 동전, 보석 등에 새겼다.[73] 또한 결혼한 여성이 아이가 없는 경우 양귀비 모양의 브로치나 핀을 착용한다든가 혹은 사랑하는 연인들이 건조한 양귀비 봉우리를 서로 문지르면서 장래의 서약을 맺는 풍습 등이 존재했다.[74] 이것은 그리스인이 양귀비를 사회문화적으로 다양하게 이용했음을 의미한다.

그리스 신화에 따르면 아편이 치료용으로 사용하게 된 기원은 의술과 치료의 신(Asclepius)에서 시작한다.[75] 그리스 신화는 데메테르가 그녀의 딸인 페르세포네가 지하세계의 신(Hades)에게 납치된 것을 절망하여 고통을 잊고 잠들기 위해 아편을 먹었다고 전한다.[76] 아편에 대한 내용이 등장하는 그리스 최초의 문헌은 BC 8세기경 호머의 서사시인 『Odyssey』이다.[77] 그는 아편을 모든 고통과 다툼을 진정시키는 진통제로 묘사했다. 그는 아편수액에 대한 간단한 채집과정과 아편이 진통제와 진정제로 사용됨을 기술했다. 의학의 아버지라 불리는 히포크라테스도 그의 전집(Corpus Hippocraticum)에서 아편을 【고통의 구원자】로 묘사하면서 13가지 질병의 치료에 이용된다고 기술했다.[78] 특히 히포크라테스는 콜레라가 만연할 때 혹은 히스테리를 치료할 때 아편사용을 권장했다. 또한 알렉산더 대왕의 아버지였던 필립포스 2세의 주치의(Heraclides)도 아편을 모든 고통을 진정시키는 것으로 묘사했다. 이런 맥락에서 그리스 시대 가장 대중적인 마약은 아편이었다.

아편에 대한 어원은 히포크라테스가 아편 주스(opos mekonos)를 번역한 데서 기원한다. 아편 외에도 그리스인은 마리화나와 환각성 마약식물들을 포도주와 맥주에 첨가하여 마시거나 혹은 향이나 훈증으로 이용했다. 또한 그들은 포도주와 몰약을 첨가해 만든 해시시 농축액을 사적인 용도로 사용하기 위해 수집하기도 했다. 이처럼 그리스인은 아편을 포함하여 다양한 천연마약을 사용했다. 그렇다면 그리스인들의 마약에 대한 인식은 어떠했을까? 이를 이해하기 위해서는 먼저 의학의 아버지인 히포크라테스의 마약에 대한 인식이 선결조건이다. 앞에서 지적한 것처럼 그리스 도시국가의 사회문화적 특징은 개인의 자유에 대한 강조이다. 이것은 그리스 시대의 지식과 예술의 발전으로 이어졌으며, 후에 히포크라테스학파에도 영향을 주었다.

히포크라테스는 의학을 종교로부터 분리했다. 그는 기본적으로 질병을 원시종교에서 강조한 신의 분노와 같은 초자연적 혹은 종교적 원인에 의해 발생하는 것이 아니라 신체의 불균형에서 나타나는 자연적 과정의 결과로 보았다.[79] 마찬가지로 그는 질병의 치료를 마법이나 종교가 아닌 신체의 균형을 찾는 자연적 과정의 결과로 보았다. 따라서 질병치료를 위한 최선은 자연적 치유력이다. 이런 맥락에서 질병치료에 사용하는 아편은 치료를 위한 차선책에 불과했다. 다시 말하면 히포크라테스는 마약을 마법이나 종교가 아닌 자연적 치유력을 위한 도구로 간주했다. 결과적으로 그는 마약사용에 의한 일종의 중독성의 의미를 지닌 내성을 나쁜 습관이 아니라 자동면역의 메커니즘으로 인식했다.

히포크라테스는 처음으로 마약을 종교적 혹은 초자연적이 아닌 과학적으로 인식했다. 이것이 중요한 것은 마약에 대한 인식의 변화를 기준으로 원시 시대와 고대 시대를 구분 지을 수 있기 때문이다. 이런 의미에서 히포크라테스의 마약에 대한 인식의 변화는 코페르니쿠스적 전이라고 평가할 수 있다. 그리스 시대에 마약에 대한 인식의 변화는 또한 원시 시대에서 사용한 마약에 대한 이중성을 해체하고 과학적 입장에서 마약에 대한 새로운 이중성을 확립하는 계기가 되었다. 다시 말하면 원시사회에서 마약의 개념에 내포된 종교적【희생양(pharmakós)】의 의미는 사라지고 과학적【마약(phámakon)】의 의미만 남은 것이다. 그리고 마약에 대한 새로운 이중성이란 과학적 입장에서 마약의 약리적인 이중성을 의미한다. 히포크라테스는 이러한 이중성을 "명약(진통제)과 독약(중독성)의 차이는 단지 복용비율에 의존한다."라는 명제로 표현했다.[80] 한마디로 그는 마약의 선악(善惡)에 대한 중립적 입장을 확고히 했다.

히포크라테스 학파의 마약에 대한 인식은 그리스인에게 중요한 영향을 미쳤다. 히포크라테스처럼 그리스인은 아편을 만병통치약이나 혹은 나쁜 약으로 생각하지 않았다. 그들은 아편사용의 善(진통제) 혹은 惡(중독성)을 모두 이해했다. 아편에 중독됐을 경우 그리스인은 뜨거운 포도주, 포도로 만든 시럽, 장미 오일, 올리브오일, 불꽃 오일을 혼합해 해독제를 만들었다.[81] 이 때문에 역사학의 아버지로 불리는 헤로도토스 시대이래 그리스인은 아편사용에 대한 중독의 문제는 발견했지만 심각하게 언급한 적은 없었다.[82] 그렇다고 이것이 그리스인이 다양한 마약의 자연스러운 이용과정에서 오늘날처럼 마약에 의한 중독의 문제를 무시했다는 것을 의미하지는 않는다. 중요한 점은 그리스인이 단지 사회적 문제의 초점을 마약이 아닌 알코올에 맞추었다는 사실이다. 이런 맥락에서 마약은 알코올에 비해 2차적인 문제였다.

앞에서 지적했듯이 원시 시대에 마약사용이 종교적 특징을 보여 줬다면 고대 그리스 시대에서 마약사용은 과학적 특징을 보여 주었다. 시기적으로 원시 시대에서 고대 시대로 변화하는 전이적 과정에서와 마찬가지로 마약사용도 변화하는 전이적 과정을 보여 주었다. 마약사용의 이와 같은 전이적 과정을 가장 잘 설명하는 것은 샤머니즘적인 엘류시스 미스터리(Mysteries of Eleusis 혹은 Mysteries of Demeter)이다.[83] 엘류시스는 지리적으로 아테네에서 북서쪽으로 20km 떨어진 곳에 위치한 소도시이다. BC 1700년경 고대 그리스 시대부터 AD 170년 로마제국 시대까지 약 2,000년 동안 이 도시는 유명한 종교적 비밀의식의 장소였다. 이것이 유명하게 된 것은 엘류시스 미스터리라는 절정의식을 통해 【계시적 상태 혹은 황홀경의 상태】를 경험하는 것이다. 그리스인이 이런 의식에 몰두한 이유는 사후세계에 대한 불안을 해소하고 희망을 가질 수 있다는 신념 때문이었다.

그리스인은 사람이 죽으면 스틱스강을 건너 지하세계 神의 심판을 받는다고 믿었다. 그러나 그리스인은 엘뤼시스 미스터리의 의식을 통하면 지하세계에서도 보다 나은 삶을 보장받을 수 있다는 신념을 가졌다. 그리스 신화에 의하면 데메테르의 딸은 하데스에게 납치된다. 납치된 딸을 찾아 헤매던 곡식의 여신 데메테르는 곡물을 돌보지 못하고 기근을 야기한다. 결국 제우스의 명령에 의해 하데스는 그녀의 딸을 데메테르에게 돌려보내지만 6개월은 지상세계에, 나머지 6개월은 지하세계에 머물도록 했다. 따라서 데메테르가 그녀의 딸과 같이 지내는 6개월이라는 기간은 곡식이 풍성한 계절인 봄과 여름을 의미하며, 헤어지는 6개월 기간은 곡식이 사라지는 가을과 겨울을 의미한다. 다시 말하면 페르세포네가 지하세계에 머무는 것은 【죽음】을 상징하고 지상세계로 귀환하는 것은 【부활】을 상징한다. 결국 엘뤼시스 미스터리는 바로 페르세포네의 귀환에 대한 축하의식을 의미한다. 그리스인은 이런 의식을 통해 삶의 죽음으로부터 생명의 부활에 대한 새로운 희망을 가졌다.

엘뤼시스 미스터리는 두 가지 중요한 점을 시사한다. 하나는 미스터리 의식에서 사용한 마약이고, 다른 하나는 마약사용을 통해 보여준 의식의 변화이다. 먼저 미스터리 의식에서 사용한 마약은 키케온(*Kykeon*)이었다. 호머의 서사시인 『*Iliad*』에 의하면 키케온은 물, 보리, 허브로 만든 음료였다.[84] 그러나 키케온은 단순한 음료가 아니다.

키케온을 만드는 데 사용한 보리에는 후에 환각을 일으키는 맥각균이 기생함을 발견했다.[85] 약물학적으로 맥각균은 향정신성 알칼로이드인 LSA를 포함하고 있다. LSA는 LSD의 전구물질이다. 미스터리 의식을 통해 이런 강력한 환각물질을 취하면 인간의 의식은 정신적으로 환각 상태에 빠져 【계시적 상태 혹은 황홀경의 상태】로 유도될 수 있다. 그러나 아테네 지역에서 기생하는 맥각균은 유럽지역의 맥각균보다 훨씬 독성이 약한 것으로 판명됐다.[86]

다른 하나는 마약사용을 통해 죽음과 부활의 황홀경을 경험하는 의식의 변화이다. 에스코타도는 원시 시대의 샤만이 마약식물을 섭취하면서 겪는 환각상태를 【자연적 컬트(natural cult)】로, 그리고 고대 시대의 그리스인이 키케온을 섭취하면서 겪는 환각상태를 【시민적 컬트(civil cult)】로 명명했다.[87] 이런 맥락에서 엘뤼시스 미스터리 의식은 원시 시대의 종교적 의식에서 고대 시대의 개인의 자유를 강조하는 시민·문화적 의식으로서 과도기적으로 변화하는 과정에서 나타나는 의식이었다. 왜냐하면 원시 시대 신의 중재자인 샤만에게 마약식물을 통한 황홀경은 신과 개인 사이에 간접적으로 이루어지는 의식이었지만 고대 시대의 그리스인에게 키케온을 통한 황홀경은 신과 개인 사이에 직접적으로 이루어지는 의식이었기 때문이다. 왓슨은 서구사상의 주류가 그리스·로마 시대에 이르러 과학적이고 이성적인 사고가 도래하고 또한 일신교인 기독교가 로마제국에 뿌리를 내리면서 종교적으로 다신교이고 감성적인 엘뤼시스 미스터리는 점차적으로 억압받게 되면서 쇠퇴했다고 지적한다.[88]

제2절
로마 시대와 마약

그리스처럼 로마 역시 BC 7세기경에 성립된 농업 중심의 도시국가였다. BC 5세기경에 왕정에서 공화정으로 바뀌고 대농장주인 귀족과 중소 농민 및 상인으로 구성된 평민의 계급투쟁은 BC 3세기경에 양자가 법률상 평등하게 되면서 사라졌다. 이 시기에 이탈리아반도를 통일한 로마는 세계제국으로 비약하는 토대를 구축했다. 당시 동지중해는 알렉산더 제국에서 분열된 삼국이 분쟁으로 약화된 상태였고, 서지중해는 제해권을 둘러싸고 그리스와 카르타고가 투쟁하고 있었다. 신흥세력인 로마는 먼저 그리스와 연합하여 카르타고와의 포에니 전쟁에서 승리하여 지중해 세계를 통일했다. 이어 로마는 동지중해로 진출하여 BC 146년에 마케도니아를, BC 64년에 시리아를, BC 30년 악티움 해전에서 이집트를 물리치고 지중해를 중심으로 거대제국을 건설했다. 이를 계기로 초대 황제로 등극한 아우구스투스는 로마를 공화정에서 제정으로 바꾸고 제국을 형성했다.

아우구스투스 시대부터 약 200년간 로마제국은 전성기를 구가했다. 이 시기가 로마의 평화 시대(Pax Romana)이다. 특히 96~180년까지 5인의 황제가 지배한 약 100년간의 소위 5현제 시대는 로마의 최전성기였다. 이후 로마는 193년부터 26명의 군 출신 황제가 즉위하는 군인황제 시대까지 약 100년간 무력으로 제위를 쟁탈하는 혼란스러운 시대를 겪었다. 3세기 말 군인황제 중 하나였던 디오클레티아누스 황제는 혼란을 수습하고 로마를 재통일했다. 그를 이어 콘스탄티누스 대제가 계승했다. 그는 313년 밀라노 칙령으로 기독교에 대한 박해를 끝내고 정식 종교로 공인했다. 그러나 그의 기독교 정책은 로마 황제는 하느님의 권위에 의해 임명되며, 그러한 황제의 권위를 통해 로마제국의 공고화를 이룩하기 위한 정치적 이유가 있었다. 380년 테오도시우스 황제가 기독교를 로마제국의 유일한 국교로 선언한 것은 황제의 권위를 더욱 강화하려는 시도였다. 그러나 로마제국은 395년 동·서로 분열된다.

BC 80년에 제정된 로마법(Lex Cornelia)은 마약을 치료제 혹은 독약으로 사용할 수 있다는 중립적 개념으로 기술했다.[89] 이것은 마리화나와 아편과 같은 마약에 대한 로마인의 기본적 인식이 그리스인으로부터 그대로 전수됐음을 의미한다. 이런 이유로 카이사르 시대의 유희장에서 마리화나를 피우는 것은 보통이었다. 또한 아우렐리우스 황제의 주치의 갈렌은 전장에서 격무에 시달리는 황제에게 거의 매일 따뜻한 와인에 일정량의 아편을 섞은 음료를 제공했다.[90] 그리고 카라칼라 황제와 군인황제 시대의 황제들은 암살 위협으로부터 심적 부담을 줄이기 위해 아편을 이용했다.[91] 로마 귀족과 평민은 타민족에 대한 도덕적 우월성의 증거로 아편을 이용했다. 이처럼 로마 시대에 마리화나와 아편은 기독교와 함께 사회문화의 중요한 일부분을 형성했다.

한편 아편은 독약으로도 이용된 기록이 있다. 독약으로서의 아편은 자살과 암살의 수단이었다. 『자연사(Naturalis Historia)』를 저술한 플리니우스(Plinius)는 아편이 다양한 질병의 치료제로 이용되지만 노쇠한 사람이 자신의 비참한 삶을 마감하기 위해 아편을 적절한 수단으로 이용할 수 있다고 기술했다.[92] 자살의 수단으로 아편을 사용한 경우는 카르타고의 한니발 장군이었다. 암살의 수단으로 아편을 사용하는 경우는 정적의 제거 때이다. 예를 들면 클라우디우스 황제의 마지막 아내였던 아그리피나는 그녀의 아들을 후계자로 옹립하기 위해 클라우디우스의 아들이자 후계자인 브리타니쿠스를 암살하는 데 아편을 이용했다.[93] 그녀가 옹립한 아들이 바로 악명 높은 네로 황제였다.

그리스·로마 시대에 가장 영향력 있는 의학서는 네로 황제 시대의 디오스코리데스가 저술한 『Materia Medica』이다. 이 의학서는 600여 가지 식물에 대한 특성을 5권으로 상세히 서술했다. 중요한 점은 이 의학서가 마리화나와 아편에 대해 상세히 기록한 최초의 의학서라는 사실이다. 예를 들면, 그는 마리화나를 로프 혹은 의약품을 만드는 데 이용할 수 있다고 언급했다. 또한 그는 아편을 고통으로부터 완전히 해소시켜 주고, 기침을 완화시키며 편안하게 수면을 취할 수 있게 해 주는 의약품으로 묘사했다. 이 의학서는 보관용을 위한 아편생산을 위해서는 건식방법보다는 습식방법이 훨씬 더 많은 아편 알칼로이드를 함유하고 있다고 기록했다.[94] 이 아편 알칼로이드는 고대부터 해독제를 만드는 데 필수성분이었다. 갈렌은 해독제를 만드는 데 아편의 비율을 40%까지 증가시켰다.[95]

결과적으로 로마 시대에도 아편은 의료용으로 광범위하게 이용되었다. 이 때문에 로마 사회에서 사회문화적으로 중요한 요소가 된 아편은 점차적으로 수요가 공급을 초과했다. 301년에 아편가격은 마리화나 가격의 거의 두 배였다. 312년에는 로마시에만 793개의 점포가 산재하여 로마 당국 총세입의 15%를 차지했다.[96] 급등하는 아편가격을 통제하기 위해 로마당국이 개입하면서 불량아편이 시중에 만연하기도 했다. 그럼에도 불구하고 당시 이러한 마약의 대량소비가 오늘날처럼 공적 혹은 사적으로 심각한 사회문제를 일으키지는 않았다. 왜냐하면 그런 마약사용에 대한 【아편중독】이라는 용어가 라틴어에 존재하지 않기 때문이다.[97] 오히려 당시 가장 커다란 사회문제는 그리스 사회처럼 마약이 아니라 알코올 중독이었다. 따라서 처벌은 주로 알코올 사용자에 대해서만 이루어졌다.

로마 시대에 마약 및 마약사용과 관련해서 가장 중요한 것 가운데 하나는 그것에 대한 기독교인의 변화하는 인식이다. 기독교의 마약에 대한 부정적 인식으로의 변화는 로마제국의 기독교에 대한 정책과 밀접한 상관관계가 있다. 그리스 시대와 초기 로마 시대의 종교적 특징은 그리스·로마의 신화에 나타나듯 다신교였다. 이것은 로마제국이 종교에 관해서는 비교적 관대했음을 의미한다. 한편 로마가 공화정에서 제정으로 바뀌는 시기와 예수 탄생으로 기독교가 등장하는 시기가 거의 일치한다. 우상숭배를 금지하고 황제숭배를 거부하는 내세관을 지닌 기독교가 국가숭배와 황제숭배를 강조하는 현세관을 지닌 로마제국과 충돌하는 것은 피할 수 없는 문제였다. 결국 네로 황제 시대부터 시작된 약 300년간 로마제국의 기독교에 대한 박해는 디오클레티아누스 황제 시대에 절정에 달했다. 그러나 당시 몰락과정에 있던 로마제국은 【제국의 공고화】라는 정치적 목적을 위해 기독교를 인정하고 국교로 정하면서 기독교와 타협했다.

로마제국이 기독교를 공인하고 국교로 정하면서 기독교의 마약 및 마약사용에 대한 부정적 인식을 살펴보기 전에 먼저 초기 기독교의 마약에 대한 관용적 인식과 태도를 살펴보자. 앞에서 지적했듯 그리스 시대와 기독교가 국교로 정하기 이전의 로마 시대 시민들은 마약사용에 대한 기본적 인식을 개인의 자유에 의한 선택의 문제로 간주했다. 또한 그들은 마약사용의 선악에 대해서도 히포크라테스의 중립적 입장을 견지했다. 이 때문에 당시 사회문화적 풍습에 따라 초기 기독교는 마리화나와 아편을 포도주에 섞어 사용하는 것에 대해 큰 문제를 제기하지 않았다. 창세기 37장 25절에 등장하고 마태복음 2장 11절에서 동방박사가 아기 예수에게 선물한 【머르(myrrh)】는 일종의 아편이었다. 이것은 당시 아편이 매우 귀중한 물건임을 의미한다. 마태복음 27장 34절에서 예수 그리스도가 골고다 언덕의 십자가에 못 박혀 고통스러워할 때 그에게 제공한 【갈(gall): 히브리어로 rosh)】이라는 음료는 당시 소아시아에서 만연한 진통제 역할을 했던 아편을 혼합한 포도주였다.

히포크라테스는 때때로 마약의 사용에 따른 느긋함이 건강하고 자기 치유의 기능이 있기 때문에 한두 번 정도 "소박한 도취인 마리화나와 아편을 적당하게 사용할 때 느끼는 감정"에 빠질 것을 권고했다.[98] 이런 연유로 도취로 인한 느긋함은 포도주의 신인 디오니소스(Dionysus=Bacchus)의 선물임은 물론 구약성경에서도 용인된 것이다. 예를 들면 구약성경은 【포도주(soft drink)】와 【마약(strong drink)】을 구별했는데 히브리 성경에 등장하는 예언자 아모스와 그의 아들 이사야는 종종 아편을 포도주나 맥주에 섞어 마시면서 도취감을 느끼는 것에 대해 언급했다.[99] 로마제국이 기독교인에 대한 박해를 가할 때 기독교인은 카타콤이라는 지하묘지에서 집회를 가지고 신앙을 유지했다. 따라서 기독교인의 지하 생활은 많은 고통을 수반했으며 그와 같은 고통을 해소하기 위한 방편으로 그들은 자연히 아편사용을 묵인했을 것이다.

그러나 로마제국이 기독교를 공인하고 국교로 정하면서 초기 기독교인의 마약 및 마약사용에 대한 기존의 관용적 인식과 태도는 서서히 변하기 시작한다. 기독교는 특히 교회의 존재를 위태롭게 하는 이단과의 투쟁과 배척에서 마약에 대한 기존의 중립적 입장에서 급선회하게 된다. 원래 샤머니즘, 브라만교, 불교, 유교, 초기 기독교 등은 오랫동안 각각의 활동 영역에서 공개적 투쟁 없이 공존했다. 그러나 로마제국에 의해 공인된 기독교는 기존의 이교도에 대한 관용을 없앴다. 오히려 기독교는 초기 다양한 기독교 분파들을 이단화시키면서 극단적 투쟁을 전개했다. 이런 투쟁에서 기독교가 효과적으로 사용한 수단의 하나는 당시 사회문화적으로 자연스럽게 용인된 알코올과 마약이었다. 결과적으로 로마제국이 기독교화되면서 마약 및 마약사용에 대한 기존의 중립적 입장과 소박한 도취 등은 사라지고 금지됐다.

기독교의 마약에 대한 통제를 살펴보기 전에 먼저 알코올에 대한 통제를 알아보자. 그리스도가 죽은 후 바울(Paul: AD 5~67)은 【엄격의 포기】를 의미하는 【느슨한 행위】로 유도되는 모든 자극물을 일소할 필요성을 누차 강조한다.[100] 이를 위한 첫 번째 타깃은 포도주였다. 음주는 기독교에 대한 치명적인 죄로서 로마 초기의 주신(酒神)인 바커스의 경우 바울 시대에는 천국에서 추방된 사탄(Satan=Lucifer)으로 변질되었고 포도주는 오로지 사제에게만 허용됐다. 바울의 음주에 대한 통제는 로마제국의 통치자와 이해의 일치를 이루었다. 왜냐하면 그리스 시대처럼 로마 시대 역시 가장 골치 아픈 사회문제 가운데 하나가 음주였기 때문이다. 알코올 중독자에 대한 처벌의 대표적 예는 BC 186년부터 전승된 바커스의 미스테리(Mysteries of Bacchus)와 관련된 사람에 대한 학대이다. 그러나 마약의 경우는 조금 달랐다. 왜냐하면 당시 의약품이 풍족하지 않은 상태에서 진정제와 진통제의 효과를 지닌 아편은 기독교가 공인되기 전까지 생산과 소비에 있어서 로마제국의 중요한 사회경제적 일부분이었기 때문이다.

그러나 기독교가 공인되면서 마약에 대한 기독교의 인식도 변했다. 기존의 모든 자연종교의 핵심인 알코올에 대한 엄격한 통제와 함께 두 번째 타깃은 마약이었다. 기독교가 공인되기 전 알렉산더 황제는 나폴리 매춘굴에서 중독문제를 일으킨 마약식물(Datura)의 사용을 금지하는 칙령을 발표했다. 그러나 마약통제에 대한 초기 기독교 원리들이 법적 구속력을 획득한 것은 기독교가 공인된 후인 서로마제국 발렌티니아누스 황제의 칙령 이후부터였다. 그는 야간축제 혹은 마약사용을 통한 황홀경의 의식을 모두 불법으로 규정하고 참여자는 사형에 처했다. 기독교를 유일한 합법적 종교로 선언한 테오도시우스 황제는 391년에 이집트의 알렉산드리아에서 마약과 관련된 이교도의 지식을 마법에 의해 오염된 것으로 간주하여 약 120,000권을 불태운 기독교판 분서갱

유(焚書坑儒)를 단행했다. 교부철학을 절정으로 이끈 아우구스티누스는 마약은 【불건전한 호기심】을 만든다고 선언하면서 마약 판매자는 처형 혹은 노예 신분으로 전락하게 만들었다.[101]

이러한 알코올 및 마약의 통제에 대한 변명으로 기독교는 알코올이나 마약 대신 순수한 신앙의 필요를 강조했다. 기독교는 육체의 고통은 때때로 신이 처벌로서 내린 병이기 때문에 신앙과 회개를 통한 정신의 극대화로 극복할 수 있다는 논리로 합리화했다. 이와 같은 논리로 무장한 기독교는 알코올이나 마약으로 육체의 고통을 줄이는 것은 기독교 정신에 위배된다는 것이다. 왜냐하면 기독교는 육체의 욕망을 순수한 신앙과 육체의 고통을 통해 억제하는 것이 바람직한 것으로 인식하기 때문이다. 결국 마약에 의한 도취감은 긍정적(만족)이든 부정적(고통)이든 종식됐다. 또한 약학자는 마법사와 동일시되어 처벌받으면서 궁극적으로 약리학은 몰락했다.

요약하면, 로마제국은 황제숭배를 거부하는 기독교에 대한 박해를 통해 【로마제국의 공고화】를 이룩하려는 정치적 목적이 있었다. 이를 위해 로마제국은 기독교인을 정치적 희생양으로 삼았다. 그럼에도 불구하고 기독교는 로마제국의 박해를 극복하고 로마제국을 기독교화하는 데 성공했다. 이 과정에서 로마제국 역시 하나의 신, 하나의 황제, 하나의 제국을 통해 정치적 균일화를 달성하려는 측면에서 이해의 일치가 있었다. 로마제국의 기독교화와 함께 로마제국의 공고화 과정에서 기독교는 꾸준히 세력을 확장할 수 있었다. 역설적으로 이 과정에서 로마제국이 기독교를 탄압한 것과 유사한 방법으로 이제는 기독교가 로마제국 내에 【기독교의 공고화】를 이룩하려는 종교적 목적을 드러냈다. 이를 위해 기독교는 마약 및 마약 사용자를 종교적 희생양으로 삼았다. 한마디로 로마제국은 로마 황제에 대한 숭배를 거부하는 기독교인을 탄압했고 기독교는 육체의 고통을 거부하는 마약 사용자를 탄압했다. 이 탄압의 클라이맥스가 악명 높은 중세의 마녀사냥이었다.

참고문헌

Akerknecht, Erwin H.(1995). *A Short History of Medicine*. The Johns Hopkins Univ. Press.

Devenport-Hines, Richard(2002). *The Pursuit of Oblivion: A global History of Narcotics*. NY: W. W. Norton & Company.

Dickie, Matthew W.(2003). *Magic and Magicians in the Greco-Roman World*. Routledge.

Emboden, William (1979). *Narcotic Plants*. NY: Macmillian.

Escohotado, Antonio(1999). *A Brief History of Drugs: From the Stone Age to the Stoned Age*. Rochester, Vermont: Park Street Press.

Haskins, Mike(2005). 이민자 역. *Drugs: a Users's Guide*. 서울: 뿌리와 이파리.

Kritikos, P. G. "The Poppy, Opium and Its Use in Late Minoan III." http://www.wbenjamin.org/nc/poppyopium.html.

Matossian, Mary K.(1989). *Poisons of the Past*. New Haven: Yale University Press.

McKenna, Terence(1992). *Foods of Gods: The Search for the Original Tree of Knowledge, A Radical History of Plants, Drugs, and Human Evolution*. NY: Bantam Books.

Scarborough, John(1996). "The Opium Poppy in Hellenistic and Roman Medicine." In Roy Porter & Mikulas Teich. eds. *Drugs and Narcotics in History*. Cambridge University Press.

Schiff, Paul L. Jr.(2002). "Opium and its alkaloids." http://findarticles.com/p/articles/miqa3833/is200207/ai_n9107282/print.

Wasson, Robert G. et. al.(1978). *The Road to Eleusis*. NY: Harcourt Brace Jovanovich.

http://en.wikipedia.org/wiki/Demeter.

http://en.wikipedia.org/wiki/EleusinianMysteries.

제4장

중세 시대

(500~1500)

"인간은 종교적 신념이 뒷받침될 때 신이 나서 철저하게 악을 행한다."

- 파스칼의 『팡세』

제1절
로마 가톨릭교와 마녀사냥

우리는 글이나 방송매체를 통해 마녀사냥이라는 낱말을 종종 듣고 개인적 혹은 집단적으로 사용한다. 그러나 우리가 무심코 내뱉는 그 말이 얼마나 무서운 의미를 내포하고 있는지는 모를 것이다. 이런 의미에서 역사적으로 실제 발생했던 인류의 집단적 광기의 역사라고 말할 수 있는 마녀사냥의 사례에 대한 그 의미가 내포하는 진정한 의미를 되새길 필요성이 있다. 왜냐하면 오늘날까지 우리 사회는 물론 전 세계적으로 의식적이든 무의식적이든 특정 행위 혹은 행위자에 대한 무차별한 박해 혹은 탄압의 수단으로 그 용어가 악용되기 때문이다. 마녀사냥의 원조는 중세 말 로마 가톨릭교회라는 지배세력이 경제사회적 지위가 낮은 여성과 같은 피지배세력에 대한 탄압에서 유래한다. 탄압의 목적은 당시 종교적 헤게모니를 위협받은 가톨릭교회가 위기의식을 타개하기 위한 것이었다. 이를 위해 가톨릭교회는 탄압의 정당화를 위한 수단으로 【악마의 위협으로부터 기독교 사회의 보호】라는 거창한 미명 아래 수많은 지역에서 200년 동안 무수히 많은 여성을 희생양으로 삼았다.

중세 말의 마녀사냥을 이해하고 그와 관련된 중세마약의 역사를 이해하기 위해서는 먼저 중세 1,000년의 정치 및 종교의 간략한 역사를 살펴볼 필요가 있다. 로마제국은 395년 서로마제국과 동로마제국으로 분열되면서 서양의 고대 시대는 서서히 중세 시대로 넘어간다. 이것은 서구사회의 역사적 중심축이 BC 500년~AD 500년까지 대략 1,000년간 지속된 지중해 중심의 고대 그리스·로마 시대에서 유럽대륙 중심의 중세 로마가톨릭 시대로 전환됨을 의미한다. 다시 말하면 서양의 중세 시대는 훈족의 침입으로 말미암은 게르만족의 대이동에 따른 476년 서로마제국의 멸망을 시작으로, 1453년 오스만제국(현재의 튀르키예)에 의한 동로마제국의 멸망까지 약 1,000년을 의미한다. 이러한 서양의 중세 시대는 종교적 관점에서 중세 초기(기독교의 공고화), 중세 중엽(기독교의 절정기), 중세 말엽(기독교의 쇠퇴기)으로 세분할 수 있다.

구체적으로 말하면 정치적으로 중세 초기 약 500년은 서로마제국이 멸망하고 등장한 프랑크 왕국이 843년 세 왕국으로 분열되고 이어 962년 새로운 신성로마제국이 등장할 때까지를 말한다. 그리고 종교적으로 중세 초기는 가톨릭교회가 로마제국의 정치적 그늘에서 프랑크 왕국의 정치적 그늘로 들어가면서 기독교의 공고화가 이루어진 기간이었다. 중세 초기 기독교의 공고화를 이룩한 교회권력은 1077년 로마가톨릭교의 수장인 교황 그레고리 7세가 성직임명권을 둘러싼 대립에서 신성로마제국의 황제 하인리히 4세를 파문하면서 절정에 이르렀다. 소위 카노사의 굴욕 사건이다. 그러나 절정에 도달한 가톨릭교회는 중세 중엽인 11세기 말에서 13세기 말까지 약 200년 동안 기독교의 집단적 광신주의였던 십자군전쟁을 거치고 세속적인 정치권력과 결탁하면서 타락과 부패에 빠진다.

14세기 중세 말엽이 시작되면서 가톨릭교회는 더욱 쇠퇴했다. 예를 들면 교황의 아비뇽 유폐와 그에 따른 아비뇽과 로마에서 각각 교황을 선출한 교회의 대분열, 르네상스 시대의 등장, 1517년 면죄부 판매에 대한 루터의 종교개혁 등이다. 루터의 종교개혁은 15~16세기 르네상스 시대에 신·구교의 종교전쟁으로 발전했고 나아가 정치사회적 혁명운동으로 확대됐다. 이것은 중세에서 근대로 넘어가는 역사의 새로운 물결에서 전통적으로 교황을 중심으로 형성된 가톨릭교회의 엄격한 위계질서에 대한 도전이자 위기를 의미한다. 이러한 도전은 이미 영국의 위클리프와 그의 추종자인 보헤미아의 후스를 중심으로 형성된 로마교회의 개혁운동과 로마 가톨릭교에 대한 反종교에서 시작됐다. 그 핵심은 부두교(les vaudois: 12세기 말 이래 실천과 설교를 통해 개혁사상의 부흥을 주장), 유대교, 청빈형제회(13세기 프란체스코회에서 분파된 엄격한 청빈을 주장) 그리고 이교도였다.

앞에서 지적했듯 중세 마약의 역사를 이해하기 위해서는 마녀사냥에 대한 이해가 선결조건이다.[102] 따라서 이 글에서는 마녀사냥에 대해 다음의 네 가지 질문에 대한 해답을 통해 탐구할 것이다. **첫째**, 마녀사냥은 언제, 그리고 어디서 발생했는가? **둘째**, 마녀사냥은 왜 발생했는가? 다시 말하면 그것의 거시적 원인은 무엇이었는가? **셋째**, 마녀사냥의 피해자는 왜 대부분 여성이었는가? **넷째**, 마녀사냥에서 마녀에 대한 인식은 무엇이었는가?

첫째, 마녀사냥이 절정에 이른 시기는 중세 말과 르네상스 시대인 15~17세기였다. 그리고 마녀사냥이 상대적으로 심했던 장소는 신·구교가 투쟁 혹은 전쟁 상태에 있었던 지역이었다. 바꾸어 말하면 마녀사냥의 발생시기와 지역은 중세 1,000년 동안 종교적 지배계급은 물론 정치·경제·사회·문화적으로 헤게모니를 장악하고 있었던 가톨릭교회의 몰락시기와 일치한다.

둘째, 마녀사냥의 거시적 원인은 무엇인가? 모든 사회현상에 대한 원인을 한 가지로 설명할 수 없듯이 마녀사냥의 원인 역시 하나로 설명할 수 없는 다양한 요인들이 복합적으로 작용한 결과이다. 그러나 이 글에서는 주로 종교적·정치적·사회문화적 측면에서 설명한다. 먼저 종교적 측면에서 마녀사냥의 원인은 중세 말 붕괴해 가는 가톨릭교회의 위계질서에 대한 신교의 도전과 그에 따른 위기의식의 반응이었다. 중세 초기 가톨릭교회의 공고화 과정은 이단에 대한 투쟁의 역사였다. 그리고 중세 중엽 교회 개혁운동에 대한 가톨릭교회의 대응은 개혁운동가를 이단 혹은 마법사라는 미명하에 처벌했다. 중세 말 종교개혁과 신교에 대한 가톨릭교회의 반응은 더욱 엄격하여 악마론에 근거한 마녀라는 단어를 사용했다. 따라서 마녀사냥은 가톨릭교회를 근본적으로 위협하는 종교개혁에 대한 탄압수단의 도구로써 사용한 일종의 희생양이었다.

문제는 종교개혁의 주축이라고 할 수 있는 대다수 신교 역시 마녀법을 제정하면서 마녀사냥에 적극적으로 동참했다는 사실이다.[103] 앞에서 지적했듯이 마녀사냥은 1450년경부터 1650년경까지 약 200년간 혹독했다. 특히 16세기 중반 루터의 종교개혁 이후에 더욱 혹독했다. 이것은 신·구교의 종교적 갈등과 투쟁과는 별도로 신·구교 모두가 마녀사냥에 대해서는 이해의 일치를 보았다는 의미이다. 이 때문에 신·구교 사이의 종교개혁이 갈등을 넘어 투쟁의 절정단계에 이른 1550~1650 년 사이에 마녀사냥도 그 절정에 도달한 것은 결코 우연이 아니었다. 이것이 왜 르네상스 시대에 마녀사냥이 그렇게 기승을 떨었는가에 대한 해명이다. 이와 같은 맥락에서 르네상스는 합리적이고 휴머니즘이 도래하는 시기였지만, 한편으로 여전히 과학적이고 합리적인 사고가 결여된 보수적이고 신비적인 미신을 믿는 시대였다.[104]

구체적으로 종교개혁에 따른 신·구교 사이의 극심한 대립과 투쟁은 양측 신도들로 하여금 신도들을 더욱 통제하려는 광신적인 개종 및 재개종 운동을 전개하게 만들었다. 이 과정에서 양측은 마녀사냥에 대해서도 같은 신념으로 대처했다.[105] 특히 종교개혁가인 루터와 캘빈의 악마에 대한 호전적인 태도는 기존의 로마가톨릭 학자와 다를 바 없었다. 루터의 경우 "나는 마녀들에 대해 동정심을 가지지 않을 것이다. 나는 그들 모두를 불태울 것이다(I would have no compassion on the witches. I would burn them all)."라고 주장했다. 캘빈의 경우도 마찬가지로 "모든 마녀들은 말살되어야 한다(All witches should be exterminated)."라고 강조했다. 결과적으로 종교개혁은 마녀사냥을 더욱 촉발하는 계기가 된 것이다. 이런 맥락에서 구교인 로마 가톨릭교와 신교인 프로테스탄트교가 혼재한 독일, 스위스, 프랑스, 폴란드, 스코틀랜드에서 마녀사냥이 더욱 심각했다. 반면에 대부분 가톨릭교도로 구성된 스페인과 이탈리아 같은 지역에서는 상대적으로 마녀사냥이 덜 심각했다.[106]

정치적 측면에서 신·구교의 대립과 투쟁은 봉건제후는 물론 군주도 이권에 따라 개입하면서 종교전쟁으로 발전했다. 또한 1560~1590년대 신·구교의 극심한 투쟁에 따른 국가통제의 약화는 프랑스에서의 위그노 전쟁, 네덜란드 독립전쟁, 독일에서의 30년 전쟁과 같은 8차례의 광기 어린 종교전쟁으로 이어졌다. 나아가 국왕과 귀족들의 정치경제적 이해관계를 위한 전쟁으로 확대되면서 종교전쟁은 더욱 악화되었고 그에 따라 마녀사냥도 더욱 가혹해졌다. 정치적 불안정에 의한 무질서로 인해 군주에 의한 중앙집권화의 속도가 상대적으로 늦어지면서 봉건제후는 사형(私刑)이라는 신속한 방법을 선호했다. 이 외에도 베이컨, 루터, 캘빈 등과 같은 인문주의자들이 방관 내지는 이론적으로 부추김으로써 마녀사냥은 더욱 참혹한 상황으로 치달았다.

사회문화적 측면에서 중세 말엽 당시 대기근과 같은 자연재해, 바이킹족과 사라센과 같은 외적의 침입, 주기적으로 발생하는 흑사병 및 나병과 같은 당시에는 불가사의한 전염병의 확산은 마을의 유기 및 고립으로 이어졌다. 또한 영국과 프랑스 사이의 백년전쟁, 영국에서의 장미전쟁과 프랑스에서의 프롱드의 난과 같은 내전은 시대적 변화기에 나타나는 종말론적 현상의 이미지와 함께 사회적 불안감을 더욱 확대시켰다. 이런 요인들이 복합적으로 작용하여 중세 사회의 경제사회적 토대이며 자급자족 경제인 봉건제와 장원제의 붕괴와 고립화로 유도됐다. 이런 변화는 폐쇄경제에 따른 농업과 목축의 공급부족으로 이어지고 상업의 발달을 방해하여 광산, 야금술, 식품업의 붕괴로 이어진다. 결국 고립화에 따른 커뮤니케이션의 미발달은 고립된 마을과 하층계급에서 전통적 샤머니즘의 부활을 촉진하는 계기가 되면서 중세 말엽의 사회를 더욱 불안정한 사회로 유도했다.

신·구교 사이의 투쟁과 전쟁 그리고 부상하는 군주권과 몰락하는 교황권 사이의 갈등과 대립으로 인해 사회적 불안은 더욱 가중됐다. 따라서 기존 지배질서를 위협하는 세력에 대해 가톨릭교회와 같은 전통적 지배계급은 일반대중에게 종교적·정치적 해명은 물론 그들을 신앙적 이데올로기로 일치시키면서 사회적 불안과 동요를 해소하는 동시에 사회문화적 통제가 필요했다. 교회권력의 입장에서 사회적 통제의 희생양으로 창출해 낸 가장 이상적인 제물은 이단자와 마녀였다. 결국 가톨릭교회라는 중세 지배계급은 자신들의 몰락을 막아 보려는 종교적, 정치경제적, 사회문화적 차원의 희생양으로 마녀사냥을 창조했다. 그러한 희생양에 대한 정당성을 확보하는 수단의 하나로 교회권력은 마녀재판에서 마녀로 기소된 자들에 대해 당시 기독교 교리에 위배되는 마약사용의 혐의를 씌운 것이다.[107]

셋째, 마녀사냥의 피해자는 왜 대부분 여성이었는가? 물론 마녀사냥의 희생자로 일부 남성들도 포함되었지만 약 75%는 여성이었다.[108] 이를 파악하기 위해 이 글에서는 두 가지 측면에서 고찰한다. 하나는 전통적으로 기독교에 내재한 위계적인 가부장적이고 남성적인 종교성에 따른 여성혐오주의이다. 다른 하나는 중세 말 사회경제적 변혁기에 나타나는 직업여성의 등장이다. 전자의 경우 구약성경 창세기에 등장하는 아담과 이브의 이야기는 여자는 사악하고 유혹에 넘어가기 쉬운 열등한 존재로 묘사한다. 한마디로 "죄업은 여자로부터 생긴다."라는 의미이다. 구약성서에 나타난 또 다른 여성 차별적인 사례는 ①여성은 가문계승의 도구로 이용됐다(창세기 16장과 38장, 신명기 25장, 룻기 4장 12절), ②여성은 더러운 존재로 취급됐다(레위기 12장, 15장), ③여성은 남성의 소유물로 간주되어 임의로 처분할 수 있는 대상이었다(창세기 19장, 출애굽기 21장, 사사기 19장).[109]

이처럼 기독교의 여성혐오주의는 17세기까지 신학자로 하여금 여성은 감시해야 할 불안정한 존재로 인식하게 만들었고 反여권주의의 정신적 지주 노릇을 하게 만들었다. 이와 함께 당시 사회적인 관점에서 여성은 결혼 전에는 아버지의 보호가 그리고 결혼 후에는 남편의 후견이 필요하다고 보았다. 따라서 여성이 자율성을 획득하기 위해서는 과부가 되거나 직업을 가짐으로써 경제적 독립성을 획득하는 것이다. 그러나 과부의 경우 자율성은 획득하나 사회적 지위는 상대적으로 낮아 마녀사냥의 좋은 사냥감이 되었다. 예를 들면 프랑스의 경우 도시에서는 마녀재판의 50% 정도가 여성이었으나 시골에서는 마녀재판의 80% 이상이 여성이었다.[110]

한편 16~17세기 유럽은 종교적으로 구교에서 신교로, 정치적으로 지방분권적 봉건제에서 중앙집권적 민족국가 체제로, 경제적으로 소작농에서 임금노동의 시스템으로 변화하는 과도기였다. 특히 상업자본주의 형성의 토대가 된 노동집약적 방직산업의 발달은 많은 여성에게 취업의 길을 열어 주어 결과적으로 여성 스스로 독자적인 생계유지를 가능하게 만들었다. 이것은 전통적인 남성 통제사회에서 여성이 벗어날 수 있는 계기를 제공했다. 따라서 로마 가톨릭교를 중심으로 지배계급은 이러한 독신 여성들에 대한 사회적 통제의 방법이 필요했다.[111] 결국 마녀사냥의 희생양인 여성의 사회적 신분은 경제적 기반이 약한 힘없고 소외된 보호받을 수 없는 과부나 노파, 약초에 대한 지식을 가진 여성, 조산원 혹은 독자적 직업을 가진 여성이었다.[112]

그렇다면 당시 마녀사냥에 의해 희생된 사람은 몇 명이었을까? 이 수치는 학자마다 다르게 추산한다. 예를 들면 Levack은 1992년 그의 저서(The Witch Hunt in Early Modern Europe)에서 60,000명으로 추산했고, Barstow는 그녀의 1994년 저서(Witcheraze: A New History in the European Witch Hunts)에서 100,000명으로 추산했으며, Hutton은 1999년 그의 저서(Triumph of the Moon)에서 약 40,000명으로 추산했다. 따라서 대부분의 학자는 1480년에서 1700년경 사이 종교개혁에 따른 종교전쟁 등으로 인한 희생자의 대부분은 여성으로 약 40,000~100,000명이 처형됐다고 추산한다. 마녀재판은 필연적으로 고문에 의한 자백의 형태로 유지되었는데, 대다수 종교재판관은 "신은 죄 없는 사람에게 결코 죄를 씌우는 것을 허락하지 않을 것이다(God would never allow an innocent person to be accused of it)."라고 합리화했다.

넷째, 마녀사냥에서 마녀에 대한 인식은 무엇이었는가? 이를 위해 중세 초기 유럽사회에서 마녀에 대한 역사적 인식을 간략히 살펴보자. 원래 마녀사냥의 직접적 근거는 "여자 마법사를 살려 두지 말라."라는 출애굽기 22장 18절의 구절이다. 그러나 420년 신앙과 이성을 결합시킨 교부철학의 대부 아우구스티누스는 신의 우월성을 강조하면서 마녀의 존재 자체를 부정했다. 그리고 로마 가톨릭교회는 보편적으로 그의 견해를 받아들였다. 785년 파더보른 종교회의에서도 마녀의 존재를 부정하고 이를 믿으면 처벌할 수 있었다. 794년 샤를마뉴 대제에 의해 소집된 프랑크푸르트 종교회의에서도 마녀라는 명목으로 사람을 화형시키는 사람에게 사형을 구형하도록 규정했다. 문제는 중세 초기 가톨릭교회는 기독교 분파들에 대한 이단투쟁을 전개하는 과정에서 신비주의적인 요소가 가미된 이단과 주술에 대해 명확한 구분을 하지 않았다는 사실이다.

십자군 전쟁을 거치면서 교회는 타락과 부패에 빠졌다. 또한 이슬람 세계로부터 새로운 지식이 전파되면서 유럽사회에서 기독교에 대한 신앙은 점차적으로 희미해졌다. 이 과정에서 이단에 대한 탄압을 합법화한 종교적 사법기구인 종교재판소가 12세기에 형성됐다. 1232년에는 교황 그레고리 9세와 황제 프리드리히 2세가 공동으로 이단자를 다스리기 위한 법령(De haereticis)을 반포했다. 이 법에 처음으로 사형의 조항이 명문화되었다. 1252년에는 교황 인노센트 4세가 종교재판관에게 중세 초기 로마법에서 폐지된 고문을 부활시켜 자백을 강요할 수 있는 권한을 부여했다.[113] 이러한 이단과의 투쟁과정에서 1273년 이성보다 신앙을 중시하는 스콜라 철학의 대부 아퀴나스는 악마의 존재를 인정하고 악마가 사람들을 유혹한다고 강조했다. 아퀴나스의 악마론은 섹스, 마녀, 악마가 상호 공통분모를 지니고 있는 존재임을 강조한다.[114] 이런 의미에서 아퀴나스의 악마론은 종교재판관에게 이단과 마녀를 동일시하게 만들어 후에 마녀사냥의 이론적 틀을 제공했다.

14세기부터 가톨릭교회의 타락과 부패에 따라 새로운 종교개혁 운동과 反종교들이 등장했다. 이러한 새로운 종교적 물결은 가톨릭교회에 대한 중대한 도전이었다. 따라서 로마가톨릭교의 입장에서 이러한 도전에 대한 응징은 기존처럼 이단 퇴치라는 미명하의 종교적 투쟁으로 변할 수밖에 없었다. 그러나 가톨릭교회의 수장들은 과거의 온건한 정책과는 달리 정식으로 종교재판소를 설치하고 종교재판을 통해 이단을 마법사라는 틀을 씌워 처형하는 강경정책으로 선회했다. 이단에 대한 종교재판은 후에 마법사를 마녀로 둔갑시키면서 새로운 형태의 종교재판인 마녀사냥을 창조했다. 중세 최대의 종교회의인 콘스탄츠 공의회에서 종교개혁가인 위클리프를 이단으로 몰고 후스를 화형에 처한 것을 시작으로 1459년 프랑스에서 부두교 신자를 고문을 통해 강제로 악마숭배자로 자백시킨 다음 마법사라는 죄목으로 처형시킨 사건은 악마신화의 탄생을 구체화한 것인 동시에 마녀사냥의 서곡이었다.[115]

구체적으로 이단에 대한 종교재판은 1320년 교황 요한 12세가 마법사에 대한 박멸을 선언하면서 공식화됐다.[116] 이 공식화는 1484년 교황 인노센트 8세에 의해 마녀사냥의 헌장으로 불린 유명한 교서(*Summis desiderantes affectibus*: 가장 바람직한 것에 대하여)에 의해 제도화(마법사=악마추종자)되었다.[117] 결과적으로 교황의 교서는 가톨릭교회로 하여금 마녀사냥에 대한 종교적 의무감을 부여했다. 이는 또한 1486년 도미니크회 소속 종교재판관들(Kramer & Sprenger)이 저술하여 마녀사냥의 광기를 학문으로 취급한 지침서로 알려진 『마녀의 망치(*Malleus Maleficarum*)』에 의해 전파되었다.

1455년 구텐베르그는 금속활자를 발명하여 중세 유럽에 인쇄술의 혁명을 제공했다. 이 덕분으로 마녀 관련 악의적인 지침서인 『마녀의 망치』는 전 유럽으로 전파되어 신·구교 모두에게 마녀에 대한 공포를 더욱 유발시켰다. 이 지침서는 기본적으로 여성을 마녀와 악(惡)으로 규정하고 있다. 또한 이 지침서는 중세유럽의 신교들로 하여금 마녀법을 제정하는 계기를 제공했다. 이 지침서에 따라 1532년에 제정된 신성로마제국의 기본법전(Caroline Code)은 마녀에 대한 무거운 형벌을 부과했다. 1562년 영국의 엘리자베스 1세는 가장 악명 높은 마녀법을 만들었다. 한마디로 중세 말엽 이분법적 선악에 기초한 종교재판의 제도화는 향후 200년 동안 유럽에서 광기 어린 마녀사냥을 부추긴 사회적 구조로서의 사법장치였다. 그리고 대부분 도미니크회, 프란체스코회, 예수회 수도사로 구성된 종교재판관들은 그러한 사법장치를 종교재판을 통해 더욱 정교화시켰다.[118]

결론적으로 마녀사냥이 가장 극심했던 독일은 30년 종교전쟁과 함께 1648년 베스트팔렌 평화조약으로 체결하면서 마녀사냥도 종결됐다. 이후 유럽에서는 민족국가의 탄생과 함께 근대 시대의 서막을 알렸다. 이를 계기로 유럽에서 종교전쟁은 거의 사라지고 마찬가지로 마녀사냥도 쇠퇴기에 이른다. 특히 1680년대 시작한 근대 이성의 시대는 경험적 이성과 무신론의 부상으로 미신에 대한 유럽사회의 전반적인 회의를 통해 마녀사냥의 종식에 공헌했다. 한마디로 종교개혁은 종교전쟁을 야기했고, 궁극적으로 이러한 혼란의 와중에서 마녀사냥은 절정에 이르렀다. 즉 마녀재판과 처형이라는 반복적인 폭력의 역동성이 확대 재생산되었다. 문제는 한번 가속도가 붙은 마녀사냥과 같은 사회적 광기현상은 일단 상승기류를 타면 그것을 유도한 사회주체의 통제를 벗어나 걷잡을 수 없는 새로운 폭력의 악순환인 폭력의 역동성을 보이는 경향이 있다. 이 과정에서 가톨릭교회의 지배계급은 신앙이라는 미명하에 비윤리적이고 비인간적인 마녀재판을 진행했던 것이다.

제2절
마녀사냥과 마약[119]

　마녀사냥과 마약과의 관계를 설명하기 전에 먼저 중세 유럽사회에서 마약에 대한 간략한 역사와 마약에 대한 인식을 알아보자. 제3장에서 기술했듯이 중세 초기 동안 로마제국에서 기독교가 공고화되면서 마약 사용은 점차 금지됐다. 대표적인 사례가 신앙과 이성을 결합시킨 교부철학의 대부 아우구스티누스의 마약에 대한 철저한 혐오이다.[120] 그는 마약은 【불건전한 호기심】을 유발한다고 선언했다. 이러한 마약에 대한 부정적 인식은 아편을 【사탄의 작품】으로 명명한 샤를마뉴 대제의 선언으로 이어진다. 결국 10세기경 교회와 국가가 통합되고 수도사가 종교와 정치에 막강한 영향력을 행사하면서 치료 목적의 마약사용은 이단과 동일시되었다. 왜냐하면 정신적 신앙을 강조하는 기독교의 교리와 육체적 고통을 해소하는 마약식물은 상호 양립할 수 없었기 때문이다. 중세 초기에 이것은 궁극적으로 약물학의 몰락을 가져왔다. 결과적으로 중세의약은 디오스코리데스와 갈렌이 기초한 기존의 그리스 로마의 의약서와 십자군 전쟁 이후 아랍과의 교류로 인한 이슬람 의학서가 전부라 해도 과언이 아니다.[121]

　11세기 말 시작된 십자군 운동 이후 중세 초기부터 금지된 마약 및 마약 관련 지식이 이슬람 세계로부터 재유입되어 점차적으로 마약사용이 음성화됐다. 구체적으로 셀주크제국이 로마 가톨릭교의 성지인 예루살렘을 점령하고 동로마제국을 위협하면서 시작된 약 200년간의 7차례의 십자군 전쟁은 마약사용의 새로운 역사와 함께 참혹한 마녀사냥의 서곡을 유도했다. 십자군 전쟁은 종교적 측면에서 전쟁의 실패로 인해 교황권이 쇠퇴하는 계기가 되었고, 정치적 측면에서는 전쟁에 참여한 봉건영주와 기사의 몰락으로 지방분권적 봉건제가 붕괴되면서 중앙집권적 왕권이 강화되는 계기가 됐다. 또한 경제적 측면에서는 동방무역이 활발하게 되고 도시와 상업이 발달하여 장원제가 해체되는 계기가 되었고, 사회문화적 측면에서는 이슬람의 과학, 의학, 건축 등과 같은 지식이 중세 유럽으로 전파되어 르네상스 시대의 모태가 됐다.

원래 이슬람 세계에서 마약에 대한 지식은 이슬람교의 창시자인 모하메드가 등장하기 전까지는 존재하지 않았다. 이런 연유로 코란에는 마리화나에 대한 언급이 없다. 이슬람 세계에 마약이 전파되기 시작한 것은 로마제국에서 기독교가 공인된 후 초기 기독교의 마약에 대한 탄압의 시작과 함께 마약 및 마약 관련 지식이 이슬람 세계로 유입되면서 유래한다. 이 때문에 초기 이슬람 세계의 마약에 대한 일반적 인식은 그리스·로마 시대처럼 중립적이었다. 9세기경 아편사용은 현재의 터키와 이란지역이 아편생산의 핵심으로 부상하면서 이슬람 세력의 확장과 함께 전 영역으로 확대됐다. 또한 해시시를 섞은 포도 시럽의 소비가 증대했다. 10세기경 마리화나는 치료용과 오락용으로 자주 이용되었다. 또한 10세기경 발견된 커피를 아편수액과 함께 복용한 기록도 발견된다. 흥미 있는 것은 강장제의 도구로 그리스·로마 세계에서는 와인을 사용한 반면 이슬람 세계에서는 아편을 사용한 것이다.

이슬람 의학의 아버지라고 할 수 있는 이븐 시나(Ibn Sina=Avicenna)는 1030년경에 쓰였다고 추정하고 1175년에 라틴어로 번역된 그의 저서 『The Canon of Medicine』에서 아편(mash Allah=gift of God)을 가장 강력한 마취제로 묘사하면서 안락사의 도구로 이용했다. 그의 수제자(Al-Razi)도 심각한 우울증을 치료하기 위해 아편을 사용했다. 유명한 『천일야화(千一夜話)』에 등장하는 특별 포도주는 다름 아닌 마리화나 혹은 아편에 알코올을 섞은 것이다. 이처럼 이슬람 세계에서 마약이 광범위하게 사용되고 있음에도 불구하고 그리스·로마 사회처럼 이슬람 사회도 알코올 중독자와 마약 중독자에 대한 가족 및 사회생활의 비교에서 전자가 훨씬 더 심각한 문제가 있다는 것을 이슬람 지도자는 물론 일반인도 믿는 풍조가 만연했다. 아편은 7세기경 아라비아 상인이 인도에, 17세기경에는 포르투갈 상인이 중국에 소개했다.

그러나 초기 이슬람 사회에서 마약에 대한 중립적 시각은 14세기경에 이르러 급변하기 시작했다. 이러한 인식의 변화는 로마제국의 기독교처럼 이슬람 내의 종교적 내분에 의해 발생된 권력투쟁의 수단으로 마약사용을 탄압했기 때문이다. 예를 들면 정통 이슬람 재판관은 마약사용을 통해 신성한 존재로의 접근을 주장한 수피교를 비난하기 위해 포도주를 마시는 것은 죄인이며 해시시를 피우는 것은 이단자임을 경고했다. 특히 재판관은 해시시가 無신앙, 급사, 나병, 남색(男色) 등 120가지 문제점을 야기한다고 경고했다. 단지 기독교와 다른 점은 재판관의 경고가 법으로 제정되지는 않았다는 사실이다. 정통 이슬람교는 그리스·로마 사회의 약물학에 대해 기독교가 제정한 것과 유사한 검열제도만을 실시했다. 그러나 14세기경 기독교와 마찬가지로 이슬람교는 어떠한 형태의 도취도 【문화의 표현】이 아니라 【금지된 즐거움】이기 때문에 불법적인 죄로 규정하고 술과 마약에 대해 금지령이 내려졌다.

한편 유럽 중세사회에서 처음으로 베네딕트 수도원이 육체적 치료를 자비로 인식하면서 부분적인 마약사용을 허용했다. 또한 위에서 지적한 이슬람 세계의 의약지식이 중세유럽에 전파되면서 중세사회에서 가장 저명한 이탈리아 의사(Theodoric Borgognoni)는 외과수술에 대한 4권의 저서 『의학치료(Cyprurgia)』를 발간한다. 이 저서에 아편과 허브를 섞어 외과용 전신마취에 사용한다는 기록이 있다. 이처럼 중세사회에서 부분적으로 음성화된 마약사용은 14세기경 유럽사회에 흑사병이 확산되면서 이단화되었다. 왜냐하면 중세의약은 과학적 설명보다는 더욱 광적인 종교적 신앙에 매달렸기 때문이다. 이후 약 200년간 참혹한 마녀사냥을 거치면서 약용식물을 사용하여 병을 치료하는 민간요법은 점차적으로 사라졌다.

그렇다면 왜 종교재판관은 마녀재판에서 여성 피해자에게 마약사용의 자백을 강요했는가? 결론부터 말하면 마약사용은 정신적 신앙을 강조하는 기독교적 지배 이데올로기와 양립할 수 없는 요소의 하나였다. 이를 좀 더 구체적으로 살펴보자. 마녀재판에서 공통적으로 등장하는 내용은 동물로의 변신, 밤의 비행, 마법집회(sabbat: 부분적으로 전통적 문화축제), 마약사용, 악마에 대한 충성맹세, 악마와의 성교, 십자가에 대한 모독, 그리스도교 포기선서 등이다. 이런 내용 중에서 가장 흥미 있는 사실 가운데 하나는 희생양으로서의 여성에 대한 심문의 공통점은 고문을 통해 마법집회에 참석하기 위해 마약을 사용했다고 자백하도록 하는 것이다. 그러나 르박은 마녀재판에서 마약사용은 실제라기보다는 민간설화나 악마론의 부산물로 보고 있다.[122]

한편 마녀재판 과정에서 반드시 나타나는 마법사의 고약, 연고, 몰약 등은 현대적 해석으로는 자연산 마약을 의미한다. 대표적인 것은 마리화나와 아편이다. 이 외에도 지역에 따라 다양한 약용버섯과 약용식물이 존재하는데 대부분은 환각성 물질을 지니고 있다. 하지만 그런 마약의 공통된 사용목적은 마법집회에 참석하기 위해 마녀들이 대부분 환각성 마약인 "특별한 고약을 온몸에 칠해서 몸이 안 보이게 할 수 있으며, 그것 때문에 먼 거리를 단숨에 여행할 수 있다는 이야기"로 강제한다.[123] 마녀들의 신비로운 【나르는 연고(Flying ointment)】라는 마약 이야기는 1456년 처음으로 하틀립(Johannes Hartlieb)의 책에서 묘사했다. 또한 1458년 아브라함(Abraham)의 단행본(*The Book of the Sacred Magic*)과 1560년 델라 포르타(Giovanni Della Porta)의 단행본(*De Miraculis Rerum Naturalium*)에서도 전해진다.

고약의 구성물로는 대개 다양한 마약식물들이 이용됐다.[124] 예를 들면 중세 시대 이래 산파와 마녀들은 자궁수축을 유도하기 위해 환각성분이 있는 맥각균을 이용하곤 했다.[125] 또한 독성을 지닌 벨라도나와 그것의 해독작용이 있는 아편을 섞어 사용하면 【몽롱한 꿈(twilight sleep)】을 꾸거나 【에로틱한 잠】을 이룰 수 있다고 전해진다. 마찬가지로 헨베인(Henbane)과 벨라도나의 알칼로이드를 섞어 사용하면 날아오르는 듯한 무중력 상태의 감정을 느낀다고 전해진다. 이런 효능 때문에 헨베인은 중세 말과 근대 초에 의사들에 의해 이용된 가장 중요한 마약식물 중 하나였다.[126] 1943년 독일군이 이를 이용해 무색무향의 신경가스를 만들기도 했다.

마녀재판에서 이러한 마약류에 대한 언급의 공통점은 섹스와 연관 짓고 있다. 바울은 여성은 악이며 그 악의 도구는 육체의 죄인 섹스라고 믿었다. 이 때문에 중세 초기 아우구스티누스는 여성과 악을 동일시하면서 독신생활을 찬양했다.[127] 아퀴나스도 여성은 출산을 위한 도구로서 육체적이며 성적인 존재로 파악했다. 이처럼 기독교에서 섹스에 대한 혐오는 마약과 결합하여 여성에게 새로운 의미를 부여했다. 즉 종교재판에서 【여성=마녀=악마】라는 이미지가 형성되면서 여성은 성적 욕구가 강해 악마의 유혹에 쉽게 넘어가 마녀가 된다는 것이다.[128] 이들 마약의 대부분은 악마가 제공했거나 혹은 마녀가 직접 만들었다고 한다. 다시 말하면, 그러한 고약은 악마와의 성적 접촉이나 흥분을 유발하기 위한 도구로 이용한다고 강제한다.[129] 따라서 마녀재판에서 나타나는 공통요소를 간단히 도식화하면 【여성+마약+섹스=사탄의 유혹】이었다. 이들은 기독교적 관점에서 볼 때 모두 부정적 요소들이다.

이러한 마약사용의 신비감을 지닌 여성이 저주의 죄인으로 지목되는 것은 결코 우연이 아니었다. 희생양이 되었던 여자들은 마을공동체에서 아주 특별한 역할을 수행하고 있었다. 그들 중에는 약초의 비밀을 알고 있는 여인네가 종종 있었다. 긴장이 고조되고 마법에 대한 풍문이 떠돌기 시작할 때 여인들이 지닌 특별한 능력을 두려워했던 대중들은 제일 먼저 그들을 의심했다.[130] 그 전승받은 지식과 주술적인 힘의 혼동은 약초의 비결을 알고 있었던 여인들을 무서운 존재로 만들어 버리고 말았다.[131] 재판관과 대중들은 이러한 약용식물들의 치료효과를 대대로 전수받거나 혹은 알고 있던 여자들에 대해 그 치료방법을 악마로부터 전수받은 것으로 생각했다.[132] 다음은 당시 마약에 대한 일반인의 인식을 나타낸다.

"의약이 출현한 19세기 전까지는 약초만이 환자를 치료할 수 있는 유일한 방법이었다. 사람들이 신봉했던 생약의 효능은 약초의 고유한 효과보다는 사람들이 부여한 상징적 의미가 강했다. 예를 들어 약초 가운데서도 1년의 어떤 기간 즉 부활절이라든가 성 요한 뱁티스트 주일 밤 또는 월식이 있는 날 밤에 캔 약초들만이 치유효과가 있다고 믿었다. 더욱이 독초와 약초 모두를 생약으로 이용했다는 사실은 악을 행할 수도 선을 행할 수도 있다는 마법의 이중적 속성과 정확히 일치한다. 이와 함께 오늘날 약품을 제조할 때 쓰는 몇몇의 성분들을 옛날에는 마법의 상징이었던 검은 이사풀과 벨라도나에서 추출했다는 사실은 특별히 주목할 만하다." - Salmann(1995), p.97.

중세 유럽사회의 지배적 사회구조는 정신적 신앙을 강조하는 神 중심의 사회였다. 이것은 인간 중심의 그리스·로마사회의 몰락을 의미했다. 마약사의 관점에서 볼 때 이것은 디오스코리데스와 갈렌이 기초한 이성적·자연적·과학적 관점으로서의 그리스·로마 시대의 의약에 대한 거부였다. 결국 중세사회에서 질병의 원인으로 【죄】의 개념이 등장했고, 그 질병의 치료로서 【고백】의 개념이 발전했다.[133] 따라서 육체적 질병 치료제로서의 마약식물은 중세 유럽사회에서 존재가치가 없었다. 16세기 멕시코의 정복자인 코르테스가 가장 놀란 이유 중 하나는 멕시코의 아즈테카 제국이 약 1,200종의 무궁무진한 의약적 효과를 지닌 식물에 대한 지식을 지니고 있었다는 사실이다.[134] 이런 식물들의 대부분은 향정신성 마약식물이었다. 역으로 이것은 중세사회에서 약물학이 전혀 발전하지 못했음을 의미하며 결과적으로 마약 관련 마녀사냥이 등장하는 가장 중요한 배경이 되기도 했다.

요약하면, 마녀사냥의 원인은 종교·정치·경제·사회문화적 요인 등 다양한 측면이 존재한다. 그러나 이 글에서는 그 원인으로 근세로 넘어가는 역사적 변화과정에서 종교개혁 및 종교전쟁과 같은 종교적 요인을 특히 강조했다. 이와 함께 사회행위자로서의 가해자인 신부, 사법관, 지식인 등과 같은 지배엘리트들은 중세에서 근대로 넘어가는 약 200년 동안 지속된 정치경제적 혼란에 따른 사회적 불안감의 탈출구로서 하층계급에 대한 사회통제의 필요성을 나타냈다. 특히 그들은 대다수 피해자인 하층 여성에 대한 사회통제의 필요성을 강조했고 그러한 사회통제의 필요성에 정당성을 부여하기 위해 사회적인 해악과 악마적인 요인을 강조하는 마약사용과 섹스를 연계시키면서 강제적으로 악마숭배와 마녀혐의를 뒤집어씌운 것이다.

이런 맥락에서 르박이 지적한 것처럼 마녀라는 용어는 중세 말 새로운 종교적 도덕성, 민족국가의 기치와 함께 근대군주의 등장, 도시 부르주아지의 출현에 위협을 느낀 전통적 농촌 귀족인 대농장주와 성직자들의 지배계층이 사회통제의 수단으로 등장한 창조적 작품이었다.[135] 2003년 교황 요한 바오로 2세는 【회상과 화해】에서 교회의 과거 범죄를 발표하면서 과거 교회가 마녀사냥처럼 하느님의 뜻이라는 미명하에 인류에게 저지른 각종 잘못을 최초로 공식 인정하고 전 세계적으로 가톨릭의 이름으로 사죄했다.

참고문헌

김정자(1990). "서양 중세 여성의 역할과 지위." 한국여성연구회 편, 『여성과 사회』. 창간호, 서울: 창작과 비평사.

서양중세사학회(2003). 『서양 중세사 강의』. 서울: 느티나무.

정용재(1998). "중세 종교재판에 대한 기독교윤리학적 연구." 석사학위논문. 감리교신학대학원.

조성권(2004). "마녀사냥의 정치학: 마약관련 마녀사냥을 중심으로." 『세계지역연구논총』 22집, 2호.

Akerknecht, Erwin H.(1995). *A Short History of Medicine*. The Johns Hopkins Univ. Press.

Barstow, Anne L.(1994). *Witchcraze: A New History of the European Witch Hunts*. San Francisco, CA: Pandora.

Christin, Olivier(1998). 채계병 역. 『종교개혁: 루터와 칼뱅, 프로테스탄트의 탄생』. 서울: 시공사.

Conrad, Lawrence L. et al.(1995). *The Western Medical Tradition: 800 to AD 1800*. Cambridge University Press.

Escohotado, Antonio(1999). *A Brief History of Drugs: From the Stone Age to the Stoned Age*. Rochester, Vermont: Park Street Press.

Fuchs, Eduardo(2001). 이기웅·박종만 역. 『풍속의 역사 II: 르네상스』. 서울: 까치.

Harner, Michael J.(1973). "The role of the hallucinogenic plants in European witchcraft." In *Hallucinogens and Shamanism*. edited by Michael J. Harner. London. Oxford University Press.

Hutton, Ronald(1999). *The Triumph of the Moon: A History of Modern Pagan Witchcraft*. NY: The Oxford University Press.

Kuklin, Alexander(1999). *How Do Witches Fly?* DNA Press.

Lea, Henry C.(2010). *A History of Inquisition of the Middle Ages.* Cambridge Univ. Press.

Levack, Brian P.(1992). *The Witch-Hunt in Early Modern Europe.* Harlow, England: Longman Group UK Limited.

Levack, Brian P.(2003). 김동순 역.『유럽의 마녀사냥』. 서울: 소나무.

Linder, Douglas(2005). "A Brief History of Witchcraft Persecutions before Salem.". http://law2.umkc.edu.faculty/projects/ftrials/salem/witchhistory.html.

Mendelson, Jack and Nancy Mello(1986). *The Encyclopedia of Psychoactive Drugs: Flowering Plants: Magic in Bloom.* NY: Chelsea House Publishers.

Powell, Shantell(1988). "Flying Potions and Getting to the Sabbat." http://www.shanmonster.com/witch/flying.html.

Quenot, Katherine(1997). 이재형 역.『상대적이고 절대적인 마법의 백과사전』. 서울: 열린책들.

Rätsch, Christian(1992). *The Dictionary of Sacred and Magical Plants.* Santa Barbara, CA.: ABC-Clio.

Russell, Jeffrey B.(1971). *Religious Dissent in the Middle Ages.* John Wiley & Sons Inc.

Russell, Jeffrey B. & Douglas W. Lumsden(2007). *A History of Medieval Christianity.* Peter Land Publishing.

Sallmann, Jean-Michel(1995). 은위영 역.『사탄과 약혼한 마녀』. 서울: 시공사.

Siraisi, Nancy G.(1990). *Medieval & Early Renaissance Medicine: An Introduction of knowledge and Practice.* The University of Chicago Press.

森島恒雄(1998). 조성숙 역.『마녀사냥』. 서울: 현민 시스템.

제5장

근대 시대

(1500~1800)

"The dose makes the poison."

— *Paracelsus, the father of toxicology*

제1절
이성의 시대와 마약의 부활

서구세계에서 중세와 근대를 연결하는 과도기적 시대를 르네상스라고 부른다. 구체적인 역사적 사건들은 1453년 오스만제국에 의한 동로마 몰락, 1492년 신대륙 발견, 1517년 루터의 종교개혁 등이다. 그리고 근대의 시작은 대체적으로 신성로마제국에서 30년 종교전쟁이 종료되고 베스트팔렌 조약이 체결된 1648년을 기점으로 한다. 이후 17세기를 사상적으로 이성의 시대(과학혁명의 시대), 18세기를 계몽의 시대(민주혁명의 시대)라고 부른다. 또한 17~18세기는 정치적으로 절대주의 시대이며 경제적으로는 중상주의 시대이다. 절대주의는 강력한 왕권 중심의 중앙집권제이다. 중상주의는 초기 자본주의의 형태로 왕권강화의 지지 세력인 신흥 상공업 시민층이 선호했다.

18세기 계몽 시대는 17세기 말 인간의 합리적 이성을 강조한 이성 시대와 연계된다. 이성은 권위와 합법성의 주요 원천이었다. 계몽은 사회의 핵심 가치로 이성은 물론 자유와 민주주의를 옹호한다. 이런 이성의 힘은 17세기 영국의 청교도혁명과 명예혁명을 시작으로 18세기 미국 독립선언서와 독립전쟁, 그리고 18세기 프랑스대혁명과 프랑스 인권선언을 유도하는 계몽의 핵심적 요인이었다. 계몽의 개념은 1784년

칸트의 에세이(What is Enlightenment?)에서 "자기 자신의 지혜를 사용하는 자유"라고 표현했다. 계몽은 전통적 제도, 습관, 도덕을 비판한다. 계몽 시대는 나폴레옹 전쟁을 계기로 19세기 자유주의로 이어진다.

그리스 시대에 마약은 인간이 어떻게 이용하느냐에 따라 선약 혹은 해약이 될 수도 있었다. 그것은 전적으로 인간의 선택의 문제였다. 중세 시대에 마약은 약물학의 몰락으로 마약 관련 뚜렷한 의약이 발달하지 않았다. 그러나 르네상스 시대에 아편은 다시 강력한 의약품의 역할을 떠맡았다. 왜냐하면 르네상스 시대의 역사적 핵심은 중세의 神 중심에서 그리스의 인간 중심으로의 부활이기 때문이다. 17세기에 근대가 본격적으로 시작할 즈음 인간 중심의 사상이 태동된 르네상스 시대의 사상적 산물이 인간의 이성으로 하여금 서서히 마약에 대한 중세의 인식을 완전히 탈바꿈하는 계기를 제공했다. 한마디로 근대 시대의 이성주의와 계몽주의가 아편을 중세【악마의 선물】에서 근대【신의 선물】로 새로운 해석과 평가를 내리는 계기가 됐다.

르네상스 시대에 아편 관련 대표적인 의사는 스위스 태생의 파라셀서스(Paracelsus)이다. 그는 아라비아 여행에서 돌아온 1527년【로더넘(laudanum): Tincture of Opium】을 만들었다. 그가 만든 이 명칭은 '찬미하다'라는 라틴어 동사 라우다레(laudare)에서 유래한다.[136] 그는 아편 알칼로이드가 물보다는 알코올에 훨씬 잘 용해된다는 것을 발견했다. 그래서 그의 로더넘은 기본적으로 아편과 알코올의 합성제이다. 로더넘에 들어가는 아편의 양은 보통 10%인 100mg(19세기에 등장한 모르핀의 경우 1%인 10mg)이다. 그의 로더넘은 아편 외에 진주가루, 사향, 호박, 그리고 여러 가지 혼합물을 섞어 만든 것이다.[137] 그의 로더넘은 1660년대까지 잘 알려지지 않았고 또한 17세기 이후의 표준 로더넘과는 다르다. 로더넘의 주원료인 아편은 중동 및 인도산으로 1580년 영국과 오스만제국의 공식관계가 형성되면서 오스만제국을 거쳐 본격적으로 유럽으로 유통되었다.

17세기는 마약의 역사에서 중요한 의학적 발견인 진정한 의미의 로더넘을 만든 해이다. 17세기에 아편과 관련하여 가장 유명한 인물은 영국 의학의 아버지로 불린 신더햄(Sydenham)이다. 그도 1660년대 로더넘을 만들어 특허를 냈다. 그러나 그의 로더넘은 파라셀서스가 만든 것과는 다르다. 신더햄의 로더넘은 알코올 성분의 에탄올에 아편액 혹은 아편가루를 혼합한 것이다. 그의 로더넘의 제조공식은 1파인트의 카나리 혹은 체리 와인에 2온스의 아편과 1온스의 샤프론을 용해시키고 아주 소량의 계피 및 백합뿌리의 가루를 넣은 후 2~3일 동안 증기탕에 놓는다.[138] 그는 1676년 그의 의학서(*Medical Observations Concerning the History and Cure of Acute Diseases*)에서 자신이 만든 로더넘의 상표를 적극적으로 장려하고 통증, 불면, 설사 등의 증상에 로더넘을 쓸 것을 강력히 추천했다.[139] 후에 로더넘을 투약한 환자들에게서 생리적 의존성이 나타나자 그는 그것의 사용을 제한하려 노력했다.

아편의 역사에서 새로운 국면은 1700년에 존스(Jones)가 그의 의학서(*Mysteries of Opium Revealed*)를 발간했을 때 시작됐다.[140] 왜냐하면 파라셀서스가 그의 의학서를 라틴어로 저술했다면 존스는 대중들도 읽기 쉬운 영어로 저술했기 때문이다. 그는 아편을 다양한 통증뿐만 아니라 콜레라, 홍역, 천연두 등의 치료에도 추천했다. 그러나 그가 신비로운 의약품이라고 강력히 추천했던 아편의 부작용에 대해 경험했을 때 그는 당황했다. 18세기 초에 아편복용의 부작용인 중독을 깨우치기에는 200년의 시간이 더 필요했던 것이다. 존스가 사용한 아편은 유럽이 아닌 페르시아(현재의 이란), 이집트, 레반트(현재의 시리아, 레바논, 이스라엘이 포함된 동부 지중해 연안의 지역) 등에서 수입된 것이었다. 수입되는 아편들은 보통 4온스에서 1파운드의 무게로 팔렸다. 그것은 건조한 양귀비 잎사귀에 싸이며 【신의 선물(mash Allah)】이라는 인장이 찍혔다.[141]

아편에 대한 약학적 리서치는 1742년 영국 에든버러 대학 교수(Alston)가 아편에 대한 하나의 논문(A Dissertation on Opium)을 발표했을 때 시작됐다. 그의 아편에 대한 연구는 크게 세 가지이다. 아편의 행동양식, 심장과 혈액순환에 미치는 아편의 효과, 효과적인 아편 치료의 방법이었다. 그는 아편이 뇌 혹은 혈액이 아닌 신경에 흥분제로 작용한다고 주장하면서 아편이 혈액순환 과정에서 흡수되어 혈액을 묽게 한다는 기존의 정설을 반박했다.[142] 아편이 흥분제라는 그의 설명은 틀렸지만 신경에 작용한다는 그의 이론은 현대의 실험적 증명에 의해 확인되었다. 한편 영(Young)은 1753년 그의 의서(Treatise on Opium)에서 아편이 진정제의 성질을 지녔음을 강조했다. 그럼에도 불구하고 18세기 말까지 아편이 진정제인지 혹은 흥분제인지 아니면 환각제인지에 대해 일치된 견해는 없었다. 왜냐하면 당시 인체의 체질에 마약의 효과를 평가하는 시스템이 존재하지 않았기 때문이다.[143] 이처럼 18세기에 아편은 보편적으로 사용되었지만 그것의 정확한 의학적 속성에 대해서는 여전히 논란이 분분했다.

18세기와 마찬가지로 19세기 로망스 혹은 빅토리아 시대에도 유럽과 미국에서 로더넘은 폭넓게 이용됐다. 예를 들면 영국의 빅토리아 시대에 수많은 여성들이 월경의 불쾌함이나 모호한 통증에 로더넘을 처방받았다. 의사들은 유아에게조차 로더넘을 처방했다. 링컨 대통령의 부인은 유명한 로더넘 중독자였다.[144] 노동자 계층의 약으로도 알려진 로더넘은 위스키 혹은 와인보다 가격이 저렴했다. 왜냐하면 알코올 음료제와는 달리 로더넘은 합법적인 의료행위의 일종으로 취급되어 세금이 붙지 않았기 때문이다. 결론적으로 18~19세기 동안 많은 의사들이 아편이 함유된 로더넘의 장점을 극구 칭찬하면서 로더넘은 많은 부작용에도 불구하고 의약이라는 측면에서 거의 만병통치약으로 혁명적 역할을 수행했다.[145] 이 때문에 20세기 초까지 로더넘은 의사의 처방전 없이 유통되었다.

로더넘 외에 아편이 함유된 유명한 의약품은 【Dover's Powder】이다. 18세기 영국 의사인 도버(Dover)는 감기와 열에 대한 전통적 의약품으로 파우더를 만들었다. 이것은 남미산 토근 가루, 분말 아편, 황산칼륨을 섞어 만든 것으로 원래는 통풍치료를 위해 처방된 것이었다. 18세기 당시 이처럼 아편을 이용한 다양한 의약품들이 존재했다. 예를 들면 아편 알약, 아편 비누, 아편 과자, 아편 반창고, 아편 관장제, 아편 약, 아편 식초 등이다. 이런 의약품의 발달은 18세기 중엽에 이르러 화학의 기초적 발전에 기인한다. 의약용 아편을 제외하고 대부분은 가게에서 항아리나 병으로 팔렸다. 병으로 팔린 대표적인 브랜드가 바로 도버의 파우더이다.

제2절
동서교역과 아편무역

근대 이전 중국과 유럽 사이의 동서교역은 크게 초원길, 비단길(오아시스길), 바닷길(향료길) 등 세 가지 루트가 있었다. 특히 비단길은 다양한 교역품이 유통되는 통로인 동시에 동서 문화가 교류되는 통로이기도 했다. 이와 같은 동서교역로의 중심에 있던 동로마제국은 동서양 교역의 완충지대 역할을 수행했다. 그러나 1453년 오스만제국은 동로마제국의 수도인 콘스탄티노플을 함락하고 동서교역로를 이용하는 유럽 상인들에 대해 중과세 조치를 취했다. 이 조치는 인도에서 인도양을 거쳐 유럽으로 향하는 향료 무역업자에게는 새로운 무역루트를 추구하게 만든 중요한 계기가 됐다. 결국 유럽 국가들은 인도로 진출하는 새로운 교역로를 발견해야 했고 역사적으로 신항로의 개척과 1492년 신대륙의 발견에 이어 16세기 정복의 시대로 이어졌다. 또한 17~18세기 동양에 대한 식민지 시대를 거치면서 19세기 유럽 열강에게 제국주의 시대의 발판이 되었다.

유럽-인도의 항로개척은 1488년 포르투갈 탐험가(Dias)가 아프리카 남단의 희망봉을 발견하는 것을 계기로 시작됐다. 1498년 포르투갈 탐험가(Vasco da Gama)는 포르투갈에서 희망봉을 거쳐 인도까지 항해한 최초의 인물이며 동서무역을 위한 새로운 인도항로를 개척한 최초의 유럽인이다. 인도항로의 개척으로 인해 포르투갈은 해상제국의 기초를 세웠다. 그리고 유럽-인도 간 새로운 항해루트를 발견하면서 양 대륙 간의 교역이 시작됐다. 1502년 포르투갈 탐험가가 2차로 인도를 탐험하면서 인도와 무역협정을 체결했다. 이를 계기로 포르투갈인이 처음으로 인도의 서부해안 항구들에 교역거점을 확보했다. 이후 16세기 중순부터 네덜란드, 프랑스, 영국이 차례로 인도 서부해안에 교역거점을 확보했다. 향후 인도 무굴왕국의 내부투쟁은 점차적으로 유럽 상인으로 하여금 제국 내의 정치경제적 영향력을 확보하게 만들었다.

유럽-인도 교역처럼 유럽-중국 교역도 포르투갈인이 처음으로 시작했다. 1557년 중국(明朝: 1368~1644)은 처음으로 포르투갈 상인에게 광동성의 마카오에 교역항구를 허가하면서 유럽인과 직접적인 해상무역을 시작했다. 이때부터 포르투갈 상인은 마카오에 조금씩 아편무역을 시작했다. 원래 아편은 아라비아 상인이 중국에 소개했다고 전해진다.[146] 중국에서 아편의 사용을 묘사한 최초의 연도는 성화제 시절인 1483년이다. 당시 아편은 주로 정력보충제 혹은 활력을 되찾아 주는 것으로 묘사했다. 아편의 가치는 금과 같아 아편을 사용하는 수는 매우 제한적이었다. 따라서 16세기 중반 이후 포르투갈 상인이 아편을 중국에 소개하면서 소량의 아편무역을 시작할 때 이 아편무역이 300년 후 아편전쟁으로 중국 근대사의 전환점이 될지는 아무도 몰랐던 것이다.

1565년 스페인이 필리핀을 식민지화한 후 중국과 유럽과의 무역은

극적으로 증가했다. 스페인은 중남미 광산에서 채굴한 은을 필리핀으로 가져와 중국의 차, 비단, 도자기를 구입했다. 중국과의 교역에서 너무 많은 은이 유출되면서 스페인은 무역적자를 해소하기 위해 중남미의 담배, 옥수수와 함께 아편도 조금씩 팔기 시작했다. 이처럼 16세기에는 아시아에 일찍 진출한 포르투갈과 스페인이 중국의 차와 비단을 주로 수입하는 과정에서 소량의 아편을 거래하고 있었다. 이 과정에서 1578년에 의학서인 『本草綱目』을 저술한 이시진(李時珍)은 아편의 의학적 사용을 기술했다. 또한 그는 아편을 섹스의 기술을 위해 사용한다고 기술했다. 중국에서 섹스와 연관된 아편에 대한 인식은 20세기까지 지속됐다.[147]

17세기 중반에는 네덜란드 상인이 대만까지 진출해 아편을 팔기 시작했다. 1700년경 포르투갈 상인은 마카오를 거점으로 인도산 아편을 본격적으로 중국(淸朝: 1644~1911)에 팔기 시작했다. 1690년대 영국 동인도회사의 상인도 광동성의 수도인 광저우 항구를 방문하기 시작했다. 그리고 1711년에는 차와 비단을 위해 광저우에 무역교점을 세우면서 포르투갈, 스페인, 네덜란드 상인과 마찬가지로 아편무역을 병행했다. 이를 위해 영국 동인도회사는 중국에 수출할 인도산 아편의 출구로 말라카해협의 페낭을 거점으로 삼았다.[148] 이처럼 유럽 국가들은 1729년 중국에서 아편금지령이 떨어질 때까지 인도산 아편을 중국에 판매하는 형식을 취했다.

요약하면, 17~18세기 동안 유럽-중국의 교역은 주로 중국산 차, 비단, 도자기를 구입하기 위해 유럽 국가들이 중국에 은을 지불하는 형태의 무역이었다. 그러나 이것은 유럽 국가들에게는 중국에 수출하는 상품이 거의 없었다는 측면에서 일방적인 무역적자의 성격을 보여 주었다. 왜냐하면 당시 중국은 자급자족의 경제구조였기 때문에 금 혹은 은 이외에 다른 상품들은 필요가 없었기 때문이다. 그럼에도 불구하고 중국은 유럽 국가와의 무역이 급격히 증가하자 외국과의 무역을 제한하기 위해 광저우 항구만 허용했다.

한편 중국과의 아편무역을 주도한 영국 동인도회사에 대해 좀 더 자세히 살펴보자. 1588년 영국은 스페인 무적함대를 격파하고 해외지역에 대한 식민지 활동을 본격적으로 시작했다. 1600년 네덜란드 상인이 인도에서 향료무역을 시작하자 영국의 엘리자베스 1세는 영국 동인도회사에게 인도에 대한 무역독점권을 부여했다. 1617년 동인도회사는 무굴황제로부터 인도에서 무역할 수 있는 허가를 받았다. 그리고 100년 후인 1717년 그 회사는 인도의 벵갈에서 면세무역을 허락받았다. 이때 동인도회사는 중국과의 교역도 본격적으로 시작하면서 소량의 아편무역도 병행했다.

이 와중에 1729년 중국의 아편금지령은 오히려 동인도회사의 중국으로의 불법적인 아편무역을 더욱 활성화시키는 계기를 제공했다. 동인도회사는 자회사 소속의 선박을 통해 중국으로 아편을 운송할 수 없었기 때문에 벵갈에서 생산되는 아편을 중국으로 보내는 조건으로 벵갈의 수도인 캘커타에서 아편 밀매자에게 판매했다.[149] 당시 벵갈산 아편은 수분이 30% 함유된 1.1~1.6kg의 생아편을 양귀비 잎사귀나 꽃잎으로 포장해서 140파운드(64kg)의 체스트(chest)로 규격화되었다.

체스트는 캘커타에서 경매로 판매되고 개인 구매자들이 이것을 중국으로 밀수출했다.

1757년 영국군인 클라이브(Robert Clive: 1725~1774)는 인도에서 프랑스를 축출하고 인도 무굴제국에 대한 식민정책과 간접통치를 실시했다. 이를 계기로 동인도회사는 벵갈에 대한 통치권을 확보하면서 그를 초대 벵갈 총독으로 임명했다. 1773년 동인도회사는 다른 유럽 상인을 배제하고 벵갈에서의 아편생산과 구매에 대한 독점권을 확보했다.[150] 이를 기반으로 동인도회사는 당시 3억 명의 중국에 대한 거대한 잠재적 시장을 인식하고 향후 50년 동안 불법 아편무역을 핵심사업으로 할 토대를 착수했다. 동인도회사는 아편생산을 독려하기 위해 벵갈에 농작물 대신 양귀비를 재배하게 했다. 이런 조치는 벵갈 지역에 대기근을 유발해 1,000만 명 중에서 약 1/3의 인도인을 아사시켰지만 1777년 회사는 아편판매로 2배의 수익을 얻었다. 결과적으로 중국으로의 아편 불법수출은 1730년 15톤, 1773년 75톤, 1820년대에는 900톤으로 대폭 증가했다.[151] 이때부터 영국이 중국과의 무역대금을 기존의 은 대신 아편으로 지불하는 소위 삼각무역이 형성되었다.

1729년 중국의 아편금지령에도 불구하고 영국은 왜 동인도회사에 의해 주도된 중국으로의 인도산 아편밀매를 묵인했는가? 첫 번째 이유는 18세기 동안 영국은 중국의 차와 비단 수입을 위해 막대한 양의 은을 중국에 지불하면서 무역적자를 기록하고 있었다. 그러나 중국은 오랫동안 자급자족 경제를 유지해 왔기 때문에 영국산 상품에 대해 은 외에는 관심이 없었다. 결국 중국의 아편금지령에도 불구하고 영국은 중국과의 무역적자를 해소하기 위해 중국 자체에 자급자족이 되지 않는 인도산 아편을 팔기 시작했다. 특히 인도의 벵갈산 아편이 중국에 밀수출되는 이유 중 하나는 벵갈산이 중국 국내산보다 아편의 질에서 월등하여 두 배의 가치를 지녔기 때문이다.[152] 아편의 중독성으로 인해 18세기 동안 중국인의 아편소비는 지속적으로 증가했다. 결과적으로 1807년경 영국의 무역적자는 역전되기 시작했다.

두 번째 이유는 18세기 후반 영국의 산업혁명과 차의 필요성을 지적할 수 있다. 산업혁명은 많은 공장 노동자를 양산했다. 그러나 노동자에 대한 공급이 수요를 초과하여 노동조건은 매우 열악했다. 당시 영국에서 아편사용은 합법이었지만 노동자에게 아편은 고가의 상품이었다. 따라서 노동자들은 노동의 피로를 풀기 위해 아편 대신 값싼 중국 수입차를 선호했다. 결국 중국차의 수입은 영국의 은을 더 많이 중국에 유출시키게 만들었다. 이러한 은의 유출을 해소하기 위해 영국은 동인도회사로 하여금 인도산 아편을 더 많이 중국에 밀매토록 조장했던 것이다. 세 번째 이유는 1793년 프랑스와의 전쟁이다. 영국은 나폴레옹과의 전쟁을 전개하면서 전쟁비용인 은의 유출을 더욱 우려하게 되어 간접적으로 아편밀수를 조장했다.

앞에서 논의했듯이 중국에서 대중적인 아편사용은 16세기 중반 이후 포르투갈 상인에 의해 시작됐다. 1644년 중국의 담배흡연에 대한 금지령은 아편흡연을 더욱 고무시켰다. 1705년 중국 대중은 담배에 허브 혹은 아편을 섞은 오락용 [마닥(madak)]을 피웠다.[153] 그러나 궁중에서조차 마닥흡연이 증가하자 중국의 옹정제는 1729년 소량의 치료목적을 제외하고 처음으로 아편판매를 금지시켰다. 이 조치는 판매자에만 해당되고 사용자에게는 해당되지 않았지만 마닥흡연의 사용은 금지됐다.[154] 마닥에 대한 금지령에도 불구하고 마닥흡연은 광동성에서 바로 북쪽에 있는 복건성 해안지방을 따라 전 중국으로 확산되기 시작했다. 결국 1729년 조치는 19세기까지 중국 대중에게 아편흡연을 조장하는 요인으로 작용했다. 한마디로 담배흡연에 대한 통제가 마닥흡연으로 이어졌고, 마닥흡연에 대한 통제가 아편흡연의 증가로 이어졌다.

1753년 건륭제 통치하의 중국은 외국 교역품에 대해 수입관세를 부과했다. 그럼에도 불구하고 유럽 상인과의 교역이 증가함에 따라 중국으로의 불법 아편수출도 증가했다. 이에 따라 중국인의 아편소비는 남부 해안지방에서 점차적으로 북부와 서부내륙으로 확산됐다.[155] 아편소비의 확산에 대응하여 가경제는 1799년에 아편에 대한 전면금지령을 선포했다. 이 칙령은 아편의 수입·사용·재배를 금지하는 것이었다. 가경제는 1810년에 새로운 칙서를 발표하면서 아편의 해로움과 아편 수를 근절하도록 교시했지만 아무런 효과가 없었다. 왜냐하면 광동성과 복건성의 넓은 해안과 아편의 중독성에 따른 국내 수요의 증가는 아편밀수를 차단하기에는 역부족이었기 때문이다. 결론적으로 18세기 중반부터 19세기 중반까지 약 100년 동안 중국으로의 불법 아편밀매는 세계에서 가장 수익성이 높은 불법 단일상품이었다. 또한 이것은 근대사에서 가장 오랫동안 체계적으로 지속된 국가가 후원한 국제범죄였다.

참고문헌

Beidler, Anne E.(2009). *The Addiction of Mary Todd Lincoln*. Coffeetown Press, http://lincoln.coffeetownpress.com.

Bertelsen, Cynthia(2008). "A novel of the British opium trade in China." Roanoke Times & World News, Oct. 19.

Devenport-Hines, Richard(2002). *The Pursuit of Oblivion: A global History of Narcotics*. NY: W. W. Norton & Company.

McCoy, Alfred W.(2007). "Opium: Opium History Up To 1858 A.D." http://opioids.com/opium/history/index.html.

Schiff, Paul L., Jr.(2002). "Opium and its alkaloids." American Journal of Pharmaceutical Education, Vol. 66, Summer.

Strathern, Paul(2005). *A Brief History of Medicine: From Hippocrates to Gene Therapy*. NY: Carroll & Graf Publishers.

Trocki, Carl A.(2002). "Opium as a commodity and the Chinese drug plague." Conference Paper presented to the Social Change in the 21st Century at Centre for Social Change Research Queensland University of Technology, 22 November.

Zheng, Yangwen(2003). "The Social Life of Opium in China, 1483-1999." *Modern Asian Studies*, vol.37, no.1.

제6장

19세기

(1800~1900)

"I took it, and in an hour, Oh Heavens! What a revulsion!"
- Thomas de Quincey, The Pleasures of Opium(1821)

제1절
화학발달과 합성마약

대외적 측면에서 19세기는 제국주의 시대이다. 제국주의는 일국의 정치·경제적인 헤게모니를 해외 식민지로 팽창시키려는 정책 또는 사상을 의미한다. 15~16세기 발견과 정복의 시대 이래 유럽열강의 초기 식민지는 귀금속 자원과 노예 확보를 위한 도구였다. 인도의 향료, 남아메리카의 은, 아프리카의 금, 상아, 노예 등이 대표적이었다. 이후 18세기 말 산업혁명은 대량생산을 위해 보다 많은 자원과 노동력을 필요로 하였고 동시에 생산된 제품을 판매할 판매처가 필요했다. 영국의 경우 값싼 노동력과 면화로 면직물을 생산하여 이것을 인도에서 아편으로 교환하고 이것을 다시 중국에서 홍차로 교환하면서 상품가치에서 차익을 획득했다. 이러한 소위 삼각무역이 아편전쟁의 원인이었다. 이와 같은 맥락에서 아편전쟁은 제국주의의 부산물이라고 평가할 수 있다. 대표적인 19세기 제국주의 국가는 영국이다. 영국은 3대양 6대륙에 많은 식민지를 운영했다. 이 때문에 19세기 영국의 빅토리아 시대는 팍스 브리태니카(Pax Britannica)라고 불린다.

과학적 측면에서 19세기는 또한 발명과 발견의 시대였다. 마약사의 측면에서 대표적인 발명은 피하주사기(hypodermic syringe)이며 그

발견은 화학 분야에서의 발달에서 파생됐다. 이들은 의약사는 물론 마약사에서도 매우 중요한 의미를 지닌다. 왜냐하면 전자의 경우 마약중독의 도구로 후자의 경우 화학의 발달은 천연마약으로부터 다양한 새로운 화학합성마약의 생산을 가능하게 만들었기 때문이다. 어떤 의미에서 19세기 화학의 발전은 현대 약물학의 탄생을 의미했다. 가장 대표적인 3大 합성마약은 아편에서 추출한 모르핀, 모르핀에서 추출한 헤로인, 그리고 코카잎에서 추출한 코케인이다. 특히 모르핀은 19세기 초에 발견한 최고의 의약품이었다. 이런 이유로 유럽열강은 아편을 귀중한 무역상품으로 간주했다. 대표적인 국가가 영국이었다. 18~19세기 동안 영국에서 소비된 아편의 대부분은 터키에서 수입됐다. 1827년에 수입된 아편 50,000kg 중에서 97%가 터키산이고, 1840년에 수입된 아편 23,000kg 중에서 65%가 터키산이고 25%가 인도산이었다.

피하주사기는 1853년 스코틀랜드 태생의 의사(Wood)가 벌침을 모방하여 처음으로 발명했다. 그는 주사기를 사용함으로써 당시 모르핀 중독의 문제를 해결했다고 생각했다. 왜냐하면 그는 구강을 통해 먹는 아편제는 음식처럼 지속적으로 식욕을 만들어 중독된다고 생각했기 때문이다. 따라서 그는 주사기로 아편제를 주입하면 식욕이 억제될 것으로 판단했다.[156] 현대적 시각에서 보면 어이없는 사고방식이었지만 그는 이런 식으로 환자에게 모르핀 주사를 처방했다. 이와 같은 그의 인식에 따라 주사기로 모르핀을 처방받은 그의 부인은 불행히도 후에 모르핀 중독자가 됐다.

우드가 발명한 주사기는 1860~1870년대 유럽과 미국에서 대중적으로 이용됐다. 그러나 문제는 주사기의 사용이 중독을 심화시킨다는 사실이다. 모르핀 주사기는 미국의 남북전쟁(1861~1865), 오스트리아-프로이센 전쟁, 프랑스-프로이센 전쟁에서 부상을 입은 병사에게 혁명적인 효과를 제공했다. 그러나 병사들에게 통증완화를 위한 모르핀 주사기의 무분별한 처방은 후에 심각한 모르핀 중독자를 양산했다. 한편 19세기 말 유럽에서 예방접종의 발견은 정맥주사용 의약품에 새로운 관심을 불러일으켰다. 이것이 모르핀 주사의 기술을 더욱 발전시켰다. 20세기 이후 마약 사용자들이 아편흡연에서 헤로인 주사로 바꿀 때까지 모르핀 주사는 계속됐다. 한마디로 마약의 역사에서 주사기의 발명은 가장 중요한 사건의 하나로 마약사용 및 마약중독에 혁명적 변화를 일으켰다.

한편 의사들은 마약 사용자의 중독에 대해 마약중독 관련 이론을 정립하고자 노력했다. 1860년대 독일 의사(Niemeyer)는 처음으로 신경통에 모르핀 주사를 처방하는 것은 중독을 일으킬 수 있다고 경고했다. 그는 피하주사기의 발명이 환자들의 치료를 위한 도구로서 매우 유용하지만 지나치게 남용되고 있다고 지적했다.[157] 1870년대 영국 의사(Eliot)는 처음으로 모르핀 주사기에 의한 중독을 경고했다. 그의 적절한 지적대로 1870년대 프로이센 의사(Levinstein)는 모르핀 중독자의 유형을 발표했다.[158] 또한 1874~1876년 동안 독일 의사(Fiedler)는 모르핀 중독이 감정불안을 유발한다고 지적했다. 1876년 오스트리아 정신과 의사(Leidesdorf)는 모르핀 금단증상에 대한 비교논문을 발표했다.

흥미 있는 사실은 주사기와 마리화나의 관계이다. 1830년대 서구 약학사에서 마리화나의 치료적 이용을 소개한 가장 저명한 인물은 아일랜드 태생의 의사(O'Shaughnessy)이다. 그는 동인도회사에 근무할 때 류머티즘의 고통과 아이들의 경기(驚氣)를 완화시키는 데 마리화나를 이용하여 명성을 쌓았다.[159] 영국으로 귀국한 그는 광견병과 파상풍으로 인한 근육경련의 고통을 완화시키는 데 대마수지를 이용하여 더욱 명성을 얻었으며 또한 마리화나의 과학적 리서치를 위해 많은 노력을 했다. 그의 노력으로 19세기 중순경 서구의사들은 마리화나에 관심을 가지기 시작했다. 영국의 빅토리아 여왕은 월경기간에 의사로부터 진통제로 마리화나를 처방받았다. 그러나 19세기 말 주사기의 보편적 사용은 당시 널리 사용되고 있던 마리화나의 의학적 사용을 감소시켰다. 왜냐하면 마약을 주사기를 통해 사용할 경우 흡연이나 구강을 통해 사용할 때보다 인체에 미치는 효과가 훨씬 빠르기 때문이다. 그러나 마리화나는 물에 용해되지 않기 때문에 주사기를 통해 사용할 수 없었다. 1928년 영국은 마리화나의 사용을 불법화시켰다.

화학발달은 세 가지 합성마약의 발견에 혁명적 결과를 가져왔다. **첫째**, 모르핀의 경우이다. 모르핀을 최초로 추출한 사람은 1804년 독일 화학자 세르투너(Serturner)이다. 그는 아편에서 주성분인 아편 알칼로이드인 모르핀을 추출했다. 모르핀은 자연식물에서 추출한 최초의 알칼로이드였다. 처음에 그는 이 물질을 그리스 신화에 나오는 꿈의 신(Morpheus)을 의미하는 독일식 표현인 모르피움(morphium)이라고 명명했다. 이것의 영어식 표현인 모르핀이다. 그는 리서치를 계속하여 1817년에 아편에 비해 10배의 효능이 있는 순도 약 20%인 모르핀을 합성하여 모르피아(morphia)라고 명명하고 진통제는 물론 아편 및 알코올 중독의 치료제로 상업화했다. 모르핀의 본격적인 상업화는 1827년부터 시작됐다. 그 후 모르핀은 1840년대 이후에 효과적인 진통제와 아편중독의 치료제로 널리 이용됐다.

그러나 모르핀이 알코올이나 아편보다 훨씬 중독성이 강함을 발견했다. 모르핀으로 사람을 살인해서 처음으로 처형당한 인물은 1823년 프랑스 의사(Castaing)이다. 모르핀은 1860~1865년 미국의 남북전쟁 동안 부상군인들의 치료제로 각광을 받았다. 이후 모르핀은 전장에서 널리 사용되면서 모르핀 중독자가 증가하자 【군인의 병(soldier's disease)】으로 알려지게 된다. 현재 모르핀은 주로 군대에서 부상당한 군인들의 고통을 약화시켜 주거나 혹은 현대 여성들이 무통분만을 원할 경우에 진통제로 사용된다.

모르핀의 추출은 그로부터 수많은 알칼로이드의 추출을 고무시켰다. 프랑스 화학자(Robiquet)가 1817년 아편 알칼로이드의 화학구조인 나르코틴(narcotine)을 발견하고 1821년에 카페인을 추출했으며 1832년에는 코데인을 추출했다. 1885년에는 나가이 나가요시가 마황의 유효성분을 분석하던 중에 그 주성분인 에페드린(ephedrine)을 추출했다. 중국 최고(最古)의 의약서인 『본초강목(本草綱目)』의 기록에 의하면 마황은 기침을 억제하는 효과가 있다고 한다.[160] 이 때문에 오늘날에도 에페드린은 감기약의 제조에 이용되고 있다. 이처럼 19세기에는 다양한 종류의 알칼로이드들이 추출됐다. 그리고 일반 마취제로 1846~1847년에 에테르(ether)와 클로로포름(chloroform)이 이용되기 시작했다.

둘째, 헤로인의 경우이다. 아편을 화학적으로 정제하면 모르핀, 코데인, 데바인 등이 생성된다. 그리고 아편에 있는 가장 중요한 알칼로이드인 모르핀을 다시 화학적으로 정제하면 헤로인이 생성된다. 헤로인을 생성하게 된 가장 중요한 요인은 모르핀 중독에 대한 새로운 대안의 필요성이었다. 다시 말하면 헤로인은 非중독물질을 탐구하려는 노력의 결과였다. 이러한 노력이 최초의 半합성 아편제인 헤로인을 발명하게 만들었다. 1874년 영국 화학자(Wright)가 모르핀에 무수초산을 섞어 물에 끓인 다음 합성에 성공하여 영국 의학저널에 발표했다. 이것은 모르핀보다 8배가 더 강력한 진통효과가 있다는 것이 실험에서 증명되었다. 그러나 헤로인은 20년 넘게 유럽사회에서 관심을 끌지 못했다.

1897년 독일 바이엘 제약회사의 호프만(Hoffmann)은 그의 상관인 드레서(Dreser)의 감독하에 처음으로 의학적으로 유용한 형태인 헤로인을 재발견했다. 그는 같은 해 아스피린도 합성했다. 1898년 바이엘 제약회사는 모르핀보다 1.5~2배 더 중독성이 강한 새로운 개발품을 헤로인이라 명명하고 모르핀 치료제로 판매하면서 문제의 판도라의 상자를 열었다. 헤로인은 【강력한(heroish)】이라는 의미의 독일어에서 유래한다. 물론 바이엘 제약회사는 헤로인을 【非중독 모르핀 대체재】로 선전하면서 판매했다. 그럼에도 불구하고 헤로인의 중독성에 대한 논란이 일어나자 바이엘 제약회사는 1913년에 생산을 중단했다. 모르핀에서 순도가 약 0.7~2.5%로 만든 코데인은 미국의 유명한 감기약 제품인 타이레놀에 사용된 적이 있다. 감기약을 먹으면 졸린 증상은 바로 이와 유사한 진정성 화학물을 첨가하기 때문이다.

셋째, 코케인의 경우이다. 1855년 독일 화학자가 처음으로 코케인 알칼로이드를 추출했다. 1859년 괴팅겐대학교 화학과 교수는 남미에서 직송된 코카잎을 받아 그것을 박사과정에 있는 그의 제자(Niemann)에게 분석하도록 했다. 1859년 니에만은 개선된 정제과정을 통해 코케인 알칼로이드를 추출했고 그것의 화학분자식과 그 과정도 상세히 기술했다. 그리고 그는 이 알칼로이드를 케추아 언어인 cuca로부터 coca에 화학 접미어인 ine을 합성해 cocaine이라고 명명했다. 1860년 그는 그것으로 박사학위(On a New Organic Base in the Coca Leaves)를 취득했다. 그러나 니에만이 박사학위 취득 후 1년 만에 사망한 관계로 코케인에 대한 관심은 1880년대 초까지 과학적 관심을 끌지 못했다.

코케인은 인간의 중추신경계를 흥분시키는 물질이다. 코케인을 흡인하면 인체에 있는 호르몬인 세라토닌과 도파민을 더욱 많이 분비하도록 만들어 우울증을 없애고 기분을 좋게 만든다. 이런 코케인의 원료인 코카잎은 16세기에 유럽에 소개됐다. 유럽의 많은 화학자들이 코카잎에 내재된 성분을 알려고 노력했지만 19세기 중반까지 성공하지 못한 가장 중요한 이유 두 가지가 있다. 하나는 그때까지 화학적 지식이 충분하지 않았기 때문이다. 다른 하나는 남미의 안데스 지역에서 유럽으로 코카식물을 가져오는 과정에서 잎에 있는 코케인 물질이 쉽게 파괴되었기 때문이다. 이것은 마리화나 양귀비와는 달리 코카나무가 기후와 토양에 매우 민감함을 보여 준다.

비록 코케인이 과학적 관심을 유도하지는 못했지만 코케인이 함유된 포도주(Vin Mariani)와 코카콜라만큼 유명한 것은 없다. 1863년 프랑스 화학자(Mariani)는 코케인의 경제적 가치를 알아차리고 【뱅 마리아니(Vin Mariani)】로 명명된 코케인 포도주를 상품화했다. 이 포도주에는 온스당 67.2mg의 코케인이 함유되어 있다.[161] 이 포도주는 너무도 유명하여 교황 레오 13세는 그 포도주의 애호가였고 그에게 바티칸 금메달을 수여했을 정도이다. 이 외에도 빅토리아 여왕, 교황 피우스 10세, 발명가인 에디슨, 『80일간의 세계일주』를 저술한 베른, 『목로주점』을 쓴 졸라, 『인형의 집』을 저술한 입센도 그 포도주의 애호가였다. 이 포도주는 19세기 말까지 점증적으로 유행이 됐다. 코케인에 대한 호기심은 스포츠 선수들에게도 알려졌다. 1876년 미국인(Weston)은 영국에서 개최된 경보대회에서 24시간 동안 109.5마일(약 175km)을 걸어 우승했다. 그는 경주 동안 코카잎을 씹었는데, 후에 이것이 논쟁이 되었으며 스포츠 경기 동안 마약을 사용한 최초의 사례로 기록됐다.[162]

한편 유럽에서 마리아니 포도주가 상품화에 성공했다는 소식을 들은 미국 조지아주 출신의 약사(Pemberton)는 1885년 코카와인(Pemberton's French Wine Coca)을 개발했다. 그는 원래 남북전쟁이 종료될 무렵 총상을 입고 퇴역한 남부군 출신이었다. 당시 전쟁에 참여했던 대다수 군인처럼 그 역시 총상에 대한 진통제로 모르핀을 처방받았으나 퇴역한 후에는 모르핀 중독자가 됐다. 1870년대 말 그는 코케인이 모르핀 중독에 대한 치료제로 사용된다는 풍문을 들었다. 이런 풍문이 그로 하여금 코케인으로 자신의 모르핀 중독에 대한 치료 가능성을 탐구하게 만들었다. 결국 그는 1885년 와인, 콜라넛츠 그리고 코카잎으로 혼합한 코카와인을 개발해 판매를 시작했다. 그러나 1885년 당시 금주운동의 선구자가 된 조지아주의 애틀랜타 市가 알코올이 함유된 주류의 판매를 금지했다. 그러자 그는 이듬해인 1886년 알코올이 함유되지 않고 단지 소량의 코케인만이 함유된 Coca-Cola를 개발하여 상품화했다.

최초의 코카콜라 제조법에는 코케인 함량이 8.46mg 첨가됐는데, 당시 코케인을 함유한 의약품의 평균 함유량은 15~35mg이었다.[163] 처음에 그는 코카콜라를 아편 및 모르핀 중독을 치료하는 등 다양한 질병에 효능이 있는 특허의약품으로 개발하려고 했다. 그래서 그는 이 음료를 약국에서 5센트에 팔았다. 그러나 상품화에 실패한 그는 1887년 코카콜라에 대한 제조 소유권을 탁월한 사업가(Candler)에게 2,000달러에 팔았다. 1888년 그는 코카콜라 회사를 설립했다. 20세기 초 남부의 일부 주에서 흑인이 백인 여성을 강간하기 전에 코케인을 복용한다는 인종적 편견을 지닌 소문이 확산되자 코카콜라 회사는 음료에서 코케인을 제거할 것을 약속했다. 결국 1906년의 법안(Pure Food and Drug Act)에 따라 코카콜라 회사는 음료에서 코케인을 제거하고 코카 향을 내기 위해 한 번 우려낸 코카잎만을 사용했다.

한편 코케인은 1879년 유럽사회에 만연된 모르핀 중독의 치료제로 이용되기 시작했다. 1884년 코케인은 독일에서 마취제로 사용됐다. 1884년 정신분석의 아버지라 불리는 프로이드는 그의 에세이(On Coca)에서 코케인은 유쾌함과 행복감을 야기한다고 쓰고 만병통치약으로 극찬했다. 특히 프로이드는 당시의 소문만 믿고 모르핀 중독 치료제로 코케인을 적극 권장하고 그 자신은 물론 모르핀 중독자인 그의 친구에게도 코케인을 적극 권했다. 1885년 독일의 한 정신의학자가 의학저널에 코케인이 모르핀 중독 치료제로 무용하다는 기고를 했음에도 불구하고 같은 해 8월 프로이드는 정확한 임상실험도 없이 의학저널에 코케인이 모르핀 중독을 치료할 수 있다는 글을 게재해 그의 생애 최대의 오점을 남겼다.[164] 프로이드에게서 야기된 코케인의 흥미로 인해 당시 코케인 생산량이 1883년 0.4kg에서 1884년에는 1,673kg, 1885년 83,343kg으로 폭발적으로 증가했다.[165] 이런 연유로 후에 프로이드에 대한 일부 비판가들은 그의 정신분석학 이론의 대부분이 그의 코케인 사용의 부산물이라고 혹평하기도 했다.[166]

그러나 코케인에 대한 중독성이 의학계에 서서히 알려지면서 빅토리아 시대 말기 코케인 사용은 문헌에서 대체적으로 악으로 묘사됐다. 예를 들면, 코난 도일이 쓴 탐정소설의 주인공인 셜록 홈즈는 습관적인 코케인 및 모르핀 사용자이다. 그는 소설 속에서도 홈즈를 통해 코케인의 육체적 영향력에 대해 나쁘게 평가하지만 코케인이 자신의 사상에 주는 효과 때문에 여전히 사용함을 지적하고 있다.[167] 스티븐슨이 저술한 소설(The Strange Story of Dr. Jekyl and Mr. Hide)에서도 그는 자신의 저술이 코케인 효과에 의해 이루어졌다고 주장한다. 이 소설에 등장하는 악인 하이드는 코케인 정신병의 은유적 표현이라고 묘사한다.[168] 19세기 말과 20세기 초 미국에서도 코케인의 사용은 당시 사회문화적으로 악으로 간주한 아편흡연, 담배흡연, 음주, 그리고 프리섹스를 동반했다.[169]

제2절
합성마약과 중독개념

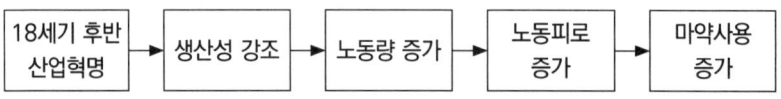

〈그림 6-1〉 19~20세기 초 마약중독의 사회경제적 원인

    18세기 후반 산업혁명은 유럽국가로 하여금 정치적으로 제국주의를 경제적으로 자본주의적 생산성을 강조하는 결과를 낳았다. 노동력 강화와 그에 따른 노동피로의 증가를 해소하기 위해 수많은 노동자들은 알코올, 아편, 코케인과 같은 마약의 사용을 선호했다. 미국의 경우 이것은 남북전쟁 후인 19세기 후반에 유럽보다도 더 심했다. 왜냐하면 당시 과학적 관리라는 미명하에 대량생산을 강조하는 테일러리즘(Taylorism)은 미국인으로 하여금 육체적 그리고 정신적으로 엄청난 스트레스를 주었기 때문이다.[170]

    적은 양의 알코올은 의학적으로 중추신경계를 자극하여 오히려 활력을 제공한다. 중추신경계를 자극하는 코케인의 경우도 마찬가지이다. 아편의 경우 19세기에 서구 제국주의 국가에 의한 중국의 분할 및 내란에 따른 사회경제적 빈곤층의 증가로 인해 중국인의 해외이주와 밀

접한 연관이 있다. 해외로 이주한 중국인은 유럽 및 미국에서 최하층의 노동력 제공을 위한 도구로 일했다. 이런 중노동에 대한 일시적 안락이 아편흡연을 가져왔고 이를 토대로 점차적으로 전문적인 아편단이 형성하면서 유럽 및 미국인의 사용도 증가하게 됐다.

산업혁명 후 영국에서 노동 및 여성계층의 열악한 노동환경과 아편사용의 상관관계는 노동계층의 높은 유아사망률에서 잘 나타난다. 왜냐하면 직업여성은 우는 유아를 달래기 위해 도시건 농촌이건 광범위하게 유아에게 아편을 먹였기 때문이다. 1파인트(pint)의 맥줏값에 불과한 1온스의 아편을 주원료로 만들었던 값싼 로더넘은 19세기 말까지 아무런 통제도 받지 않고 처방할 수 있었다. 영국 맨체스터의 경우 노동계층의 여섯 가정 중에서 다섯 가정이 습관적으로 다양한 브랜드의 로더넘을 이용할 정도로 아편이용은 생활양식의 중요한 일부분이 됐다. 특히 유아사망률의 대부분은 아편남용보다는 아편이용을 통해 유아들이 아편에 중독된 상태가 지속되고 결국은 음식물을 거부하여 영향부족으로 사망한 숫자가 훨씬 더 많았다.[171]

이와 같은 사회경제적 구조에 따라 알코올 및 마약사용이 증가하자 중독자들이 새로운 사회적 이슈로 등장했다. 유럽의 경우 19세기 초에는 이런 중독자를 【불건전한 습관】으로 간주하여 주로 개인의 문제로 치부하였다. 따라서 절주운동이 전개됐다. 이런 온건한 운동에 반발하여 19세기 말에는 중독의 문제를 【질병】으로 간주하는 철학이 등장했다. 한편 미국은 20세기 초 미국-스페인 전쟁을 승리로 이끈 후 다른 유럽국가와는 달리 늦게 후발제국주의로 등장한다. 새로운 제국주의 국가로서 등장한 미국은 새로운 국가 건설을 위해서 국내문제를 새롭게 정리할 필요성이 있었다. 이 때문에 미국은 중독자를 사회적 격리가 필요한 범죄자로 취급했다. 다시 말하면 미국은 유럽보다 더욱 강력한 청교도적인 금주운동을 전개했다. 이런 종교·도덕적 운동은 결국 중독의 문제를 【범죄】로 간주하는 철학을 형성시키면서 알코올 및 마약에 대해 더욱 강력한 탄압을 유도했다.

앞에서 지적했듯 16~19세기 동안 유럽에서 사용한 아편은 주로 오스만제국에서 수입된 것이다. 중동에서 아편수입의 증가는 로더넘의 사용증가로 이어지면서 17세기에 이미 로더넘에 대한 중독우려로 인해 중독개념이 처음으로 등장하게 된다. 로더넘과 같은 의약품의 발명과 개선에 대한 인간의 욕망은 인간의 정신세계에 새로운 변화를 주었다. 즉 마약은 인간의 정신세계에 변화를 주어 궁극적으로 인간의 마음을 바꾸고 파괴할 수 있는 물질이라고 인식했다. 이처럼 환각제, 진정제, 흥분제, 알코올과 같은 약물에 인간의 점진적 의존과 영향력은 인간의 자아에 대한 새로운 인식을 깨우치는 계기가 되었다.[172] 이와 같은 인간의 이성과 자아를 반성하게 했던 대표적 철학자는 이성주의자인 로크이다.

르네상스 이후 근대 유럽사회는 17세기 이성의 시대, 18세기 계몽의 시대 그리고 19세기 자유주의의 시대로 세분할 수 있다. 이런 시기별 분화에 따라 마약에 대한 중독의 역사도 간략하게 말한다면 17세기는 로더넘에 대한 중독의 개념에 대해 단순하게 【습관에 대한 애착】으로 간주했다고 평가할 수 있다. 18세기는 【습관의 긍정적 측면】을 통해 인간의 정신을 창조적으로 만들 수 있듯이 아편을 통해 그 가능성을 타진했다. 결과적으로 아편소비의 증가를 가져와 19세기에 아편중독에 대한 관심을 고조시켰다. 19세기 전반에 걸쳐 아편중독자가 증가되면서 중독에 대한 개념과 중독에 대한 시각이 변화하기 시작했다. 1820년대 아편중독에 대한 개념은 기존의 개인의 습관이 아니라【개인의 죄악】으로 간주했으며 1840년대는 더욱 경멸적인【개인의 범죄】로 간주하게 된다. 이처럼 마약에 대한 서구의 태도가 변하기 시작하면서 1820년대를 기점으로 현대 마약사가 시작된다.[173]

1820년대를 현대 마약사의 기점으로 고려하는 가장 중요한 이유의 하나는 중독의 문제가 사회적 이슈의 하나로 등장했기 때문이다. 19세기 초 대표적인 중독사례의 하나는 영국의 조지 4세(George Ⅳ: 1762~1830)이다. 웨일즈의 왕자일 때인 1811년 그는 이미 로더넘에 중독됐다. 1820년 왕위에 오를 때 그의 로더넘 사용은 통제 불가능하게 됐다. 이처럼 사회적 이슈로서 아편중독에 대한 대중들의 인식을 전환시킨 계기는 1821년 드퀸시(Thomas De Quincey: 1785~1859)의 아편중독에 대한 자서전적 작품(*Confessions of an English Opium-Eater*)이다. 드퀸시의 작품이 아편의 역사에서 중요한 이유는 중독자의 시각에서 저술한 최초의 그리고 가장 유명한 작품이기 때문이다. 드퀸시의 작품은 아편의 즐거움과 고통을 비교적 상세히 기록했다. 문제는 그가 고통을 줄이기 위해 아편을 사용한 것이라기보다는 심미적인 즐거움을 높이기 위해 사용했다는 점이다.

드퀸시 이외에도 19세기 예술가들의 아편사용은 매우 보편적이었다. 영국의 위대한 로망스 시인인 쿨리지(Samuel Coleridge: 1772~1834)도 아편중독을 경험한 인물이었다. 그는 매일 로더넘 80~100방울을 이용했다. 음악가인 베를리오즈(Hector Berlioz: 1803~1869)의 1830년 환상교향곡(Fantastique)은 희망 없는 사랑의 절망감에서 아편에 중독된 예술가의 이야기를 하고 있다. 소설가인 포우(Edgar Poe: 1809~1849)는 그의 1838년 단편소설(Ligeia)에서 사랑하는 사람의 잃음을 아편에서 위안을 삼는다고 쓰고 있다. 또한 듀마(Alexandre Dumas: 1802~1870)의 1845년 『몬테크리스토 백작』이라는 소설에서 주인공은 자신의 분노를 완화시키기 위해 아편을 복용하고 그리고 그것을 생생히 묘사함으로써 마약 관련 판타지 소설을 유행시켰다.

19세기는 예술가들의 아편사용뿐만 아니라 해시시 사용도 매우 보편적이었다. 유럽 특히 프랑스에서 예술가들의 해시시 사용은 나폴레옹 전쟁과 밀접한 관계가 있다. 나폴레옹의 이집트 원정(1798~1801)에서 부상 병사들은 고통을 줄이기 위해 당시 이집트에서 유행했던 아편은 물론 해시시를 복용하는 습관을 가지게 된다. 아편 및 해시시 복용에 대한 나폴레옹의 금지령에도 불구하고 해시시는 병사들을 통해 유럽 특히 프랑스로 전파된다. 더구나 19세기 중반 프랑스의 알제리 점령은 해시시 문화의 확대에 더욱 공헌했다. 1840년대 프랑스 파리인의 해시시 흡연은 1960년대 미국 캘리포니아인의 대마초 흡연 유행과 매우 유사하다. "내게 무엇을 하라고 강요하지 마라." "나는 뭐든지 하겠다."라는 당시의 표현처럼 이들은 자유분방과 반항의 극치를 보였다.[174]

당시 대표적인 파리 지성인들은 해시시 클럽(Club des Hash-ischins)을 만들어 정기적인 모임을 가졌다. 이들은 이 클럽에서 1844~1849년 동안 활동하고 만남을 통해 해시시에 탐닉한 경험담을 서로 주고받았다. 대표적인 저명인사들은 조각가인 프라디에(Jean-Jacques Pradier: 1790~1852), 낭만파 화가인 들라크루아(Eugène Delacroix: 1798~1863), 작가인 뒤마(Alexandre Dumas: 1802~1870), 정신과 의사인 모로(Jacques-Joseph Moreau: 1804~1884), 낭만파 시인인 네르발(Gérard de Nerval: 1808~1855), 풍자 화가인 도미에(Honore Daumier: 1808~1879), 화가인 슈나바르(Paul Chenavard: 1808~1895), 낭만파 작가인 고티에(Théophile Gautier: 1811~1872), 상징파 시인인 보들레르(Charles Baudelaire: 1821~1867) 등이다.[175]

19세기 유럽사회에서 상류층 및 지식인들에 의한 아편 및 해시시와 같은 마약사용은 대중들에게는 보편적 현상은 아니었다. 18세기 이래 노동자 계급과 같은 대중들은 오히려 마약보다는 훨씬 가격이 저렴한 맥주와 위스키와 같은 알코올을 주로 이용하였다. 이 때문에 19세기는 그리스·로마 시대처럼 마약중독보다는 알코올중독이 훨씬 심각한 사회문제였다. 그럼에도 불구하고 지식인들의 환각제에 대한 열렬한 옹호는 대중들에게 사회문화적으로 마약중독이라는 인식을 각인시켰다. 다시 말하면, 마음을 변경할 수 있는 환각성 물질에 대한 인식과 실험은 마리화나 사용자인 발자크(Honoré de Balzac: 1799~1850), 코케인 사용자인 프로이드(Sigmund Freud: 1856~1939), 메스칼린의 사용자인 헉슬리(Aldous Huxley: 1894~1963), 암페타민 사용자인 오든(Wystan Auden: 1907~1973)의 경우처럼 지식인들의 마약사용에 대한 역사적 지속성을 유지시켰다.[176]

이제 유럽사회에서 알코올 및 마약에 대한 중독의 개념이 나타난 배경과 중독개념의 변화하는 과정을 고찰하자. 중독의 개념을 이해하기 위해서는 우선 유럽사회에서 먼저 등장한 습관(habits)의 개념을 이해해야 한다. 일반적으로 습관은 무의식적으로 반복되는 행위이다. 습관에는 좋은 습관과 나쁜 습관이 있다. 습관과 중독을 구별하는 중요한 요소는 【의지력】이다. 다시 말하면 개인의 행위에 대해 통제력이 있다면 그 행위는 여전히 습관이라고 할 수 있다. 중독은 일반적으로 중추신경계를 자극하는 담배, 알코올, 마약과 같은 향정신성 약물에 대한 육체적 의존성과 도박, 섹스, 게임과 같은 행위적 혹은 심리적 의존성을 의미한다.

앞에서 지적했듯 17세기 중반이래 유럽사회에서 중독의 개념은 주로 로더넘에 대한 것으로 【추구 혹은 습관에 대한 강한 애착】을 의미했다. 그러나 19세기 전반에 습관은 좋은 의미로도 통용됐다. 왜냐하면 습관을 통해 사람들은 질서 있는 생활을 조직할 수 있다고 생각했기 때문이다. 낭만 시대 시인 워즈워스(William Wordsworth: 1770~1850)는 사람들은 습관을 통해 보다 더 심오한 자아에 접근할 수 있다고 강조했다. 이처럼 선의의 정신적 습관을 통해 계몽의 개념이 등장했다.[177] 다시 말하면 인간의 이성을 강조한 18세기 초의 계몽주의에 반발하여 18세기 중반에는 이성을 거부하지는 않지만 인간의 개성과 감성을 강조한 낭만파 작가들이나 자연철학자에게 습관은 정신생활의 생산양식이 될 수 있었다. 이런 철학을 이어받은 쿨리지와 드퀸시에게 아편섭취의 습관은 문학적 영감을 불러일으킬 수 있는 창조적 정신을 제공한다고 판단했다.[178]

따라서 19세기 초반 중독의 의미는 강한 애착, 추구, 경향, 강한 취미 등과 유사한 맥락에서 이해했다. 한마디로 19세기 초반까지 중독과 습관의 개념은 큰 구별 없이 중립적인 용어로 사용되었다. 그러나 시간이 흐를수록 중독의 개념은 중립적인 용어에서 개인의 불건전한 습관→개인이 스스로 창조한 죄악→자기통제를 할 수 없는 개인의 범죄처럼 부정적인 용어로 변했다.[179] 특히 부정적 의미의 중독개념은 19세기 유럽사회의 사회문제의 하나인 알코올의 지나친 소비를 묘사하는 데 이용됐다. 예를 들면 중독의 의미는 1819년 독일 의사(C. W. Hufeland)가 처음으로 사용한 음주광 혹은 습관적인 주정꾼(dipsomania=drunkenness)의 용어처럼 알코올에 대한 지나친 집착을 의미하는 부정적 용어로 사용되었다. 또한 1849년 스웨덴 의사(Magnus Huss)는 그 용어를 인체에 미치는 알코올의 행위와 알코올에 의해 생성되는 병적인 조건 등을 의미하는 알코올중독(alcoholism)으로 대체했다.

19세기 유럽사회의 지나친 알코올 소비는 1830년대 절주(temperance) 및 절대금주(teetotal)와 같은 대중사회운동을 태동시켰다. 이 두 가지 운동은 18세기 계몽주의를 계승한 19세기 자유주의의 자유담론과 함께 중독의 개념을 발전시키는 데 중요한 공헌을 했다. 양 운동은 습관으로부터 고통받는 사람들이 개인의 의지력에 의해 스스로를 도울 수 있다는 인식에 기초한다. 전자가 온건한 금주운동이라면 후자는 급진적 금주운동이었다. 전자는 노동계층의 통제를 원하는 중산층 개혁가 혹은 자선 사업가들이 주도했다. 그들은 노동계층이 맥주나 위스키보다는 의류, 음식, 가구와 같은 중산층이 선호하는 생활품목에 소비하기를 노력했다. 그들은 노동계층이 알코올에 자신들의 임금을 소비하는 것을 자신의 파괴는 물론 가정의 파괴로 선전했다. 그들은 【이성적 레크리에이션】을 강조하면서 노동계층이 생산적 레저나 사회적 활동을 통해 자신들의 자유 시간을 소비할 것을 촉구했다.[180]

반면에 절대금주운동은 중산층 개혁가가 후원하는 온건한 금주운동을 위선으로 보고 그에 대한 반발로 시작했다. 이 운동의 리더십은 주로 노동계층으로 차티스트 운동과 같은 정치운동과 연계했다. 이 운동은 1830~1840년대에 매우 대중적이었다. 금주운동은 20세기 전반부까지 잘 지속시켰다. 절주운동과 절대금주운동 모두는 알코올에 타깃을 세웠다. 왜냐하면 당시 대중들의 마약사용은 아직 사회적 문제가 되지 않았기 때문이다. 앞에서도 지적했듯 19세기 전반부에 아편사용은 소수의 중산층과 상류층의 애호가들이 호기심으로 사용하는 단순한 개인습관의 문제로 해석했다. 그러나 노동계층과 하류층의 음주는 긴급한 공공보건의 문제였다.

절주운동과 절대금주운동은 그때까지 알코올 중독을 하나의 질병으로 간주하지는 않았다. 양 운동은 알코올 중독을 보다 더 좋은 환경이 주어졌다면 개인이 바로잡을 수 있는 도덕적 태만 내지는 개인의 죄악으로 간주했다. 음주에 대한 이러한 인식은 음주의 계급적 차원에서 생성되었다. 다시 말하면 노동계층과 빈곤계층은 주로 공공장소인 술집에서 술을 마신다. 음주 그 자체는 범죄가 아니지만 공공장소에서의 음주는 문란행위와 결합할 때 사소한 범죄가 될 수 있다. 반면에 중산층은 주로 사적으로 음주를 한다. 따라서 중산층에게 음주는 사회적 축하연에서만 볼 수 있다. 이런 맥락에서 절주운동은 사회적 연회, 가족과의 레크리에이션, 종교적 행사에의 참여, 검약정신 등과 같은 중산층의 이상이 투영된 것이었다.

개인적 자유의 중요성을 강조한 19세기 자유주의는 습관적 음주에 대해 절주운동가들의 개념적 정의에 대체적으로 동의했다. 밀(John S. Mill: 1806~1876)은 개인을 자신의 문제를 최대한 돌볼 수 있는 자유의 주체로 정의한다. 이런 맥락에서 습관적 음주는 그의 이론에 명백한 예외였다. 왜냐하면 음주자들은 그들 자신들의 이익을 최대한 돌볼 수 없고 또한 그들 자신들의 자아를 최대한 추구할 수 없기 때문이다. 자유주의자들은 습관적 음주를 하나의 질병으로 고려하지 않고 여전히 개인의 자유로운 선택으로 간주했다. 이런 연유로 벤담(Jeery Bentham: 1748~1832)은 음주와 같은 악에 대처하기 위한 개인적 의지에 반한 치료를 강제하거나 국가의 입법적 시도에 반대했다. 밀 역시 1859년 그의 『자유론』에서 타자에 대해 해를 끼치는 특별한 음주에 대해서만 예외를 하고 벤담의 의견에 동의했다. 절주가 자신에 대한 개선의 한 방법으로 음주의 중지로 해석했듯이 자유주의자들은 음주에 대한 탐닉을 자신에 대한 범죄로 간주했다.[181]

영국에서 절주운동은 20세기 초 사회주의자들의 비판으로 소멸됐다. 엥겔스(Friedrich Engels: 1820~1895)는 1844년 그의 논문 (The Condition of the Working Class in England)에서 산업혁명에 따른 기계류의 도입은 노동계급의 삶을 도시로 운집하게 만들었으며, 그들의 삶을 동물처럼 만들어 결국 그들을 음주하도록 만들었다고 지적했다. 마르크시스트의 관점에서 음주를 개인의 도덕과 의지력으로 호소하는 절주운동은 사회구조적으로 비인간적인 자본주의 사회에서 살아가는 노동자들의 사회경제적 조건들을 전혀 고려하지 못한다고 비판했다. 따라서 마르크시스트에게 절주운동은 노동계층에 계급의식의 부상을 억제하고 부르주아지 가치를 주입하는 시도에 불과했다. 영국 노동당은 1914년까지 절주운동과 정치적으로 밀접하게 연계했다. 그러나 그 후 노동자의 임금이 삭감되고 절주운동의 정치력이 사라지면서 노동당과 절주운동과의 연계도 쇠퇴했다.[182]

알코올중독 및 아편중독에 대한 대중들의 인식이 19세기 동안 부정적인 의미로 변화하는 주요 요인 중의 하나는 19세기 중반에 등장한 퇴보이론(Degeneration theory: 1850~1950)이다. 이 이론은 다윈(Charles Darwin: 1809~1882)의 진화론에서 발전된 사회이론으로 19세기 동안 서구문명의 미래에 대한 비관적인 전망에서 태동됐다.[183] 퇴보이론은 특히 1890년대 사회적 빈곤과 범죄, 알코올 및 마약중독, 도덕적 타락, 정치폭력, 동성애, 매독과 같은 사회적 질병으로 인한 무질서에 대해 우려와 두려움으로 세기말적인 사회적 현상과 함께 더욱 기승을 부렸다. 이러한 세기말적인 시대적 조류와 함께 중독의 개념은 더욱 부정적 의미로 전락할 수밖에 없었다. 19세기 중반 이후 알코올 및 마약중독의 개념은 개인적 범죄의 시각을 넘어 외국 하층계급에 대한 인종차별적 시각으로까지 확산됐다. 이 때문에 영국은 1868년 새로운 법률을 제정하면서 비록 형사처벌은 아니더라도 아편에 대한 국내공급을 통제하기 시작했다.

19세기 중반 이후 마약중독에 대한 범죄적 시각은 많은 문학작품 속에 등장한다. 예를 들면, 영국 빅토리아 시대 가장 유명한 소설가인 디킨스(Charles Dickens: 1812~1870)의 半자서전적인 1860년 소설인 『위대한 유산』, 스티븐슨(Robert Stevenson: 1850~1894)의 1886년 소설인 『지킬 박사와 하이드』에서 주인공의 코케인 중독, 도일(Conan Doyle: 1859~1930)의 1890년 추리소설인 『네 개의 서명』에 등장하는 주인공인 셜록 홈즈의 아편 및 코케인 복용, 와일드(Oscar Wilde: 1854~1900)의 1890년 소설인 『도리언 그레이의 초상』에서 주인공은 살인의 부끄러운 죄에 대한 망각을 위해 아편단을 방문하는 내용에서 마약중독을 비판한다. 이처럼 19세기 말 영국 문학 작품에서 마약중독은 매우 부정적 시각을 보여 준다. 이 외에도 프랑스 작가인 도데(Alphonse Daudet: 1840~1897)와 모파상(Guy de Maupassant: 1850~1893)은 매독으로 인한 고통을 모르핀으로 해소했다. 이런 현상들도 19세기 말 퇴보의 범주로 간주했다.

중독개념이 죄악 혹은 범죄와 같은 부정적인 의미에서 질병이라는 시각으로 본격화된 것은 1870~1880년대이다.[184] 영국의 명정연구 및 치료협회는 중독을 명정(酩酊: Inebriety)이라는 용어로 대체하면서 마약과 알코올의 습관에 관한 새로운 용어를 규정하기 시작했다. 원래 그 협회의 창시자는 그의 이론에서 명정을 유전적인 육체적 병이라고 규정했다. 협회는 모르핀, 헤로인, 코케인, 마취제와 같은 마약에 대한 중독도 명정에 포함시켰다. 20세기 전반부에 협회는 새로운 리더십에 따라 명정을 다시 중독이라는 용어로 대체했다. 왜냐하면 중독을 육체적인 것보다는 심리적인 문제로 인해 발생하거나 혹은 유전적이 아닌 개인적 의지의 문제로 해석하는 이론이 등장했기 때문이다.

중독의 역사는 최근 21세기가 19세기와 공유하는 최소한 두 가지 특징을 보여 준다. 하나는 의학이 정신의 미스터리를 풀 수 있으며 또한 강박관념에 의한 행위를 설명할 수 있다는 신념이다. 다른 하나는 의학의 진보에도 불구하고 중독자는 자신들의 의지의 노력을 통해 자신을 치료할 수 있다는 믿음이다. 19세기 후반에 이 두 가지 아이디어들은 상호 충돌했다. 물질주의, 진화, 그리고 퇴보에 대한 담론들은 【나쁜 습관들은 병의 표상들】이라고 주장하면서 인간행위에 대한 과학적 어프로치를 지지했다. 반면 인간정신을 강조하는 자유주의는 개인이 궁극적으로 자신들의 의지, 욕망, 습관, 자극 등에 대한 통제를 지니고 있다고 강조한다.[185] 그러나 저명한 생리학자 카펜터(William Carpenter: 1803~1885)는 개인의 의지가 나쁜 습관을 반복적으로 허용한다면 그래서 그것이 습관적 고착이 되고, 궁극적으로 의지력을 넘어 통제할 수 없는 병으로 도달할 수 있다는 새로운 통합이론을 제시했다.

19세기 유럽사회는 마약중독보다는 알코올중독의 문제로 고민했다. 그러나 19세기를 마약문제로 한정한다면 한마디로 합성마약의 놀라운 발견과 그것들의 무분별한 사용과 남용의 시기이다. 대표적인 사례가 제1절에서 지적한 모르핀, 코케인, 그리고 헤로인이라는 새로운 합성마약의 등장이다. 아편중독의 치료제로 등장한 모르핀, 모르핀 중독의 치료제로 등장한 코케인과 헤로인과 같은 합성마약은 아편과 같은 천연마약보다 의존성, 내성, 금단증상에서 더욱 심각한 중독증상을 보여 주었다. 이와 같은 합성마약의 높은 중독증상은 서구의학계로 하여금 19세기 말부터 20세기 초반경에 마약중독의 개념에 대해 본격적으로 진지하게 고민하게 만들었다. 이때부터 중독의 개념은 마약의 병리적 관계를 의미하는 용어로 한정되었다.

구체적으로 말하면, 현대적 의미에서 중독 개념의 핵심적 요인들은 의학적 치료에 대한 두 가지 문제에서 대두됐다. 하나는 의사가 알코올 중독자에게 알코올을 처방해야 하는지에 대한 논쟁이다. 이것은 의사가 아편 중독자에게 모르핀을 처방하기 시작했을 때 혹은 19세기의 혁명적 의료기술로 등장한 피하주사기로 모르핀을 주사했을 때 대두되었다. 아편 중독자에게 모르핀의 처방효과는 매우 효과적이었다. 그러나 시간이 갈수록 내성이 발생하여 모르핀의 반복적 처방만이 환자의 고통을 줄이는 새로운 증상이 나타났다. 결국 의사들은 주사기 처방을 중지하고 투약처방의 새로운 가이드라인을 제안했다. 당시 의사들은 모르핀이 인체에 어떻게 작용하는지를 이해하지 못했다. 결국 모르핀의 의학적 처방에 대한 불신이 마약 관련 중독의 개념을 정교화하게 만드는 중요한 요인이 되었다.

지금까지 근대 유럽사회에서 마약 관련 중독의 개념과 변화를 고찰했다. 그러나 중독의 개념과 변화를 주도하는 인물은 현재처럼 전문가인 의사라기보다는 사회학자, 철학자, 예술가 혹은 대중들의 인식이 상호 오버랩되는 현상에서 나타난 결과물이라고 해도 과언이 아니다. 17세기 이성 및 과학혁명의 시대를 거치면서 19세기에 이르러 전문적인 직업으로서의 의사계층의 등장은 중독개념의 형성에도 많은 변화를 주었다. 다시 말하면 19세기 의학이 보다 더 경험적이고 과학적이고 그리고 정확하게 되면서 의사들은 귀족의 하인 신분에서 병에 대한 지식의 권위자로 변했다.

의학지식의 권위자로 등장한 의사계층은 결국 환자 스스로의 자가치료를 억제시키고 불법화시켰다. 특히 19세기 모르핀, 코케인, 헤로인과 같은 화학적 합성마약이 의학적 치료제로 등장하면서 그 사용 여부에 대한 의사들의 권고는 의사들의 권위를 더욱 확고하게 만들었다. 또한 환자 스스로의 자가치료의 억제와 합성마약의 등장에 따라 양귀비차와 같은 대중 및 민간치료에서 이용되는 천연마약들은 의약적 지식이 제도화되면서 사라졌다.[186] 이처럼 의사들은 의학적 지식, 제도, 태도 등에 대한 점진적인 이동의 중심축에 있었다. 결과적으로 19세기 말경부터 새로운 화학합성 의약품이 기하급수적으로 개발되면서 20세기 초에 의사들은 천연마약에 대한 중독성을 강조하고 불법화의 기초를 만들었다.

한편 중독의 원인에 대한 흥미로운 연구결과가 있다. 영국 의사인 앤스티(Francis Anstie: 1833~1874)는 1864년 그의 논문(*Stimulants and Narcotics*)에서 마약 사용자를 두 부류로 구별했다. 하나는 고통과 질병을 치료하기 위해 아편을 사용하는 조심성이 없는 부류이다. 이런 부류의 사람들은 마약복용을 증가시키는 것이 고통을 감소시킬 것이라고 믿는 부류이다. 18세기와 19세기 초기 동안 위통의 치료에 아편제를 처방한 것이 심각한 마약의존성의 주요 요인이었다.[187] 다른 하나는 감각적 즐거움이라는 환상을 추구하여 현실로부터 도피하고 싶어 중독되는 것을 바라는 부류이다. 그는 후자를 【바보들의 천국】으로 들어가려는 부류라고 평가했다. 문제는 유럽에서 1950년 이후까지 전자처럼 의료적 치료의 결과로서 아편에 중독된 사람의 수가 후자보다 압도적으로 많았다는 사실이다. 그러나 20세기 말경 후자는 서구에서 마약문제를 일으키는 주요 부류가 됐다.[188]

19세기 동안 미국에서 마약의 역사를 고찰하기 전에 먼저 간단히 19세기 미국의 역사적 상황을 알아보자. 19세기의 미국은 한마디로 오늘날 미국의 기초를 다지는 영토확장 및 국민통합의 시기였다. 영토확장은 미국-멕시코 전쟁(1846~1848), 캘리포니아로의 골드러시(1848~1855), 그리고 대륙 간 철도건설(1863~1869)로 요약될 수 있다. 국민통합은 남북전쟁으로 집약될 수 있다. 이러한 19세기 미국을 결정짓는 시대적 사건들의 과정에서 미국으로 이주하는 이민자 중에서 중국인은 미국 이주와 함께 아편흡연의 사회문화적 요소들도 가지고 왔다. 이와 함께 남북전쟁의 부상자들은 신체적 고통을 잊기 위해 아편흡연과 모르핀 중독으로 빠져들었다. 또한 19세기 말 여성들의 월경치료에 아편투약 등은 시대적 부산물들이었다. 이런 요인들이 19세기 동안 미국에서 아편소비를 증가시킨 주요 요인들이다.

먼저 19세기 미국에서 중국인 이민자들의 아편흡연을 살펴보자. 19세기 초 이래 중국의 대기근과 정치적 혼란은 중국인들로 하여금 해외로 대량이주를 만든 원인이었다. 샌프란시스코와 뉴욕 그리고 런던으로 이주한 중국인들은 또한 아편흡연과 아편을 공급하는 아편단의 사회문화적 전통도 함께 가지고 왔다. 미국의 경우 대다수 중국인 이민자들은 캘리포니아의 골드러시에 따른 광산과 동서대륙을 잇는 철도건설산업의 중노동에 동원됐다. 광산 및 철도건설 작업은 육체적은 물론 정신적으로 매우 고통스러운 생활이기 때문에 중국 이민자들에게 아편흡연은 육체적·정신적 고통으로 도피하기 위한 유일한 출구였다.

중국 이민자의 경우 한 사람의 하루 노동에 대한 대가가 평균적으로 1달러를 넘지 못했다. 매일 아편을 흡연하는 사람의 경우 그 비용은 50센트였다. 따라서 아편을 흡연하는 사람은 광산 및 철도노동으로부터 버는 돈을 중국으로 송금할 수도 없었고 고국으로도 돌아갈 수도 없었다. 결국 이들의 분노와 좌절은 더 많은 아편흡연으로 이어지는 악순환을 거듭했다. 이들로 이득을 취하는 사람들은 이들과 노동계약을 맺은 광산주 및 철도건설주들과 이들에게 아편을 공급하는 아편범죄단(黨)이었다. 결과적으로 19세기 말인 1882년 미국에 있는 중국 이민자들의 약 20%가 정기적으로 아편을 흡연하고 약 15%는 매일 흡연하는 것으로 추정됐다.[189]

1841년 대통령에 취임한 지 한 달 만에 급성폐렴으로 사망한 해리슨(William Harrison)은 아편으로 치료를 받았다. 남북전쟁에 참여한 약 400만 명은 정확한 투약량을 통제할 수 있는 모르핀이 주사되기 전에 이미 많은 양의 아편이 의학적 목적으로 병사들에게 투약됐다. 남북전쟁에서 북군은 약 80,000kg의 로더넘과 아편 파우더(도버의 파우더)와 약 1,000만 정의 아편을 사용했다.[190] 흥미로운 사실의 하나는 미국에서 19세기 동안 아편소비가 증가한 가장 중요한 요인은 의사나 약사들이 여성들의 월경으로부터의 고통을 완화시키기 위해 아편을 처방했기 때문이다. 19세기 말경 15~20만 명의 아편중독자들 중에서 66~75%가 여성이었다.[191] 한마디로 19세기 미국에서 아편의 사용자들은 아편을 【신의 약】이라고 불렀다.

19세기 동안 미국에서 아편사용의 증가는 위에서 지적한 세 가지 요인들의 복합적 작용이었다. 다시 말하면 중국인들의 아편소비의 전통은 19세기 유럽인과 미국인들의 아편에 대한 사회문화적 태도에 중요한 요소의 하나로 많은 영향을 주었다. 또한 미국의 남북전쟁과 아편의 의학적 사용에 대한 미국인들의 애정도 무시할 수 없는 요인들이었다. 결국 이러한 요인들에 의한 미국에서의 아편사용의 증가는 결과적으로 아편사용에 대한 국가사회적 통제를 위한 수단을 등장하게 만들었다. 미국의 경우 1870년대 초반경 백인들 중에서 아편흡연자들은 압도적으로 사회적 하층계급의 젊은 층이었다. 이들의 대부분은 도박자, 매춘녀, 광산 노동자, 건달, 점원, 심부름꾼 등이다.

이 때문에 부모들의 권위에 반항하는 중산층의 젊은이들을 아편흡연으로부터 보호하기 위해 1875년 샌프란시스코 市에서 미국에서는 처음으로 아편가게에 대한 통제를 실시하는 조례를 통과시켰다. 이 조례를 시작으로 19세기 말까지 네바다(1877), 사우스-다코타와 노스-다코타(1879), 유타(1880), 캘리포니아와 몬태나(1881), 와이오밍(1882), 애리조나(1883), 아이다호와 뉴멕시코(1887), 워싱턴(1890)

등의 11개 주에서 아편흡연자에 대한 통제를 실시하는 법률을 통과시켰다. 이 주법들이 의미 있는 이유는 이것이 미국에서 마약사용을 규제하기 위한 것이 아니라 마약 사용자를 범죄자로 규정하는 최초의 마약법이라는 것이다. 일례로 캘리포니아 주법의 경우 아편가게를 운영하거나 처방전 없이 이용하는 자는 최대 500달러의 벌금과 6개월 징역형을 받았다.[192] 현재의 시각에서 볼 때 이 법은 아편 사용자와 아편 공급자를 구별하지 않은 법이었다.

그러나 이런 법률들은 효과가 거의 없었고 때때로 역효과를 초래하기도 했다. 캘리포니아의 경우 아편흡연을 규제하는 법은 아편흡연자 중에서 일부를 주정부에 공개적으로 반대하게 만들었다. 그 법은 아편을 흡연하는 사람들에게 법망을 피하기 위해 마치 소규모 범죄조직처럼 외딴 장소의 은밀한 곳에 삼삼오오 모여 흡연하게 만들었다. 또한 아편흡연이 법에 금지된다는 그 사실이 아편을 흡연하지 않는 사람조차 아편흡연에 관심을 갖게 만들거나 혹은 아편흡연자를 보호하게 만들었다. 더구나 아편상습 흡연자에게는 법을 위법하면서 피운다는 【위험의 묘미】를 느끼게 만들어 아편흡연에 대한 즐거움을 배가시키는 측면도 있었다. 이것은 1919년 미국이 금주법을 시행한 이래 음주자들에게도 정확하게 나타난 현상이기도 했다. 1882년 아편흡연자에 대한 한 보고서는 아편흡연이 이제 더 이상 하층계급이 아닌 중상층 계층에서도 만연되고 있다고 지적했다.[193]

19세기 말 미국에서 하층계급은 물론 청소년과 중상층 계급까지 확산되는 아편흡연에 대한 우려는 급기야 미국 내 아편흡연의 근본적 원인을 인종차별로 보는 시각으로 간주하게 만들었다. 한마디로 아편흡연의 풍습을 유입시킨 중국인에 대한 전국적(특히 캘리포니아주) 반감을 야기했다. 그러나 실제로 아편흡연의 증가는 1870년대 남북전쟁 이후 경제침체가 근원이었다. 그럼에도 불구하고 反중국 정서는 최초로 이민을 규제한 연방이민법인 1875년의 페이지법(Page Act)을 시작으로 1882년 중국인 배척법, 1888년 스콧트법, 1892년 기어리법 등 일련의 입법과정을 통해 중국인의 미국 이민을 엄격히 통제했다. 이런 중국인의 미국 이민에 대한 규제는 1943년까지 지속됐다.

결과적으로 19세기 말 유럽과 미국에서의 마약소비에 대해 비교평가를 한다면 대체적으로 유럽은 아편흡연을 개인의 불건전한 습관으로 간주한 반면 미국은 그것을 범죄화했다. 예를 들면, 아편가게의 경우 유럽은 습관에 대한 심미적인 목적에 초점을 맞추어 그것을 바람직하지 않은 것을 전달하는 매개체로 본 반면 미국은 그것을 도덕적 권위의 이슈로 취급했다. 이 때문에 미국에서 아편흡연은 처음으로 부모 권위의 이슈가 됐다. 1875년 확산되는 아편흡연을 통제하려는 샌프란시스코의 市조례와 州법들은 아편흡연으로부터 중산층의 젊은이들을 보호하려는 부모들의 권위를 지지하려는 시도였다.

이런 맥락에서 미국의 도덕성에 대한 강조는 유럽의 프로테스탄트의 이념과 다르지 않다. 그러나 차이점은 아편흡연을 통제하려는 미국에서의 도덕적 열정이 유럽과는 비교가 되지 않을 정도로 높게 작용했다는 사실이다. 유럽에서 아편의 위험에 대해 다소 안심한 반면 미국은 도덕적 열정을 지닌 일부 反마약 운동가들이 아편의 중독성에 대해 오히려 역효과적인 선전에 빠지는 결과를 야기했다. 물론 미국에서 이러한 선전들은 미국의 기독교 문화보다는 경쟁에 치우치는 미국의 저널리즘의 요인들에서 태동됐다.[194] 결과적으로 미국에서 마약효과에 대한 거짓과 왜곡이 20세기에 이르러 선동적인 저널리즘과 도덕가들에 의해 지금까지 미국 내 마약 관련 법을 강화하게 만들었다. 그뿐만 아니라 2차 대전 후 미국이 국제적 헤게모니를 장악하면서 다른 국가들에게도 헤아릴 수 없는 부정적 결과물을 제공했다.

제3절
제국주의와 아편전쟁

　1799년 가경제는 아편에 대한 전면금지령을 내렸다. 이 때문에 1805년 인도 총독(Wellesley)은 형식적이나마 봄베이로부터 아편수출을 공식적으로 금지시켰다. 그러나 아편은 포르투갈령인 고아(Goa)를 통해 여전히 중국으로 밀수출되고 있었다. 1810년대 인도에서 중국으로의 아편밀매는 급증했다. 이것은 영국, 포르투갈, 프랑스, 네덜란드, 미국 등 서구열강이 중국으로의 아편밀매를 매우 경쟁적으로 진행시키고 있었음을 의미했고 결과적으로 아편가격의 하락을 동반했다. 따라서 1819년 인도총독(Rawdon-Hastings)은 동인도회사로 하여금 벵갈 지역의 아편세수를 확보하고 아편생산을 통제하여 아편가격을 유지하려는 기존의 정책을 포기했다. 이 조치로 동인도회사는 오히려 시장에 흘러들어 오는 모든 아편을 구매할 수 있었고 이를 다시 중국으로 독점 판매할 수 있었다. 결국 영국은 점차적으로 중국으로의 아편밀매라는 황금사업을 장악했다.

　1828년 인도총독(Cavendish-Bentinck)은 인도를 서구화하려는 현대화 프로젝트를 세웠다. 이 프로젝트는 인도의 전통과 사회조직을 바꾸는 것으로 그 대표적인 것이 영어사용의 의무화이다. 현대화 계획을 위해 세수확보는 필수적이었다. 이를 위해 그는 인도 주둔 영국군 및 용병의 봉급을 삭감했다. 그는 또한 프로젝트를 위한 자금확보를 위해 아편에 대한 새로운 정책을 포고했다. 당시 중국으로의 아편수출은 33%는 동인도회사가 통제하지만 나머지 66%는 밀수출되고 있었다. 따라서 1830년 그는 아편생산 및 수출에 모든 행정적 규제를 해제하고 대신 통과세를 부과했다. 결과적으로 인도에서 아편의 생산지역은 더욱 확대되었고 5년 내에 아편생산은 세 배로 뛰었다. 반면 1830년대 아편가격도 상대적으로 1820년대에 비해 50%가 떨어졌다. 그러나 아편세수는 대폭 증가하여 1831~1832년 인도의 재정수입에서 아편세수가 세 번째로 높았다.[195] 1833년 영국은 인도에서 동인도회사의 무역독점권을 폐지하고 직접통치를 시작했다.

한편 1825년경 영국 동인도회사가 아편밀매로 벌어들인 돈의 대부분은 중국산 차를 구입하는 데 이용됐다. 중국산 차의 수입은 1820년 300톤, 1826년 600톤, 1830년 1,200톤으로 급증했다. 그럼에도 불구하고 1838년 동인도회사에서 밀매한 아편이 연 1,700톤으로 급증하면서 중국에서 아편중독자의 수(당시 중국 인구의 1%인 약 400만)가 급증하고 중국의 은이 영국으로 흘러들어 가면서 중국은 1807년경 영국과의 교역에서 무역역조가 발생했다. 당시 중국은 은본위제를 실시하고 있어 은의 유출은 국가 재정에 치명적이었다. 결국 청의 도광제는 아편밀수를 차단하기 위해 강력한 조치를 취했다. 1836년 그는 아편수입 업자를 추방하고 아편밀수에 대한 처벌을 강화하여 밀수업자를 사형에 처했다. 그러나 중국의 광동성 총독을 비롯한 지방관리의 부정부패로 큰 효과를 보지 못했다. 이 때문에 도광제는 1839년 임칙서(林則徐)를 흠차대신으로 임명하고 광저우에 파견했다.

임칙서는 영국에 아편밀매의 근절을 요구했지만 영국은 오히려 아편무역의 합법화를 요구하며 그의 제안을 거절했다. 이에 대해 임칙서는 즉각적으로 영국에 대한 무역제재를 단행했다. 결국 영국의 광동성 주재 무역감독관은 일부 영국 상인의 아편을 영국정부가 보상하는 조건으로 중국에 양도하고 중국과의 무역을 재개했다. 문제는 임칙서가 영국 상인에게 아편밀매를 하지 않고 위반할 경우 처형될 것이라는 약정서에 서명하도록 요구한 것이다. 이와 같은 요구에 아편을 취급하지 않는 네덜란드와 미국 상인은 약정서에 서명했지만 영국 무역감독관은 즉각적으로 거절하고 영국 상인을 광동에서 철수시키고 마카오로 이전했다. 그러자 임칙서는 마카오에 거주하는 영국인에게 식량과 물의 공급을 차단해 버렸고 영국에 대해서는 정상적인 무역조차 금지한다는 조치를 취했다. 이런 조치로 인한 영국과의 전쟁을 피하기 위해 임칙서는 당시 영국 빅토리아 여왕에게 영국 상인이 중국의 법률을 무시하고 아편밀매를 하는 것에 대해 다음과 같은 항의성 편지를 직접 보냈다.

> 폐하의 상인들은 폐하의 나라에서는 불법 독극물인 아편을 우리나라에 들여와 막대한 이익을 취하고 있습니다. 폐하께서 이를 허락하셨을 리 없다고 보며, 만약에 허락하셨다면 군주로서 취하실 행동이 아니라 봅니다. … 우리는 귀국과의 정상적인 무역을 그만둘 뜻이 전혀 없으며, 아편만 취급하지 않는다면 두 나라 사이에는 아무런 문제도 없을 것입니다. - 함규진, "세계인물사: 임칙서", 『네이버캐스트』 2010. 06. 02.

당시 영국에서 아편사용은 합법이어서 임칙서의 편지는 부분적으로 틀렸다. 임칙서의 항의성 편지에 영국 정부와 상인은 응답하지 않고 오히려 중국이 영국 상인의 아편을 파괴하는 재산권 침해에 대해서 항의했다. 1839년 4월 임칙서는 1,700명의 아편판매상을 체포하고 광저우 항구의 선박에 선적해 있는 아편 20,000 체스트(약 1,200톤: 2,000~3,600만 달러)를 압수해서 불태웠다. 임칙서의 아편몰수와 파괴, 6월 중국 해안경비정의 영국 상선의 물품압수, 7월 구룡사건 등이 양국의 긴장을 고조시켰다. 당시 활동에서 가장 영향력 있는 영국 상인(Jardine)은 영국으로 건너가 영국 외상을 설득하여 중국과 전쟁을 하도록 설득했다. 이를 계기로 발생한 제1차 아편전쟁은 중국이 아편밀매에 대한 처벌강화를 취하면서 대두된 중국과 영국과의 무역 및 외교 분쟁의 정점이었다.

전쟁의 결과는 10만 명인 청군이 2만 명인 영국군과의 수적 우세에도 불구하고 군사력 우위를 점한 영국의 일방적 승리였다. 중국의 패배로 근대 이래 최초의 불평등조약인 남경조약이 1842년 체결되었다. 주요 조항은 ①아편파괴에 대한 배상금 지불, ②공행(公行: 광저우에서 외국무역을 독점하던 청나라 특허상인들의 조합)의 폐지, ③5개의 무역항 개설, ④개설 항에서의 치외법권 인정, ⑤155년간 홍콩할양 등이다. 또한 중국은 1844년 미국과 프랑스의 강력한 요구로 그들과도 난경조약과 유사한 망하조약(望厦條約)을 체결했다. 결과적으로 제1차 아편전쟁으로 영국은 본격적인 중국침략의 교두보를 삼았고 중국은 강압적이지만 최초로 서양세계에 문호를 개방했다.

제2차 아편전쟁은 함풍제 통치하의 중국 항구에서 영국 상인에 대한 대우문제로 인해 발생했다. 영국의 입장에서 볼 때 이는 남경조약의 불이행이었다. 비록 남경조약이 체결되기는 했으나 처음부터 불평등했던 그 조약은 1840년대 말까지 청의 관리는 물론 중국 대중에게 반영(反英) 감정을 고무시키는 계기로 작용했다. 이 와중에서 1854년 영국은 중국에게 아편수입의 합법화를 요구했으나 거절당했다. 1856년 중국이 중국인 소유의 영국 밀수선(Arrow)에 대해 압수수색을 단행하면서 제2차 아편전쟁이 발발했다. 영국과 프랑스는 합동 군사작전으로 중국 측과 대항했다. 그러나 중국은 당시 태평천국의 난 와중에서 속수무책으로 북경이 함락되면서 전쟁에 패했다.

전쟁 패배의 결과로 중국은 영국, 프랑스와 각각 1858년에 천진조약(天津條約)과 1860년 북경조약을 체결했다. 제2차 아편전쟁의 여파로 영국은 청의 식민지화를 본격화했다. 1880년 중국은 여전히 연 6,500톤의 아편을 수입했다. 결국 1890년 인도산 아편수입의 금지를 목적으로 중국은 아편재배를 금지한 모든 칙령을 폐지했다. 이의 결과로 1900년에는 자체적으로 약 22,000톤의 아편을 생산했다.[196] 그리고 1906년에 중국은 35,000톤의 아편을 생산하여 세계 아편생산량의 85%를 차지했다. 그러나 문제는 당시 중국 성인 남성의 27%인 1,350만 명이 아편중독자가 되었다는 사실이다.[197]

20세기 초 중국 성인남성 4명 중 1명이 아편을 흡연할 정도로 중국은 아편흡연으로 병들어 갔다. 가족을 부양할 성인들은 아편흡연으로 재산을 탕진하고 몰락해 갔다. 따라서 아편흡연으로 인해 가족이 붕괴되고 경제적 생산성이 하락하면서 중국은 내부로부터 붕괴되고 있었다. 1931년 발간되고 1932년 풀리처상과 1938년 미국 여성 최초로 노벨 문학상을 수상한 펄벅(Pearl Buck)의 역사소설인 『대지(The Good Earth)』에서 주인공 왕릉의 친척과 대지주 황(黃) 가족이 아편 흡연으로 몰락하는 모습은 20세기 전반기 중국 농촌의 실상을 어느 정도 조명해 준다. 당시 다른 국가에서 아편의 사용이 매우 드문 경우와 비교해 볼 때 서구 제국주의와의 아편전쟁은 중국에게 정치경제는 물론 사회문화적으로 막대한 해악을 제공했다.

중국이 인도산 아편밀매의 척결에 실패한 대내적 요인 중 하나는 중국 세관 관리들의 심각한 부패였고 대외적 요인 중 하나는 영국이 중국과의 무역적자를 해소하기 위해 부당한 방법으로 아편밀매를 강제한 것이다. 이와 함께 아편전쟁은 중국에 아편에 대한 자유무역을 강요한 제국주의적 성격을 지닌 전쟁이었다. 이것은 당시 영국의회에서 전쟁 결의안의 채택과정에서 젊은 의원(Gladstone)이 아편전쟁을 인도 총독(Rawdon-Hastings) 이래 영국의 아편정책에서 야기된 부당한 전쟁이라고 자아비판한 것에서 잘 표현된다.[198] 이런 맥락에서 아편전쟁은 공식적으로 중국 고립외교의 종식과 함께 중국 현대사의 시작을 의미했지만 비공식적으로는 청조 몰락의 서곡이었다. 또한 마약사의 측면에서 아편전쟁은 마약으로 인한 최초의 국가 간 전쟁이었다.

19세기 말 중국에서의 폭발적인 아편 중독자의 증가는 중국에서 활동하는 미국 및 영국 선교사로 하여금 정부차원의 아편무역을 조장한 영국정부에 대한 비판과 중국에 대한 새로운 反아편조치를 취하도록 종교적 압력을 만드는 요인이 되었다. 결과적으로 19세기 말부터 아편에 대한 국제적 통제의 목소리가 새롭게 등장했다. 그러나 이러한 노력과는 별도로 19세기 동안 해외로 이주한 중국인들은 그들의 아편흡연의 문화적 요소가 문제되어 【중국 이민자=아편 중독자】로 낙인찍히면서 인종차별을 당했다. 이러한 인종차별의 직접적인 결과는 샌프란시스코시의 경우 1875년 아편에 대한 타운 칙령이었으며 영국의 경우 1878년 아편법이었다. 후자는 등록된 인도인과 중국인 아편 흡연자에게 아편판매를 제한하고 버마 출신의 노동자에게는 아편판매를 금지하는 사회적 인종차별을 공식화한 조치였다.[199)] 이와는 별도로 미국은 중국 아편문제의 해결을 위한 최초의 국제회의인 1909년 【상하이 아편위원회】의 소집을 주도했다.

참고문헌

황규진(2010). "세계인물사: 임칙서". 『네이버캐스트』, 2010/06/02.

川原秀城(2008). 김광래 역. 『독약은 입에 쓰다』. 서울: 성균관대학교출판부.

Allingham, Philip V.(2006). *England and China: The Opium Wars, 1839-60*. Thunder Bay, Ontario: Lakehead University, http://www.victorianweb.history/empire/opiumwars/opiumwars1.html.org.

Boon, Marcus(2002). *The Road of Excess: A History of Writers on Drugs*. Cambridge, Mass: Harvard University Press.

Devenport-Hines, Richard(2002). *The Pursuit of Oblivion: A global History of Narcotics*. NY: W. W. Norton & Company.

Kandall, Stephen R.(1999). *Substance and Shadow: A History of Women and Addiction in the United States*. Harvard University Press.

Karch, Steven B(1998). *A Brief History of Cocaine*. NY: CRC Press.

McCoy, Alfred W(2007). "Opium history, 1858 to 1940." http://www.alb2c3.com/drugs/opi010.htm.

Richards, John(2001). "Opium and the British Indian Empire: The Royal Commission of 1895." http://www.drugpolicy.org/library/opium_india.cfm.drugs/cocaine1.htm.

ThinkQuest. "Cocaine: History and Usage." http://library.thinkquest.org/C0115926/.

Thornton, Elizabeth(1983). *Freud and Cocaine: The Freudian Fallacy*. London: Blond and Briggs.

Wohl, Anthony S.(1983). *Endangered Lives: Public Health in Victorian Britain.* Cambridge: Harvard University Press, http://www.victorianweb.org/wanel.health/health4.html. 7 Sept.

Zieger, Susan(2002). "Terms Used to Describe Addiction in the Nineteenth Century." http://www.victorianweb.org/science/addiction/terms.hem. 7 Sept.

http://en.wikipedia.org/wiki/Cocaine.

http://en.wikipedia.org/wiki/John_S._Pemberton.

제7장

20세기 전반

(1900~1950)

"The practice of smoking marijuana does not lead to addiction in the medical sense of the word."

- The La Guardia Committee(1944)

제1절
1900년대: 상하이 아편위원회와 미국의 등장

20세기 초 유럽에서 영국은 제국주의 국가로서 최고의 전성기를 이룩했다. 19세기 말 통일국가를 완성한 독일과 이탈리아는 군사력을 강화함으로써 전통적 제국주의 국가들인 영국과 프랑스에 도전하려 노력하고 있었다. 이들 유럽 국가들은 아시아와 아프리카 등에 식민지 건설을 추진하는 과정에서 군사력과 경제력을 축으로 상호경쟁하고 있었다. 이 와중에 미국은 1898년 미서전쟁의 승리로 필리핀을 병합하고 그것을 발판으로 제국주의 국가로서 동아시아로의 진출을 시도했다. 한편 일본은 조선을 둘러싼 1895년 청일전쟁과 만주를 둘러싼 1905년 러일전쟁에서 승리하고 군국주의를 더욱 강화하면서 동아시아에서의 패권국가로 부상했다. 일본과의 전쟁에서 군사력 및 경제력의 약점을 노출시킨 중국은 1911년 신해혁명으로 몰락하고 새로운 공화국으로 탈바꿈했다. 러시아는 1905년 혁명을 거쳐 궁극적으로 1917년 사회주의 혁명으로 차르 체제가 붕괴되고 사회주의 국가가 됐다.

동아시아로의 진출을 시도한 미국은 필연적으로 유럽 국가와 일본과의 경쟁을 피할 수 없었다. 미국의 입장에서 동아시아에서의 최종적인 외교적 목표는 중국이었다. 이를 위해 미국은 일본과 불필요한 군사적 마찰을 원치 않았다. 그 결과가 러일전쟁 직후인 1905년 태프트-가쓰라 밀약이다. 이 밀약은 러일전쟁 직후 루스벨트 대통령의 특사인 당시 미 육군장관 태프트(William Taft)와 일본 총리 가쓰라 다로(桂太郞)가 도쿄에서 합의한 내용으로 미국은 일본의 조선에 대한 지배권을 인정한다는 것이었다.200) 대신 미국은 필리핀을 교두보로 중국시장에 진출을 원했다. 이를 위한 선결조건으로 미국은 당시 아편전쟁의 패배 이래 아편사용으로 골머리를 앓고 있던 중국에게 우호의 제스처로 아편 박멸에 대한 외교력을 추진했다. 이의 결과가 1909년 【상하이 아편위원회】이다.

마크 트웨인이 남북전쟁이 종식된 이후 미국의 19세기 후반부를 부와 번영의 시대(Gilded Age)라고 했지만 정치적으로는 금권정치가 횡횡한 부패의 시대이기도 했다. 이는 결국 각종 개혁을 요구하는 진보주의 시대(Progressive Era)를 도래하게 만들었다. 이러한 개혁은 제16~19차(소득세, 상원의 직접선거, 금주, 여성의 참정권) 수정헌법들을 통해 이루어졌다. 1900년 미 의회는 모든 국가들에게 동등한 교역권을 제공하도록 중국의 문호개방을 요구하는 개방정책을 선언했다. 이 기간 동안 미국은 군사적 제국주의를 표방했으며 1917년엔 제1차 세계대전(1914~1918)에 개입하여 승리한 후 국제적인 헤게모니를 장악하게 되었다. 그리고 국내적으로 산업 및 인구성장을 통해 새로운 미국의 세기를 준비하고 있었다. 인구의 경우 이미 1880~1914년 동안 미국으로의 이민 수가 2,200만 명으로 절정에 이르렀다.

진보주의 시대 개혁의 주요 목표는 부패정치에 대한 척결이다. 이를 위해 중산층으로부터 지지를 획득한 진보주의자들은 살롱을 기반으로 하는 정치권력을 없애기 위해 금주운동을 지지했다. 금주운동은 복음주의 청교도들에 의해 지지를 받아 일종의 종교운동이 되기도 했다. 한마디로 20세기 초반 미국 중산층의 지지로 토대를 형성한 진보주의 및 청교도주의의 결합으로 태동된 정치사회운동의 일환이 1914년 마약법과 1919년 금주법의 제정을 유도했다. 문제는 20세기 초 진보주의와 청교도주의가 결합된 정치사회적 운동은 마약법을 제정하는 과정에서 소수인종에 대한 마녀사냥식 인종차별을 전개했다는 사실이다.

이러한 마약 관련 인종차별은 19세기 동안 미국 통합의 토대구축을 위해 대규모 노동현장에 투입된 중국인, 흑인, 멕시코인들에 대한 인종적 토사구팽이라고 평가할 수 있다. 결론적으로 20세기 초 대외적으로 미국의 팍스 아메리카나(Pax Americana) 정책과 연계된 글로벌 마약과의 전쟁과 대내적으로 청교도주의 및 진보주의와 결합하여 마약을 【惡】으로 규정한 인종차별적 反마약운동은 현재까지 미국의 강력한 마약 범죄화 정책의 토대를 구축했다.

제2절
1910년대: 헤이그 아편협약과 마약 불법화의 시작

　미국이 주도한 1909년 상하이 아편위원회는 피상적으로 당시 중국의 심각한 아편사용을 억제하기 위한 최초의 국제공조라고 할 수 있다. 그러나 실질적으로는 후발 제국주의 국가로서의 미국이 중국시장으로 진출하려는 전략적 판단의 일부였다. 이 위원회에 참석한 미국 대표(Hamilton Wright)와 함께 필리핀의 심각한 아편중독에 경험이 있는 주교(Charles Brent)가 선정됐다. 원래 미국은 이 위원회를 개최하여 아편 규제 관련 국제법의 제정을 시도했지만 각국 대표들에게 국제법을 인준할 권한이 주어지지 않아 실패했다. 그러나 미국의 외교적 노력은 1912년 헤이그에서 개최하여 국제아편무역을 통제하는 최초의 국제마약통제레짐인 【헤이그 아편협약】을 제정하게 만들었다. 이 협약에는 미국, 영국, 독일, 프랑스, 이탈리아, 네덜란드, 포르투갈, 페르시아(현재의 튀르키예), 일본, 러시아, 중국, 시암(현재의 태국) 12개국이 동의했다. 이 협약으로 아편전쟁 이래 국가 간의 공식적인 아편무역은 금지됐다.

　한편 1900년대 미국에서는 아편, 코케인, 마리화나와 같은 마약들을 소수인종인 빈곤층 노동자의 기호품 정도로 치부했다. 예를 들면, 코케인은 1880년대 말부터 미국 남부 뉴올리언스의 열악한 노동환경에서 일하는 흑인들이 이용하기 시작했다. 더구나 고용주들은 위스키보다는 코케인이 흑인들의 노동생산성을 높여 주고 그들을 통제할 수 있는 수단으로 간주하여 정기적으로 코케인을 공급했다.[201] 따라서 흑인들이 코케인에 중독되는 것은 시간문제였다. 이들의 코케인 사용방법은 주사기를 사용하는 것보다는 코로 흡입(sniffing)하는 것이었다. 왜냐하면 당시 주사기의 가격이 코케인보다 더 비쌌기 때문이다. 반면에 미국 중상류층의 백인들은 주로 주사기를 사용했다. 문제는 흑인들의 코케인 사용을 백인여성들에 대한 성적 욕망으로 연결한 것이다. 결국 코케인은 흑인들의 마약이라는 인식이 확산되었다. 이 때문에 1907~1913년 뉴욕주는 코케인의 판매를 금지하는 법적 조치를 취했다.

또한 1900년 미국의학협회 저널은 남부 흑인들이 새로운 형태의 죄악인 코케인에 중독되고 있다고 보고했다. 인종차별적으로 더욱 악의적인 언론보도는 1914년 2월 8일 자 뉴욕타임스 보도("Negro Cocaine 'Fiends' Are New Southern Menace: Murder and Insanity Increasing Among Lower-Class Blacks")로, 코케인에 중독된 흑인들이 백인여성을 강간하고 총에 맞아도 죽지 않는다고 흑색선전을 한 것이다.[202] 중국 이민자들에게는 그들이 미국으로 아편흡연을 수입하여 백인여성을 아편에 중독되게 만들고 있다고 비난했다. 이러한 인종편견은 20세기 초에 이민과 함께 멕시코에서 가져온 마리화나를 피우는 멕시코인들에게는 그나마 사정이 심각하지 않았다. 왜냐하면 1850~1942년까지 마리화나는 의약품으로 간주했기 때문이다.[203] 마약 관련 이런 인종차별적 마녀사냥은 해리슨법이 제정되기 직전에 이

미 46개 주에서 코케인에 대한 통제를 하고 있었고 29개 주에서 아편, 모르핀, 헤로인에 대한 규제 법률을 제정하게 만들었다.[204]

미국 내 마약사용의 증가와 아편 관련 국제법의 제정에 따라 미국은 그에 준하는 국내법을 제정할 필요성이 있었다. 이것이 미국에서 마약단속에 대한 최초의 연방법인 1914년 해리슨법이다. 해리슨(Harrison) 하원의원이 제안한 이 법의 주요 내용은 ①의학적 목적을 제외한 아편류(아편, 모르핀, 헤로인 등)와 코케인의 수입·생산·유통·판매·사용의 금지; ②이를 위반 시 최고 5년형 혹은 2,000달러의 벌금 부과; ③마약 관련 취급자에 대한 등록제로 정부에 등록세와 특별세(1달러)를 납부할 경우에 허용 등이다. 어떤 의미에서 이 법은 마약사용을 전면적으로 금지한 것이 아니라 판매에 대한 일종의 규제법 혹은 과세법으로도 간주할 수 있다. 또한 당시 유행하고 있던 마리화나는 마약품목에서 제외됐다.

그러나 해리슨법은 법집행에 대한 모호한 규정 때문에 향후 의사의 처방권, 마약중독자에 대한 마약유지 프로그램 그리고 마약중독자에 대한 환자 vs. 범죄자의 논쟁 등을 유발시켰다. 해리슨법의 모호성으로 인해 당시 마약 관련 법집행 단속기관인 재무성 마약국의 주요 단속 대상은 주로 등록과 세금을 내지 않고 마약을 처방해 주는 의사와 약사였다. 한마디로 이 법은 미국에서 마약사용을 규제하는 기원을 형성한 최초의 연방법으로 궁극적으로 마약유통을 음성화시키는 역할을 했다. 더구나 해리슨법은 1920년대~1950년대까지 점차적으로 정부의 마약단속과 통제강화를 허용하는 토대가 되었다. 해리슨법의 전면적 수정은 1970년 연방마약법인 통제약물법에 의해 이루어졌다.

흥미 있는 사실은 미국 의사와 약사들의 대부분은 해리슨법을 찬성했다는 사실이다. 그러나 아이러니하게도 그 법은 의사와 약사들에게 부메랑으로 되돌아와 해리슨법에 의해 가장 많이 수감된 집단이 의사와 약사였다. 예를 들면, 법 조항의 모호성 중 하나는 의사들이 【중독치료】가 아닌 【전문적 치료】의 과정으로 환자에게 마약을 처방할 수 있다는 조항이다. 이 조항은 1917년 이후 중독은 병이 아니기 때문에 의사들은 중독자에게 아편을 처방할 수 없다는 유권해석을 받았다.

더구나 1919년의 위헌심판(United States v. Doremus)에서 대법원은 해리슨법은 합헌이라고 판결했다. 1919년의 위헌심판(Webb v. United States)에서도 "의사들은 환자들에게 단순히 마약치료를 위해 마약을 처방할 수 없다."라고 판결했다. 그러나 1925년의 위헌심판(Linder v. United States)에서는 대법관 만장일치로 연방정부가 의사들이 중독자에게 마약을 처방하는 의학적 치료를 직접 규제할 권한을 가지고 있지 않다고 판결했다. 이러한 논쟁의 최종적 조치로 1970년 통제약물법은 의사들에게 1급으로 지정한 마약을 중독자에게 처방할 일체의 권한을 허용하지 않았다.

제3절
1920년대: 금주법과 미국 마피아의 형성

　제1차 세계대전이 종식된 후 1920년대는 경제적 붐을 맞이했다. 미국과 유럽의 승전국가에서의 경제성장은 또한 도시화를 유발시켰다. 이런 연유로 경제적으로 1920년대를 미국에서는 【포효하는 20년대】, 유럽에서는 【황금의 20년대】로 불린다. 그러나 패전국인 독일에서는 경제적 침체와 함께 나치즘의 등장을 위한 토대를 형성했다. 1930년대에 이르러 나치즘은 이탈리아의 파시즘과 함께 1917년 러시아 혁명에 따른 유럽에서의 공산주의의 확산에 대항하는 극우 이데올로기로 대변되었다. 사회문화적으로 1920년대는 제1차 세계대전이라는 전쟁으로부터의 환멸을 의미하는 【잃어버린 세대】로도 불린다. 마약사의 관점에서 미국의 경우 20년대는 일명 합법마약으로 불리는 알코올에 대한 전면 금주령의 시대이기도 했다. 결론부터 말하면 금주법은 정치·경제·사회·문화적 차원에서 금주령의 폐해를 알았다면 결코 제정되어서는 안 될 입법이었다.

　금주법을 고찰하기 전에 먼저 미국사회에서 금주법이 태동하게 된 정치사회적 배경을 살펴보자. 미국사회에서 알코올 소비를 제한하거나 금지하려는 시도는 미국의 국가형성 초기로 거슬러 올라간다. 1808

년 최초의 금주회 조직(Union Temperance Society)이 형성되었다. 이 조직은 1836년 미국금주연합(American Temperance Union)이라는 전국조직으로 성장했다. 이들은 신교도인 보수적 청교도로부터 지지를 얻었으며 1840년대 말과 1850년대 초에 아일랜드계의 이민 증가에 반감을 가지면서 상대적으로 토착주의와 反가톨릭 감정을 고조시켰다. 이런 감정들이 1843년 미국 공화당의 형성을 유도했고 전국적으로 원주민 미국당(Native American Party)으로 발전했다.[205]

금주운동과 토착주의는 1869년 금주당의 결성을 비롯하여 일련의 조직들인 1874년 여성기독교금주연합(Women's Christian Temperance Union), 1887년 反가톨릭과 反유대적인 미국인보호협회, 1893년 反살롱연맹을 형성하게 만들었다. 이들 조직들은 20세기 초 주춤하다가 1907년부터 프로테스탄트 교회, 경제적으로 쇠퇴하는 중산층, 비즈니스계의 이해의 일치와 함께 다시 본격적인 금주 캠페인을 전개했다. 토착주의와 금주운동은 급기야 1921년 KKK(Ku Klux Klan)라는 인종적 테러조직의 재부상에 공헌했다. 1924년 이 조직원은 거의 450만 명에 이르렀다. 결국 1919년 볼스테드(Volstead) 하원의원이 제안한 금주법은 제18차 수정헌법에서 통과되었다. 그리고 【금주법(볼스테드법)】에 따라 1920년부터 0.5% 이상의 알코올음료에 대한 생산·운송·판매·소비·수출입이 1933년까지 전면 금지되었다.

금주법은 범죄조직이 통제하고 있던 살롱의 폐쇄를 유도했지만, 아이러니하게도 주류가격의 폭등으로 범죄조직에게 밀주사업을 통해 더 많은 불법살롱을 유지하면서 더 많은 부를 축척하게 만들었다. 즉 시간이 갈수록 범죄조직은 불법주류의 제조·수입·판매를 통해 독점을 형성하면서 막대한 불법적 부를 축적했다. 특히 알코올의 밀조와 밀매에 따른 범죄 폭력이 급증하면서 도박업에서 밀주업으로 업종전환을 한 조직은 정치권력의 정치적 보호보다는 조직 사이의 경쟁과 투쟁에서 당장 범죄조직의 물리적 보호가 더욱 필요했다. 이와 같은 밀주업의 보호 필요성이 범죄조직을 밀주업에 끌어들이게 되었고 또한 범죄조직의 성장을 도왔으며 궁극적으로 범죄조직이 밀주업을 장악하게 만들었다. 이를 기반으로 범죄조직은 정치권력과 연계하면서 정치부패를 양산했고 그들의 세력을 더욱 확장시켰다. 한마디로 1920년대 미국 사회는 한편으로 경제적 번영의 시기이기도 하지만 다른 한편으로 무법천지가 되면서 루치아노(Luciano)가 주도한 미국 마피아 형성의 기원이 되었다.

금주법 기간인 1929년 대공황부터 1941년 제2차 세계대전에 개입할 때까지 미국은 10년 넘게 경제적 어려움에 봉착했다. 이러한 상황은 범죄조직도 마찬가지여서 불법주류의 판매가 급감하면서 범죄조직은 새로운 불법수익을 창출해야 했다. 그것은 다름 아닌 전통적 불법행위인 다양한 행태의 노동 갈취이다. 1931년에 들어 경제상황은 더욱 악화됐다. 농촌의 경우 전국적으로 노상강도가 우후죽순처럼 나타났다. 대표적인 사례가 1930~1934년까지 전국적으로 은행 강도행위를 하면서 13명을 살해한 일당(Bonnie and Clyde: 영화 「내일을 향해 쏴라」의 모델)이다. 1933년 루스벨트 행정부가 등장하면서 제21차 수정헌법을 통해 금주법이 폐지되었다. 금주법이 폐지되면서 범죄조직은 새로운 불법수익의 창출에 몰두했다. 그것은 합법적 도박과 불법적 마약이었다.

미국 마피아는 새로운 불법수익의 확보 차원에서 마약밀매에 관심을 보였지만 쉽지는 않았다. 왜냐하면 마약밀매는 밀주처럼 국내에서 생산되지 않고 외국에서 수입해야 했기 때문이다. 또한 마약사업은 마약 사용의 비밀성, 마약밀매의 수익성, 마약유통의 복잡성 때문에 마피아가 비용-효과 측면에서 독점하기가 그리 간단하지 않았다.[206] 따라서 대부분의 마피아 조직원은 1930~1940년대 동안 노동 및 노조갈취, 도박, 매춘, 고리대금 등 전통적 불법행위를 통해 부를 축적했다. 그러나 1950년대 해리슨법보다 훨씬 강화된 反마약법이 제정되면서 상황은 변했다. 1951년의 【보그스법】은 마약밀매 및 사용의 처벌을 강화했고 1956년의 【마약통제법】은 처벌조항이 더욱 강화되어 미성년자에게 헤로인을 판매할 경우 최고 사형에 처했다. 조직범죄의 입장에서 처벌강화는 체포위험률의 상승에 따른 불법마약의 단가를 상승시키는 효과가 있어 오히려 마약밀매 사업에 본격적으로 개입하는 계기가 되었다. 미국 마피아의 대부였던 루치아노는 이미 이에 대한 토대를 세웠다.

제4절
1930년대: 프렌치 커넥션과 국제 마약밀매의 시작

1929년 미국에서 발생한 대공황은 1930년대를 결정짓는 가장 중요한 요인이었다. 1920년대 【경제적 풍요】에서 1930년대 【경제적 빈곤】이라는 극단적 상황으로의 추락은 미국뿐만 아니라 전 세계에 영향을 주었다. 정치적 측면에서 이것은 유럽에서 독일 제3제국의 등장에 중요한 계기가 되면서 1930년대 말 제2차 세계대전 발발의 토양을 제공했다. 사회문화적으로 1930년대는 환경적 재앙인 【더러운 30년대(Dirty Thirties of Dust Bowl)】로도 불린다. 1940년 퓰리처상과 1962년 노벨문학상을 수상한 스타인벡(John Steinbeck)의 1939년 소설 『분노의 포도(The Grapes of Wrath)』는 이런 시대적 상황을 정확히 조명했다. 마약사에서 1930년대는 각국에서 마약의 불법화와 더욱 강화된 통제로 인해 국제 마약밀매가 점차적으로 지하화한 시기이다. 그리고 이것은 오늘날까지 글로벌 문제아가 되고 있는 국제조직범죄의 부상에 결정적인 공헌을 제공했다.

1912년 헤이그 아편협약과 1925년 제네바 협약을 통해 국가 간 마약무역은 더욱 강력한 통제를 받게 되었다. 또한 20세기 초 헤로인이나 코케인과 같은 천연 합성마약의 중독성이 의학적으로 발견되면서 각국은 이에 대한 개인의 사용을 점차적으로 통제하기 시작했다. 그러나 마약무역의 불법화는 마약거래의 음성화를 초래했고 지하세계에서 이를 통제한 것은 조직범죄였다. 마약밀매에서 파생되는 막대한 불법자금의 형성은 각국 조직범죄의 급성장을 부추기는 중요한 요인의 하나가 되었다. 이런 맥락에서 범죄조직이 마약밀매에 개입하게 된 계기는 국가가 마약밀매를 불법화하면서 시작되었다고 해도 과언이 아니다. 1930년대 조직범죄가 국제 마약밀매에 개입한 대표적인 사례가 1960년대 말까지 지속된 【프렌치 커넥션】이다.

이 커넥션은 아편과 모르핀 생산을 담당한 터키 조직과 프랑스 마르세유에서 모르핀을 헤로인으로 정제하는 코르시칸 조직(Unione Corse=Corsican Clan+Marseilles Clan)이 연계하여 유럽과 미국으로 헤로인을 밀매하는 당시 최대의 국제 헤로인 밀매사업이었다. 원래 코르시칸의 전설적 보스(Paul Carbone)는 1920년대 이집트에서 매춘업으로 그의 불법사업을 시작했다. 그는 이탈리아와 프랑스 사이의 치즈 밀수사업으로 조직을 성장시켰다. 또한 그는 처음으로 당시 프랑스령이었던 인도차이나에서 아편을 수입하여 마르세유 근처에서 헤로인으로 정제한 다음 미국으로 밀수출했다. 이 때문에 1937년에 처음으로 헤로인 랩(Lab)이 적발되기도 했다. 그 후 코르시칸 조직은 당시 최대의 아편 및 모르핀 생산 지역이었던 터키에서 원료를 수입하여 헤로인으로 정제하면서 급성장했다.

코르시칸 조직은 제2차 세계대전 중에 그들의 범죄활동을 묵인받는 대가로 나치정권에 협력하기도 했다. 제2차 세계대전 이후 코르시칸 조직에 의한 프렌치 커넥션이 미국에서 처음으로 적발된 해는 1947년 뉴욕이었다. 한편 1948년 코르시칸 조직은 프랑스와 미국 정부(특히 프랑스 대외정보부인 SDECE 및 CIA의 전신인 OSS)의 후원과 함께 공산주의자가 조종하는 마르세유 항구노조의 파업을 물리적 폭력으로 막았다. 왜냐하면 당시 마르세유 항구는 미국의 마셜 플랜을 실현하기 위해 미국 물자를 운송하는 전략적 항구 역할로 중요했기 때문이다. 이 대가로 코르시칸 조직은 양국 정보기관들의 묵인하에 프렌치 커넥션을 지속할 수 있었다. 1950~1960년대 프렌치 커넥션은 미국 마피아의 대부인 루치아노의 주선으로 시칠리아 마피아를 끌어들여 미국으로 향하는 헤로인 밀매를 더욱 확대할 수 있었다.

한편 1930년대 현대 마약사에 있어서 가장 중요한 발견 중 하나는 LSD이다. LSD는 1938년 스위스 산토스 연구소에 근무하고 있던 호프만(Hofmann)이 의약품으로 이용가치가 있는 약용식물을 연구하는 과정에서 처음으로 발견했다. LSD의 효과에 대해서는 5년 후인 1943년에 본인이 직접 경험하면서 알려지게 된다. 1963년에 호프만은 LSD를 【영혼의 의약품(medicine for the soul)】이라고 명명했다. 그는 LSD가 1960년대 미국의 반항문화운동에서 오용되었다고 비판했다. 그 후 LSD에 대한 많은 찬반논쟁에 대한 우려는 1980년 호프만의 저서(*LSD: My Problem Child*)에서 잘 나타난다. 2007년 스위스는 심각한 고통을 겪고 있는 말기 암환자에게 LSD에 대한 심리치료의 임상실험을 허용하는 결정을 내리면서 LSD에 대한 의약치료의 새로운 기원을 열었다.

제5절
1940년대: 정치권력과 마약조직의 공생관계[207]

아편전쟁 이후 서구 제국주의 국가들에 의한 청의 식민지화는 가속화되었다. 결국 1911년 손문(광동성 출신)의 동맹회(同盟會)가 주도한 신해혁명으로 청은 붕괴됐다. 이때까지 약 70여 년 동안 청조는 근대화 과정에서 격렬한 사회적 혼란을 겪었다. 이러한 과정에서 반청 비밀결사로서 아편무역에 종사하면서 점차 범죄화된 조직들이 형성되기 시작했다. 대표적인 아편조직들은 상하이를 기반으로 활동한 홍방(紅幇)과 청방(靑幇)이었다. 이들은 1909년 최초의 국제마약회의인 상하이 아편위원회에서 국가 사이의 아편거래에 대한 금지가 논의되고 1912년 헤이그 아편협약으로 불법화되자 아편무역을 담당한 아편조직들이 지하세계로 잠복하면서 본격적인 불법적 아편범죄조직으로 변하기 시작했다.[208]

1911년 신해혁명 이후 손문의 공화정 시대 동안 손문과 홍방과의 관계는 매우 밀접했다. 더 중요한 점은 양자의 관계가 국민당 정부 동안 장개석(절강성 출신)과 청방과의 관계를 이해하는 기본 틀을 제공한다는 것이다. 손문과 홍방의 관계는 1887년 손문이 홍콩 서의서원(西醫書院: 현재의 홍콩대학 의학부)에서 공부할 당시 반청 비밀결사의 성격을 띤 홍방에 가입하면서 시작되었다. 이때 손문은 홍방 지도자의 한 사람인 같은 고향 출신인 정사량(광동성 출신)과 막역한 사이가 되었고, 결국 정사량은 손문의 사상적 영향을 받고 신해혁명에 동참했다.[209]

홍방은 19세기 말경 삼합회(三合會)의 일부 조직원이 결성한 정치적 반청단체이다. 홍방은 손문의 신해혁명에 정치자금을 제공하면서 동참하여 1912년 중화민국 수립 후에는 본격적으로 중앙 정치무대에 등장했다. 특히 홍방의 간부들은 세력을 확장하는 과정에서 불법적 아편밀매, 도박, 매춘 등으로 자금을 모아 합법적인 정계나 실업계로 진출했다.[210] 이것은 손문의 혁명정부가 홍방의 불법적 아편밀매를 보장했다는 의미이다. 결국 신해혁명 이후 홍방의 정치적 성격은 많이 퇴색되었고, 점차 범죄화되는 집단으로 변모하기 시작했다.[211] 20세기 초부터 1920년대까지 상하이 공동조계지에서 프랑스 비밀경찰의 밀정으로 활동한 홍방의 대표적 두목은 황금영(강소성 출신)이었다.[212]

1925년 손문이 사망한 후 국민당 내의 치열한 권력투쟁을 통해 1926년 우파의 장개석이 손문의 후계자로 등장했다. 문제는 권력투쟁 과정에서 장개석은 청방의 도움을 얻었다는 점이다.[213] 장개석과 청방의 관계는 1905년 일본에서 손문이 결성한 동맹회에 장개석이 가입하면서 시작되었다.[214] 당시 장개석을 동맹회에 가입시킨 사람은 같은 고향 출신이며 손문의 동맹회에서 적극적으로 활동하고 있던 진기미(절강성 출신)였다. 당시 진기미는 청방의 대표 인물 중 하나로 장개석과 의형제 관계를 맺고 그를 청방의 회원으로 가입하도록 추천했다.

신해혁명 이후 진기미는 장개석에게 제83여단의 지휘에 참가하도록 명령했다. 이 부대는 홍방의 두목인 황금영이 혁명파에게 제공한 3천 명의 청방 조직원으로 구성된 부대였다. 이러한 장개석과 청방과의 관계는 1927년 국민당 내의 공산주의자를 몰아내기 위해 장개석이 청방을 동원하여 상하이의 親공산 당원인 진보적 노동자들을 대량 살해함으로써 더욱 공고화되었다. 이러한 상하이 쿠데타로 제1차 국공합작은 결렬되고 국민당 내 좌파는 완전히 몰락하면서 장개석은 국민당의 실질적인 지도자로 부상했다. 한마디로 이 사건은 정치적으로 취약한 장개석과 그의 군사적 힘을 이용하려는 청방두목 두월생(강소성 출신)이 상호필요에 의해 이룩한 합작품이었다.[215] 프랑스 작가(André Malraux)의 1933년 장편소설 『인간의 조건』은 상하이 쿠데타를 배경으로 고독감에서 탈출하려는 인간의 군상을 묘사한 작품이다.

19세기 말 결성된 홍방과 청방은 원래 독립적인 조직이었다. 그러다가 20세기 초 홍방의 두목이었던 황금영 휘하에서 성장한 동향 출신 두월생이 아편밀매에서 뛰어난 솜씨를 발휘하여 홍방 내에서 급부상하면서 상황은 달라졌다.[216] 두월생은 아편시장을 독점하기 위해 황금영에게 경쟁적 아편조직들을 모아 아편 카르텔을 형성할 것을 제안하여 찬동을 얻었다. 이 과정에서 두월생은 자신의 제안에 반대하는 기존 청방의 두목을 살해하고 자신이 새로운 청방의 두목으로 등장했다. 결국 홍방의 황금영과 남방(藍幇)의 장소림(절강성 출신)과 함께 청방의 두월생은 새로운 아편 카르텔을 형성했다. 그러다가 카르텔 내에서 두월생이 이끄는 청방이 점차 실질적인 지배조직으로 등장하게 되었다. 이것은 손문의 혁명정부 동안 정치적 영역에 관심을 가졌던 홍방의 황금영이 카르텔의 우두머리 역할을 하였으나 장개석의 국민당 정부 동안에는 범죄적 영역인 아편밀매에 더욱 관심을 가졌던 청방의 두월생이 카르텔의 실질적 책임자로 활동했다는 의미이다.

1927년 장개석 정권이 등장한 후 중국이 공산화되는 1949년까지 장개석과 청방의 관계는 두 가지로 요약할 수 있다. 하나는 장개석 정권이 북벌, 제1차 국공내전, 항일전쟁, 제2차 국공내전 기간 중에 군사비용의 상당 부분을 당시 최대의 아편밀매조직이었던 청방으로부터 충당했다는 점이다. 이를 위해 장개석 정권은 손문이 홍방에게 부여한 것처럼 청방에게 아편밀매의 독점권을 부여했다.[217]

청방과 남경정부 사이의 마찰을 피하기 위해 양쪽의 마약관계 요원은 밀접한 연락을 주고받았다. 남경정부는 해군과 경찰에게 청방과 서로 협력하는 것을 허락해 주었다. 그 무렵에 아편의 수요는 공급능력을 웃돌고 있었다. 상해경찰의 보고에 따르면, 1930년 송자문(장개석의 부인인 송미령의 남동생)은 스스로 7백 상자의 페르시아 아편을 국민당 군의 호위 속에서 상해로 가지고 들어와 바닥을 드러낸 중국의 재고를 보충한 적이 있다. - Seagrave(1992: 하), p.141.

다른 하나는 청방의 조직원을 장개석 정권의 정치권력 기반을 강화하기 위한 수단으로 이용했다는 점이다. 전형적인 예로서 장개석은 진기미의 두 조카인 진씨 형제들인 진과부와 진립부를 청방에 가입시키고 후에 자신의 핵심 측근으로 삼았다. 특히 북벌을 위한 국민 혁명군의 간부를 양성하기 위한 일환으로 설립한 황포군관학교(교장: 장개석)

의 학생 선발작업은 진과부가 수행했는데 사관생도 대부분이 청방 출신이었다.[218] 이들 황포군관학교 출신들은 후에 장개석 정보기관의 핵심 책임자로 임명됐다.

장개석은 1928년 국민당 내 조직국의 책임자로 진립부를 그리고 당내 정보기관인 중앙조사통계국의 책임자에 진과부를 임명했다. 이들 진씨 형제들은 1931년 서서단(西西團 혹은 CC단)이라는 정치적 비밀 클럽을 결성하고 이를 모체로 장개석은 1932년【중국의 게쉬타포】로 불린 남의사(襤衣社)를 결성했다.[219] 핵심인물은 사장에 장개석, 부사장에 장학량(봉천군벌), 사원에 하응흠(국방부장), 진씨 형제들, 송미령(장개석의 처), 두월생(청방 두목), 대립 등이다. 이 외에 사원의 약 2/3가 황포군관학교 출신인 청방 조직원이었다.

이 조직의 책임자로【중국의 히믈러】로 불린 대립(절강성 출신)은 어린 시절 청방 두목 두월생의 심복으로 활동하면서 1926년 청방에서 뽑힌 학생으로 황포군관학교에 입교한 학생이었다. 그는 북벌 전쟁 시 장개석과 청방 사이의 연락책을 수행했고 후에 군정보기관인 군조사통계국의 책임자가 되기도 했다. 따라서 대립이 청방의 아편밀매를 보호한 것은 두말할 필요가 없다. 한마디로 장개석의 권력기반은 청방과의 공생관계에서 이룩되었다고 할 수 있다. 홍방과 청방 또한 약 반세기 동안 정치권력과 연계하여 중국 내 아편밀매를 독점했다. 이 때문에 1949년 중국 공산화 후 모택동이 제일 먼저 취한 조치는 아편의 재배와 사용에 대한 불법화였다.

한편 제2차 국공내전 과정에서 차이나 커넥션이 발생했다. 이 커넥션은 아시아에 대한 경제적 침탈을 노린 일본 제국주의와 미국이 상호 투쟁하는 과정에서 미국 내 차이나 로비의 일환으로 루스벨트 대통령이 일본에 대한 첩보 수집을 위해 중국에 파견한 4명의 민간인들에서부터 시작됐다. 이들은 장개석이 이끄는 국민당의 보호하에 첩보활동을 시작했다.[220] 당시 장개석은 남의사의 책임자에 대립을 임명하면서 청방의 마약판매 독점권으로부터 획득한 수익을 국공내전에 대한 재정지원에 투입하고 있었다.[221] 중국에 민간 첩보원으로 파견된 인물 중에 루스벨트 대통령의 친구이며 변호사(Helliwell)는 1946년 미국으로 귀환한 후 국민당의 아편 및 헤로인 밀매에서 획득한 수백만 달러를 불법적으로 자금 세탁해 주었고 이를 다양한 벤처사업에 투자했다. 그는 이 자금으로 국공내전에서 국민당을 위한 무기밀매에도 이용했다.[222] 따라서 차이나 커넥션은 중국에서 반공운동과 마약조직의 공생관계에서 파생된 사건이었다.

1940년대 차이나 커넥션은 필연적으로 1950년대 동남아 커넥션으로 이어졌다. 즉 1949년 중국이 공산화된 후 대립은 버마(현재의 미얀마)로 피신했다. 그는 동남아시아 황금의 삼각지대에서 새로운 아편밀매의 하부구조를 형성했다. 또한 그는 이를 본토 수복을 노리는 국민당군의 잔당을 위한 반공게릴라 활동에 이용했다. 당시 CIA 버마 지부장(John Singlaub)은 이 모든 것을 묵인했다.[223] 또한 그는 대만의 장개석 및 한국의 이승만과 함께 아세안반공연맹(APACL)의 창설을 주도했다. 그는 APACL 활동자금의 일부를 동남아 마약밀매에서 획득한 불법수익금으로 충당했다.[224] 이것이 수많은 동남아시아 커넥션의 일부분이다.[225] 이 때문에 당시 동남아시아는 세계 아편 생산의 70%를 차지하고 궁극적으로 1960년대 미국 헤로인 시장에 막대한 영향력을 제공했다.[226]

한마디로 20세기 전반기의 마약사를 평가하면 마약의 불법화에 따른 마약 사용자 및 마약밀매에 대한 처벌의 강화이다. 이것의 시작은 한편으로는 마약 자체의 중독성에 기인하지만 다른 한편으로는 합법적 제약업의 발달과도 밀접한 관계가 있다. 천연마약을 토대로 성장과 발전을 이룩한 제약업은 화학의 발달과 함께 半화학합성 마약 혹은 100% 화학합성 마약을 제조할 수 있었다. 아편중독의 치료제로 모르핀을 제조했고 모르핀 중독의 치료제로 코케인과 헤로인을 제조하여 합법적 상품으로 유통시켰다. 그리고 헤로인의 중독성이 발견되자 금지와 처벌을 단행했다. 이러한 패턴은 제2차 세계대전 이후인 20세기 후반에도 큰 변화가 없다고 해도 과언이 아니다. 수많은 진정제, 흥분제, 환각제 등이 부작용에 대한 검증 없이 합법적 의약품으로 포장되어 소비되었다. 이런 이유 외에도 천연마약의 불법화는 많은 경우 시대적 상황에 따른 정치적 의도에서 형성되었다. 그러나 그 결과는 20세기 전반에 걸쳐 국제조직범죄의 부상과 성장에 절대적으로 공헌했다.

참고문헌

김기정(2005). "가쓰라-태프트 밀약의 진실."『신동아』통권 554호(11월).

서문당 편집실(1986).『다큐멘터리 중국현대사』. 서울: 서문당.

조성권(1997). "홍콩반환과 삼합회의 변화전망."『국제지역연구』, 1권. 3호.

조성권(2001). "21세기 새로운 전쟁: 테러리즘."『21세기 정치학회 연례학술대회 발표논문집』.

Abadinsky, Howard(1990). *Organized Crime*. Nelson-Hall.

Bresler, Fenton(1980). *The Chinese Mafia*. NY: Stein and Day.

Devenport-Hines, Richard(2002). *The Pursuit of Oblivion: A Global History of Narcotics*. NY: W. W. Norton & Company.

Levinson, Martin H.(2002). *The Drug Problem: A New View Using the General Semantics Approach*. Greenwood Publishing Group.

Martin, Brian G.(1995). "The Green Gang and the Guomindang State: Du Yuesheng and the Politics of Shanghai, 1927-37." *The Journal of Asian Studies*, vol.54, no.1, Feb.

McCoy, Alfred W.(1991). *The Politics of Heroin: CIA Complicity in the Global Drug Trade*. Chicago, IL: Lawrence Hill.

Morgan, W. P.(1960). *Triad Societies in Hong Kong*. Hong Kong: Government Press.

Posner, Gerald L.(1988). *Warlords of Crime*. NY: McGraw-Hill.

Seagrave, Sterling(1992). 윤석인 역.『宋家別曲: 다큐멘터리 중국 현대사(상/하)』. 서울: 동지.

Sheehan, Daniel(1990). "A Professional Investigative Report on the Interface between U.S. Covert Operations from 1938 to 1988 & International Narcotics Trafficking." *Conference Paper* on War on Drugs, University of Wisconsin at Madison, 11-13 May.

川合貞吉(1979). 표문태 역. 『중국민란사: 삼국지에서 모택동까지』. 서울: 일월서각.

제8장

20세기 후반

(1950~2000)

"The more government tried to choke off demand by taxing cannabis, the greater the incentive for criminals to engage in smuggling."

- Jack Straw, the former Home Secretary

제2차 세계대전 이후 조직범죄에 의한 국제 마약밀매의 역사는 크게 다섯 부분으로 세분할 수 있다. **첫째**, 1950년대 미국에서 소비하는 헤로인 밀매에 대해 미국 마피아들이 쿠바를 이용한 소위 【쿠바 커넥션】이다. 이 커넥션은 1959년 쿠바혁명으로 붕괴됐다. **둘째**, 1960년대는 1930년대부터 시작되어 1970년대 초까지 조직범죄에 의해 가장 오랫동안 지속된 유명한 소위 【프렌치 커넥션】의 황금기이다. 이 부분은 시칠리아 마피아와 미국 마피아의 연계부분만을 분석한다. 어떤 의미에서 쿠바 커넥션은 이 거대한 국제 마약밀매 구조의 일부분으로 치부할 수 있다. **셋째**, 1970년대 시칠리아 마피아와 미국 마피아가 개입된 【피자 커넥션】이다. **넷째**, 1980년대 【니카라과 커넥션】과 콜롬비아 코케인 카르텔의 급부상이다. 이와 함께 1980년대 초 피자 커넥션의 몰락과 중국계 삼합회의 급부상이다. **다섯째**, 1990년대 세계화와 함께 마약밀매를 중심으로 테러조직과 초국가적 조직범죄(Transnational Organized Crime: 이하 TOC)의 연계이다.

제1절
1950년대: 매카시즘, MK-ULTRA, 쿠바 커넥션

제2차 세계대전의 종식과 함께 미국과 소련은 각각 자유진영과 공산진영의 최강국가로 등장하면서 소위 냉전이 시작됐다. 미소냉전은 정치적으로 1950년대 가장 중요한 이슈였다. 소련 공산주의와 미국 자유주의의 경쟁과 투쟁은 국제사회에서 미소의 우주 및 핵무기 경쟁과 한국전쟁, 베트남 전쟁을 유발시켰다. 이 때문에 미국사회의 내부에서는 공산주의에 대한 적색공포(Red Scare)의 일환인 【매카시즘】(1940년대 말~1950년대 말)이 등장했고 그것은 미국을 정치적으로 보수화시켰다. 이 시기에 아시아, 아프리카, 중남미와 같은 제3세계에서의 탈식민지화가 촉발되었다. 대표적인 사례는 인도차이나 전쟁, 알제리 독립전쟁, 쿠바 혁명전쟁이다.

1950년대 미국 주도의 반공주의와 반공정책은 마약조직의 부상 및 성장과 밀접한 상관관계가 있다. 전후 전 세계적인 소련 공산주의의 확산은 미국으로 하여금 좌익에 대한 다양한 대항정책을 모색하게 만들었다. 그중 하나는 CIA의 비밀공작을 통한 제3세계 마약 생산지에서 활동하는 반공게릴라의 활동을 지원한다는 명목으로 행해진 범죄조직과의 연계였다. 이러한 연계의 대가로 CIA는 불법 마약밀매에서 범죄조직의 개입을 묵인하거나 부추기는 정책을 추진했다.[227] 이것이 시칠리아 및 미국 마피아와 야쿠자 및 삼합회 등과 같은 범죄조직이 국제 마약밀매를 통해 불법수익을 극대화하면서 급속한 성장을 촉진한 배경이다.[228] 이런 의미에서 맥코이(Alfred McCoy)는 제2차 세계대전 후의 마약 관련 범죄조직의 국제적 발전은 정치적으로 냉전의 부산물이었음을 강조한다.[229]

이 부산물이 현대 마약사에서 중요한 이유는 국제적인 이데올로기 정치투쟁에 범죄조직이 개입함으로써 향후 이러한 양상은 냉전체제하에서 좌익에 대항하는 수단으로 종종 애용되었다는 것이다.[230] 이러한 사례는 헤로인의 주산지인 태국과 아프간과 코케인의 주산지인 콜롬비아에서 종종 발견됐다. 한편 경제적으로 대공황 이래 미국의 경기침체는 전쟁이 시작되면서 점차로 사라지고 전쟁 후에는 경제성장에 따른 물질주의와 대중소비문화가 확산됐다. 1950년대 미국과 유럽에서 이것은 합법적 마약소비의 확산을 유도했다. 당시 합법적 의약품으로 판매되었던 수만 종의 진정제, 흥분제, 환각제 등은 그 의약품의 부작용에 대한 검증 없이 자본주의의 대량판매 시스템과 TV와 같은 커뮤니케이션 매체의 선전을 통해 소비됐다.

더구나 전쟁 동안 모르핀으로 중독된 수만 명의 미군 병사도 이런 합법마약의 소비에 알게 모르게 동참했다. 이러한 대내외적인 정치경제적 요인들이 미국과 유럽을 세계 최대의 마약 소비시장으로 만들었다. 따라서 단시간 내에 막대한 불법수익을 획득할 수 있는 황금시장인 마약사업을 국제범죄조직이 눈독을 들인 것은 당연했다. 이처럼 1950

년대 미소 강대국의 이데올로기 투쟁 와중에 국제범죄조직은 마약밀매를 통해 그들의 경제적 수익을 극대화했다. 사회문화적으로는 1950년대 매카시즘 열풍으로 인해 순종 및 순응주의가 주류를 이루었다. 이러한 경향은 1960년대 젊은이들의 반항문화 형성의 모태가 되었다.

한마디로 1950년대 미국의 매카시즘은 중세(마약 사용자=여성)와 20세기 초(마약 사용자=소수민족)에 이어 미국사회에서 마약 관련 세 번째 마녀사냥을 유발시켰다. 그것은 한마디로 【마약 사용자=공산주의자】라는 인식이다. 소련 및 중공 같은 공산국가가 미국의 자유민주주의를 파괴하기 위해 마약을 유통시켰다는 논리이다. 그러나 실상은 미국사회에 마약을 유통시킨 주범은 공산주의자가 아니라 반공이라는 미명하에 반공게릴라와 범죄조직의 마약밀매를 묵인 조장한 CIA이다. 미국은 매카시즘의 일환으로 공산주의자로 매도한 마약 사용자를 처벌하기 위해 1950년대 강력한 두 가지 마약법을 제정했다.

하나는 재무부 마약국장인 앤스링거(Anslinger)에 의해 촉구된 1951년의 【보그스법】이다. 이 법은 마약 판매자나 운송자보다는 마약의 사용자에 초점을 맞추어 처벌을 강화시켰다. 이 법은 마약의 양에 관계없이 마약을 소지 혹은 사용한 처음 위반자에게도 최소 2년 징역형에 항소와 가석방을 금지시켰다. 해리슨법이 마약 피고인에 대해 마약의 의학적 사용에 대한 【의사의 결정권】을 박탈했다면 보그스법은 마약 피고인에 대해 재판의 적절한 판결에 대한 【판사의 선고권】을 박탈했다.

다른 하나는 1956년의 【마약통제법】이다. 보그스법보다 더욱 억압적인 이 법은 처음 위반자에게 5년 징역형을 부과했다. 특히 이 법은 미성년자에게 마약을 판매하는 자가 18세 이상이고 재범자일 경우 최고 사형을 부과하는 조항을 삽입하여 미국 마약법 관련 역사상 가장 무거운 처벌조항을 두었다. 이 때문에 경찰정보원으로 활동하는 미성년자에게 헤로인을 판매할 경우 판매인은 미성년자에게 손해를 입혔다는 증거도 없이 전기의자나 가스실로 보내질 수 있었다. 더욱 심각한 문제는 이 법이 시행되자 암시장에서 헤로인 가격이 폭등하고 오히려 범죄조직에 의해 미성년자들이 길거리 헤로인 밀매에 이용되는 현상이 증가했다.[231] 또한 헤로인 가격의 폭등은 미국 마피아로 하여금 1957년 팔레르모 범죄회동과 애팔래치안 범죄회동을 통해 국제 마약밀매에 본격적으로 개입하는 계기를 제공했다. 이 법이 통과된 1960년에 마약사범은 1956년에 비해 무려 10배가 증가했고 1960년대 【마약중독자】라는 새로운 유형의 인간을 탄생시켰다.

1950년대 미국에서 환각제(특히 LSD와 *peyote* 선인장에서 추출한 *mescaline*)의 사용을 옹호한 가장 유명한 작가는 영국 출신 헉슬리(Aldous Huxley)이다. 그는 1954년 그의 에세이(*The Doors of Perception*)에서 사이키델릭의 개념을 소개하고 자신의 환각제 경험을 묘사했다. 이 에세이에서 그는 메스칼린을 초자연적인 환상적 경험을 줄 수 있는 탁월한 환각물질로 기술하고 있다. 그는 1955년 처음으로 LSD를 경험한다. 1956년 출간한 철학적 작품(*Heaven and Hell*)에서 그는 메스칼린과 LSD와 같은 환각성 마약을 섭취하고 사람들이 인식의 문을 열 때 비로소 천국과 지옥이라는 두 극단을 경험할 수 있다고 강조했다. 그는 이러한 신비로운 경험은 평범한 삶에서도 실현될 수 있다고 주장했다. 그의 환각성 마약에 대한 에세이들은 초기 히피족들에게 종종 애용되었고 1960년대 환각성 마약에 대한 컬트 텍스트가 됐다. 그가 1954년 출간한 에세이는 60년대 중순 폭발적 인기를 누렸던 모리슨(Morrison)이 리드싱어로 있었던 록 밴드(The Doors)의 이름에 영감을 주었다.

1950년대 국제정치의 냉전구조는 CIA로 하여금 환각성 마약을 이용한 비밀스럽고 불법적인 인간에 대한 【Project MK-ULTRA】를 수행하게 만드는 계기를 만들었다. 이 프로젝트는 공식적으로 1953년 당시 CIA 국장(Dulles)의 명령으로 시작되어 1974년 뉴욕타임스가 폭로할 때까지 20년간 지속됐다. 이 기간 CIA는 미국 및 캐나다에 거주하는 수천 명의 민간인을 상대로 그들도 모르게 LSD를 포함한 다양한 마약을 복용시켜 그들의 정신상태와 뇌의 기능이 어떻게 바뀌는지를 실험했다. 또한 CIA는 의심스러운 소련 스파이를 심문하는 데도 마약을 이용했다. 이 프로젝트에 참여한 기관은 44개의 대학, 15개의 연구기관과 제약회사, 12개 병원, 3개의 교도소가 있었다.[232] 1964년에 이 프로젝트는 【MK-SEARCH】로 바꾸어 진행됐다. 이 프로젝트를 진행하기 위해 CIA는 다양한 마약들(heroin, morphine, MDMA, mescaline, psilocybin, marijuana 등)을 이용했다.

이 프로젝트는 1975년 의회의 처치위원회(Church Committee)와 대통령위원회(Rockefeller Commission)의 청문회를 통해 일부분이 대중에게 알려졌다. 그러나 이 프로젝트를 수행한 CIA의 대부분 자료들은 1973년 당시 CIA 국장(Helms)에 의해 프로젝트 관련 자료에 대한 파괴명령으로 사라졌다. 처치위원회의 권고로 1976년 당시 포드 대통령은 대통령 행정명령을 통해 인간을 대상으로 마약을 실험하는 첩보행위를 금지시켰다. MK-ULTRA 프로젝트로 사망한 가장 유명한 사례는 미 육군 소속 생화학자(Olson)의 경우이다. 그는 CIA의 실험대상으로 선정되어 자신도 모르게 LSD를 복용한 후 1주일 후 호텔 13층 창문에서 뛰어내려 사망했다. 처음에 그는 자살로 처리되었지만 후에 가족들의 노력으로 재판에서 승리했다. 의회의 특별법에 따라 미국 정부는 올슨 가족에게 75만 달러의 보상금을 지불하고 포드 대통령과 CIA 국장(Colby)은 그의 가족에게 공개적으로 사과했다.

1950년대 이 프로젝트에 참여한 또 다른 유명한 사례들은 20년 동안 우편폭탄의 배달로 3명을 죽이고 23명을 부상시킨 우나버머(Unabomber)로 알려진 테러리스트이며 천재였던 카진스키(Kaczynski)와 키지(Kesey)의 경우이다. 카진스키의 경우 16세에 하버드大에 입학하여 CIA가 후원하고 하버드大가 수행하는 MK-ULTRA 리서치에 참여한 경험이 있었다.[233] 그는 미시간大에서 수학으로 박사학위를 취득하고 1967년 25세에 버클리大에서 당시 최연소 교수로 활동했다. 그러나 그는 2년 후 사임하고 1996년 체포될 때까지 기계 및 기술문명에 반대하는 극단적 테러활동을 전개했다. 작가인 키지의 경우 스탠포드大 시절에 MK-ULTRA 프로젝트에 자발적으로 참여하면서 LSD를 복용하고 1960년대 마약 및 히피문화의 발전에 영향을 주었다.[234]

한편 【쿠바 커넥션】은 1946년 12월 쿠바의 수도 아바나에서 개최된 미국 마피아의 주요 보스들의 모임이었던 아바나 회동에서 기원한다. 이 커넥션은 12년 후인 1959년 1월 카스트로에 의한 쿠바혁명으로 붕괴됐다. 아바나 회동을 주관한 사람은 미국 마피아 특히 뉴욕 마피아의 대부였던 루치아노였다. 시칠리아 출신인 루치아노는 1930년대 초반 현대 미국 마피아의 대부가 됐다. 그러나 1936년 특별검사(Dewey)에 의해 매춘업으로 체포되어 뉴욕교도소에 수감됐다. 1943년 미군 정보국은 그의 오른팔 랜스키(Lansky)에게 접근하여 당시 뉴욕 마피아가 장악하고 있던 뉴욕 항구노조의 親나치 사보타지를 막는 조건으로 그의 석방을 제시했다. 조건을 수락한 그는 전쟁 직후인 1946년 뉴욕주지사(Dewey)의 허가와 함께 미국으로 귀환하지 않는다는 조건으로 석방됐다. 루치아노는 이탈리아로 떠났으나 곧 쿠바를 기점으로 다시 미국 마피아를 통제했다.

아바나 범죄회동의 가장 중요한 목적의 하나는 미국 마피아가 본격적으로 국제헤로인밀매에 개입 여부를 결정하는 문제였다. 1920년대 말부터 개인적 차원에서 마약밀매에 개입한 경험이 있는 루치아노는 모든 불법사업 중에서 마약밀매가 최대의 수익을 제공할 것으로 판단했다. 또한 그는 프렌치 커넥션의 전통적 밀매루트인 프랑스 마르세유→미국 뉴욕노선은 수차례 적발되어 체포위험이 높다고 판단했다. 따라서 새로운 밀매루트를 개발할 필요성이 대두되었고 그는 쿠바의 아바나를 가장 적합한 대안으로 제시했다. 왜냐하면 쿠바는 미국 마피아 중에서 탬파 패밀리(Tampa family)가 장악하고 있는 플로리다에 가장 근접해 있었기 때문이다. 루치아노는 이탈리아→북아프리카→쿠바→플로리다라는 새로운 헤로인 밀매루트를 제시했다. 당시 이탈리아에서는 제약회사가 헤로인을 생산하는 것이 합법이었기 때문에 이들 제약회사로부터 헤로인을 불법적으로 빼돌릴 수 있었다.

아바나 범죄회동에서 미국 마피아의 국제 마약밀매 개입에 대한 논쟁은 두 파로 나뉘었다. 루치아노의 친구이며 파트너인 코스텔로(Costello)와 같이 카지노 사업에서 막대한 부를 축적한 일부 마피아 보스들은 반대했다. 왜냐하면 합법적 도박과는 달리 해로운 불법적 마약은 필연적으로 마피아와 법집행기관의 충돌을 불러일으킬 수 있기 때문이다. 그러나 대부분의 마피아 보스들은 마약밀매에 찬성했다. 왜냐하면 루치아노의 말대로 마약밀매는 불법사업 중에서 가장 수익성이 높은 사업이기 때문이다. 더구나 미국 마피아가 이를 간과하면 다른 범죄조직들이 개입할 것이고 궁극적으로 그들은 미국 마피아의 권력에 도전할 것이다. 결국 루치아노는 아바나 범죄회동에서 미국 마피아 보스들로부터 국제 마약밀매의 개입을 승인받았다.

쿠바 커넥션이 가능했던 이유는 당시 쿠바의 독재자 바티스타(Batista)가 친미정권이었기 때문이다. 원래 바티스타 정권은 1933년 미국의 후원하에 군사쿠데타에 성공하여 1959년 혁명에 의해 몰락할 때까지 친미 독재정권의 색채를 띤 중남미의 전형적인 반공 부패정권이었다. 파나마와 함께 미국의 對중남미 전진기지의 성격을 지닌 쿠바는 미국정부(특히 CIA)와 밀월관계를 맺을 수밖에 없었다. 이러한 관계는 반공이라는 미명하에 【CIA+미국 마피아+바티스타 독재정권】의 유착관계로 발전했다. 쿠바 커넥션은 바로 이러한 부패정권과 미국 마피아가 만들어 낸 사건이었기 때문에 CIA는 이를 묵인했다. CIA와 마피아

의 이러한 더러운 동맹은 1950년대 미국의 매카시즘이라는 반공주의 광풍의 부산물이었다.[235]

루치아노는 기존의 프렌치 커넥션이 미국에 분배망이 없는 약점을 이용하여 시칠리아 마피아로 하여금 프렌치 커넥션에 개입하도록 유도했다. 루치아노는 시칠리아 마피아로 하여금 독자적으로 시칠리아 섬의 수도인 팔레르모에 헤로인 정제소를 마련하여 1949~1954년까지 코르시칸 조직과 연계시켰다.[236] 프렌치 커넥션의 일정 부분을 장악한 시칠리아-뉴욕 마피아는 앞에서 지적했듯 1950년대 중반 이후 국제 헤로인 밀매사업을 위해 새로운 밀매루트로 아바나를 선택했다. 이와 함께 1950년대 보그스법과 마약통제법은 아이러니하게도 미국 마피아를 마약밀매에서 막대한 불법수익을 획득하게 만들어 마피아 급성장의 계기를 제공했다. 이를 계기로 미국 마피아는 시칠리아 마피아와 1957년 팔레르모 범죄회동을 갖고 국제 마약밀매를 더욱 확대시켰다. 쿠바 커넥션이 국제 마약밀매의 역사에서 중요한 의미는 미국 마피아가 시칠리아 마피아를 본격적으로 헤로인 밀매에 끌어들인 것이다.

쿠바 커넥션이 가져온 부산물의 하나는 플로리다주의 마이애미에 미국 마피아와 유착한 소수의 쿠바 범죄조직(*La Compania*)의 근거를 마련한 것이다. 이 조직은 쿠바혁명 후에도 1960~1970년대를 통틀어 중남미에서 유입되는 대량의 마리화나는 물론 소량의 코케인과 아시아에서 중남미를 거쳐 미국으로 유입되는 헤로인의 주요 통로를 장악하고 있었다. 이것이 가능했던 가장 중요한 요인은 1965~1972년 사이 그리고 1980년대 초 약 25만 명의 쿠바 난민이 플로리다 주로 이주한 것이다. 미국은 이들 중 약 2%가 범죄자 혹은 마약중독자라고 보고 있었다.[237] 그러나 1980년대 초 기존의 코케인 공급자였던 콜롬비아의 메데진 카르텔이 플로리다에 판매망을 확보하려는 과정에서 마이애미 市에서 쿠바조직과 폭력적 충돌을 벌여 쿠바조직을 몰락시켰다. 이에 충격을 받은 레이건 행정부는 부시 부통령을 對마약 태스크 포스의 책임자로 임명하면서 1980년대 피상적으로 反마약정책을 주도했다.

제2절
1960년대: 반항문화운동, 환각제 혁명, 프렌치 커넥션

사회문화적으로 서구에서 1960년대는 한마디로 【반항문화운동】과 사회혁명의 시기라고 말할 수 있다. 이 운동은 미국과 영국에서 촉발되어 1956~1974년 동안 서구사회로 확산되었다가 그 이후 1963~1972년 정점을 이루었다. 이 운동의 밑바닥에는 전후 50년대 보수정권에 대한 젊은 세대의 불신이 깔려 있다. 이러한 불신은 가족 구성원에서의 전통적 권위에 대한 불신과 반항으로 연결되었다. 예를 들면, 1950년대 말 동구권에서의 반소운동, 1960년 U-2 격추사건에 대한 아이젠하워 행정부의 대국민 거짓말, 1961년 미국의 쿠바침공, 1963년 케네디 대통령의 암살, 1968년 킹 목사와 민주당 대통령 후보인 로버트 케네디의 암살 등에 대한 젊은 세대의 지적 반발이다.

전통적 권위와 수직적 사회질서를 거부하는 반항문화운동은 다른 분야로 새로운 정치·사회운동을 형성하면서 급속히 확산되었다. 예를 들면, 1963년 여성해방운동, 1964년 버클리 대학을 중심으로 확산된 캠퍼스 내의 표현의 자유운동과 반전운동, 킹 목사의 비폭력 시민권운동, 마르쿠제의 신좌파운동, 1960년대 말 쿠바혁명의 영웅인 체게바라의 반독재투쟁 등을 지적할 수 있다. 그러나 이와 같은 정치사회적 성격이 아닌 비정치적 성격의 새로운 사회문화운동도 등장했다. 1960년대 중반 자유의 상징으로서 대중적 음악축제, 히피문화, 섹스혁명, 마약사용, 1969년 트랜스젠더와 동성애운동 등이다.

특히 반항문화운동의 결정적인 계기는 베트남 전쟁에 대한 점증하는 미국의 군사적 개입이었다. 60년대 마약사에서 중요한 점은 베트남 전쟁에 대한 젊은 층의 반전운동이 확산되면서 마리화나와 LSD 같은 인간의 정신세계에 영향을 줄 수 있는 환각성 마약의 사용을 반전운동과 반항문화운동의 도구로 이용했다는 것이다. 이처럼 전후 60년대는 경제적 번영, 범죄, 빈곤이 상존하는 변혁기로서 베이비 붐 세대는 50년대 마약에 관한 무거운 처벌에 익숙한 부모로부터의 꾸중이라는 단순한 이유만으로도 마리화나를 사용하면서 반항문화를 조성했다. 특히 영국 출신 록밴드 비틀즈는 1960년대 말 【환각제 혁명】에 가장 영향력을 제공한 대표적 인물들이다. 환각제 혁명은 환각성 마약(특히 LSD)의 대중적 사용이다. 한마디로 60년대 마약소비는 젊은이들의 중요한 통과의례였다.

1960년대 환각제 혁명에 학문적 영향력을 제공한 가장 영향력 있는 인물은 하버드대 교수로 있었던 리어리(Leary)이다. 그는 1950년 버클리大에서 심리학으로 박사학위를 취득하고 1950~1955년 동안 동 대학 조교수로 강의했다. 그리고 1955~1958년 동안 사립재단(Kaiser Family Foundation)의 정신병학 리서치의 책임자로 일하기도 했다. 1959년부터 1963년까지 하버드대에서 심리학을 강의하다 해고될 때까지 환각성 마약 리서치의 실험과 환각제 경험에 대한 열렬한 옹호자가 되었다. 그는 LSD의 치료적·정신적·감정적 혜택의 가장 유명한 옹호자가 되면서 당시 반항문화운동의 우상으로 부상했다.

리어리가 환각제에 관심을 가지게 된 결정적 계기는 1957년 잡지 『Life』 표지판을 장악한 작가이며 모간(Morgan)의 副회장인 왓슨(Wasson)의 글이었다. 그는 멕시코 마자텍(Mazatec) 원주민들이 종교적 의식에 환각버섯을 사용하는 것에 대해 기술했다.[238] 1960년 리어리도 멕시코 여행을 가서 처음으로 그 버섯을 직접 섭취했다. 이 경험 이후 그는 자신의 삶을 극적으로 바꾸었다. 멕시코에서 하버드大로 돌아와 그는 리서치 프로그램(Harvard Psilocybin Project)에 참여하게 된다. 이 리서치의 목표는 인체에 미치는 환각버섯의 효과를 분석하는 것이었다. 그는 환각제 마약의 섭취는 【인간의식의 새로운 영역으로의 여행이다】라고 강조했다.

1966년 리어리는 멕시코를 여행하고 돌아오는 과정에서 텍사스 경찰에 의해 마리화나과세법 위반혐의로 기소되어 정신병 치료, 3만 달러의 벌금과 함께 30년 형을 언도받았다. 그러나 그는 그 법이 위헌이며 또한 미란다 원칙을 강조한 제5차 수정헌법을 위반했다고 주장하면서 대법원에 항소했다. 1969년 대법원은 마리화나과세법의 위헌성에 대한 헌법소원(*Leary v. United States*)의 판결에서 리어리의 주장에 손을 들어 주었다. 이에 반발하여 의회는 1970년 통제약물법을 제정하여 마리화나를 1급 마약으로 지정하고 향후 마리화나에 대한 일체의 사용은 물론 과학적 리서치조차 금지시켰다.

1960년대 환각제 혁명에 영향을 제공한 또 다른 인물은 앞에서 언급한 키지이다. 그는 1962년 『뻐꾸기 둥지 위로 날아간 새(One Flew Over the Cuckoo's Nest)』라는 소설을 통해 정신병동의 환자들이 종종 섭취하는 환각제의 영향력을 직접 관찰하면서 그들은 정신병자가 아니라 단지 전통적 규율에 적응하지 못해 사회로부터 강제로 격리되었음을 강조한다. 1964~1966년 동안 그는 다른 13명과 함께 그룹(The Merry Pranksters)을 만들어 환각제로 페인트칠한 스쿨버스(Further)로 미국을 일주하면서 LSD와 마리화나 같은 환각제 사용을 선전했다. 이들의 목표는 여행을 통해 60년대 반항문화운동에 동참하려는 것이었다. 리어리와 키지는 LSD 사용목적에 대해서는 약간의 의견충돌이 있었지만 두 사람 모두 LSD의 대중주의를 통해 환각제 경험이 사회를 변화시키는 도구라는 데는 공통된 견해를 가졌다.

쿠바 커넥션은 전통적 【프렌치 커넥션】의 일부분을 담당했다. 1957년 팔레르모 회동에서 루치아노는 시칠리아 마피아가 미국 마약비즈니스의 독점판매권을 가지는 대신 일정 수익을 뉴욕 마피아에게 할당하도록 했다.[239] 이 시스템은 1984년 미국에서 소위 피자 커넥션이 적발될 때까지 유지됐다. 이 범죄회동을 통해 시칠리아 마피아와 미국 마피아는 1960년대 동안 프렌치 커넥션의 일정 부분을 담당했다. 이 기간 쿠바혁명으로 아바나에서 호텔업 및 도박업에 투자한 미국 마피아는 막대한 손실을 입었을 뿐만 아니라 아바나를 경유한 헤로인 밀매루트도 상실했다. 그러나 미국 마피아는 1960년대에 다시 뉴욕항구를 밀매루트로 이용하면서 마약밀매 사업을 유지했다. 한마디로 시칠리아-미국 마피아의 국제헤로인 밀매사업은 기존루트가 적발될 때마다 동남아, 카리브해 등과 같이 새로운 루트를 개발하면서 지속됐다.

한편 코르시칸 조직은 1960년대 터키산 아편 및 모르핀 외에도 레바논의 베이루트에서 모르핀을 구입하여 마르세유에서 헤로인으로 정제하기도 했다. 美연방마약국(FBN)의 1960년 연례보고서는 프랑스에서 미국으로 매년 불법적으로 유입되는 헤로인의 양을 1,200~2,300kg으로 추정했다. 1969년 코르시칸 조직은 헤로인 총 생산의 약 80~90%를 미국으로 수출하고 있었다. 이 때문에 미국에서 헤로인 소비가 1969~1971년 최고조에 이르렀다. 결국 닉슨 행정부는 1971년 군사쿠데타로 정권을 획득한 터키 군부에게 외교적 승인을 해 주는 조건으로 아편조직의 척결과 아편생산을 중지하도록 요구했다. 터키 군부는 그해 터키산 아편생산을 금지하는 데 동의했다. 결과적으로 1972년부터 약 1년 동안 연방마약국(BNDD: FBN 후신이며 DEA의 전신)과 프랑스 정부는 합동수사를 통해 코르시칸 조직에 대한 대대적인 단속을 단행하여 프렌치 커넥션을 붕괴시켰다.

프렌치 커넥션의 몰락이 국제헤로인밀매의 종식을 가져온 것은 아니다. 오히려 프렌치 커넥션의 몰락은 마약밀매의 국제적 구조에 커다란 변화를 초래했다. 가장 큰 변화의 하나는 국제 헤로인가격의 급상승이었다. 일반적 경제논리로 볼 때 공급의 급격한 감소는 가격상승의 유발요인이 된다. 마약공급도 마찬가지이다. 더구나 마약은 자체의 중독성 때문에 마약가격이 상승했다 하더라도 소비자가 마약의 사용을 축소하는 경향을 보이지 않는다. 이 때문에 마약가격의 상승을 더욱 부채질하는 것이다. 결국 국제 불법시장에서 헤로인 가격의 폭등은 새로운 마약 생산지의 발견을 초래했다. 바로 서남아시아이다. 오늘날 황금의 초승달 지역으로 알려진 파키스탄, 아프가니스탄, 이란 등이다. 또한 새로운 커넥션의 탄생을 유도했는데 바로 피자 커넥션이다. 이것이 소위 【마약의 풍선효과】이다.

1960년대 미국에서 마약사용은 폭발적으로 증가했다. 그에 따른 미국의 마약정책도 큰 변화를 맞이했다. 가장 중요한 거시적 요인 중 하나는 미국의 경제성장에 따른 물질주의의 확산이며 그에 따라 1960년대 미국에서 확산된 학생들의 반전데모와 자유주의 풍조인 히피문화의 확산이다.[240] 젊은 히피족들은 마약사용을 【전통적 가치에 대한 거부의 상징】으로 간주했다. 미국에서 1960년대 대표적인 【선택의 마약(drug of choice)】은 마리화나와 LSD이다. 물론 이러한 시대적 풍조는 1962년 대법원이 마약중독자를 범죄자로 규정한 캘리포니아 주법에 대해 위헌판결을 내림으로써 중대한 공헌을 했다.[241] 따라서 정책적 변화는 일반적으로 마약중독자에 대한 치료재활의 증가, 마약판매자와 마약사용자의 명확한 구별, 마리화나 및 마약소지의 처벌에 대한 경감 등으로 나타났다. 그러나 이러한 변화는 1950년대에 비해 상대적 변화이지 미국 마약정책의 근간인 처벌 위주의 정책이 변한 것은 아니었다.

미국 마약법의 새로운 전기가 된 1962년 캘리포니아 주법에 대한 대법원의 위헌판결은 케네디 행정부로 하여금 미국 마약정책에 대해 근본적 재조사와 새로운 해결방법을 모색하도록 만들었다. 이의 일환이 1962년 설립된 마약남용에 관한 백악관위원회(White House Conference on Drug Abuse)이다. 이 결과로 마약 및 마약남용에 관한 대통령 위원회(President's Commission on Narcotics and Drug Abuse: Prettyman Commission)가 결성됐다. 1963년 이

위원회는 최종보고서를 케네디 대통령에 보고했다.[242] 그러나 케네디 대통령의 암살로 이 위원회가 제안한 많은 정책 권고안들은 존슨 행정부에서 폐지·변경되었다. 그럼에도 불구하고 이 위원회의 보고서는 향후 의회로 하여금 일련의 새로운 마약 관련 법의 개정 및 제정을 통해 미국 마약정책의 변화에 중대한 역할을 제공했다.

합법적 마약이 암시장을 통해 불법적으로 유출되는 것을 막기 위해 1965년 의회는 마약남용통제수정법을 통과시켰다. 수정법안에 따라 1966년 새로운 마약 관련 법집행기관을 창설했다. 즉 FDA 내 BDAC를 설립하여 마약법 관련 재무부 산하 연방마약국(FBN)의 독점적 단속권한을 종식시키고 마약종류에 따른 단속을 이원화시켰다. 그러나 이 정책은 집중단속에 따른 마약가격(특히 암페타민류) 폭등으로 1969년경 암페타민이 미국으로 역수입되는 현상을 발생시켰다. 한편 1966년 의회는 마약 관련 중벌 위주의 정책을 재조정하는 분위기가 조성되면서 마약중독재활법을 통과시켰다. 이것은 법원의 감독하에 마약중독자를 처벌 위주의 감옥 대신 치료 위주의 재활원에 보내는 것이다. 그리고 그 법은 치료목적의 공공의료 서비스의 권한을 처음으로 지역사회에 위임했다. 이것은 마약정책에서 의학적 접근의 부활을 의미하는 중요한 입법 변화였다.

1966년 존슨 행정부는 마약남용 관련 범죄에 대한 공공의 증가하는 관심에 부응하기 위해 대통령위원회(the Katzenbach Commission)를 설립했다. 주요 내용은 연방마약국 요원의 증가, 교도요원에게 마약법 위반에 유연하게 대처하도록 허용하고 마약 및 마약남용에 대한 교육 자료를 제공하는 것이다. 1968년 존슨 행정부는 마약 법집행기관을 재조직했다. 즉 BDAC와 FBN을 폐지하고 법무부 내에 새로운 연방마약국(BNDD)을 설립했다. 이것은 역사상 처음으로 법무부로 하여금 연방마약법 관련 단속에 총괄적으로 책임을 지도록 한 조치이다. 이것은 1968년 대통령 선거전에서 마약이 주요 사회적 이슈의 하나로 부상하는 데 대한 조치의 일환이었다.

제3절
1970년대: 마약과의 전쟁, 통제약물법, 피자 커넥션

정치경제적으로 1970년대는 미국과 중국의 외교적 데탕트, 1차 석유파동과 경기침체, 베트남전 종식, 아시아와 중남미에서 관료적 권위주의 정권의 등장 그리고 환경운동이 극적으로 증가했다. 한편 1979년 소련의 아프간 침공, 니카라과에서의 사회주의 혁명, 이란 회교혁명은 1980년대 정치적 소용돌이의 서곡이었다. 사회문화적으로 1970년대는 1960년대 서구사회에서 시작한 진보적 가치들이 지속적으로 성장했다. 그러나 히피문화는 1970년대 초에 쇠퇴하기 시작했다. 1976년 소설가이며 저널리스트(Tom Wolfe)는 1970년대를 인간 공동체를 강조하는 1960년대와는 대조적으로 자아에 대한 인지를 강조하는 【나의 세대(The Me Decade)】로 묘사했다. 미국의 경우 베트남 전쟁에서 돌아온 장병들의 헤로인 중독과 멕시코산 마리화나 사용의 사회적 이슈로 인해 닉슨 행정부는 1971년 역사상 처음으로 【마약과의 전쟁】을 선언했다. 유럽은 1970년대 중반 AIDS의 확산과 마약사용의 상관관계가 주요 이슈로 등장했다.

1969년 닉슨 행정부는 멕시코산 헤로인(Mexican Black Tar)과 마리화나 유입의 급증에 따라 미국-멕시코 국경 검문검색을 강화하는 특단의 조치(Operation Intercept)를 취했다. 그러나 이 조치는 미국-멕시코 사이에 외교문제로 비화되어 곧 철회되고 새로운 조치(Operation Cooperation)로 대체됐다. 이 사건을 계기로 지정학적 측면에서 향후 마약문제는 미국-멕시코 사이의 핵심적 외교이슈의 하나가 되었다. 멕시코로부터의 마약유입 급증과 함께 헤로인에 중독된 상당수의 베트남전 참전용사들 사이에 헤로인 사용 및 남용이 증가했다. 이와 함께 백인 중산층 사이에서도 마약사용 및 남용이 급격히 증가하면서 마약이 중요한 정치사회적 문제로 떠올랐다. 이 때문에 헤로인이 70년대 【선택의 마약】이 됐다. 이것이 불법마약 및 국제 마약밀매에 대해 미국으로 하여금 마약 관련 중요한 정책전환의 계기를 만들었다. 나아가 마약문제는 미국 국내정치에서 가장 긴급한 이슈의 하나로 부상했다.[243]

닉슨 행정부는 우선 일련의 법적 조치를 단행했다. 먼저 1970년 조직범죄통제법을 제정했다.[244] 이 법의 핵심은 증인보호 프로그램의 도입과 RICO법이다. 또한 불법자금의 세탁을 방지하기 위해 은행비밀법을 제정했다. 이 법의 핵심은 하루 10,000달러 이상을 예금하는 예금자의 신원에 대해 해당 금융기관은 의무적으로 국세청에 보고하는 CTR(Currency Transaction Report) 제도의 도입이다. 범죄조직들이 이를 회피하기 위해 개발한 것이 스머핑(smurfing)이다. 즉 범죄조직들은 10,000달러 미만을 여러 은행에 예치하여 법망을 피하는 것이다. 마약조직들은 이런 방법을 통해 마약을 정제하는 데 필요한 필수화학물을 구입하는 데 악용했다.

1961년 UN 단일협약에 의거하여 미국은 1970년에 포괄적 마약남용 방지 및 통제법을 제정했다. 이 법의 제2장이 【통제약물법(Controlled Substances Act: CSA)】이다. 이 법의 핵심 내용은 모든 통제약물에 대해 남용의 위험도에 따라 처음으로 1~5등급을 정한 것이다. 이 연방법은 1914년 해리슨법이 제정된 이래 수많은 마약 관련 연방법을 통합하여 현재까지 연방 및 주 마약정책에 결정적인 영향을 주고 있다. 그러나 마리화나를 1급 마약으로 지정한 것은 오늘날까지 마리화나에 대한 연방법과 주법의 충돌은 물론 수많은 의학적·정책적 논쟁을 유발시키고 있다. CSA은 마리화나를 포함한 일부 마약 단순소지의 경우 처벌을 경감하는 조치가 이루어졌으나 불법마약의 수출입에 대한 처벌과 일부 마약 관련 법집행은 강화된 측면도 있다.

1970년대 초 미국 내에 급상승하는 헤로인의 확산에 대해 1971년 닉슨 대통령은 TV 연설에서 역사상 처음으로 【마약과의 전쟁】을 선언했다. 비록 이 선언은 닉슨 행정부에서 강력한 反마약 이니셔티브를 위한 정치수사학적 표현에 불과했지만 마약정책의 여러 분야에서 중요한 변화를 제공했다. 예를 들면, 마약중독자를 위한 마약치료 및 재활에 대한 국가예산지원이 크게 팽창했다. 이러한 조치는 1972년 마약남용 및 치료법으로 구체화됐다. 이 법은 미국 마약법의 역사에서 마약예방 및 치료를 위한 중요한 시금석으로 기존 처벌 위주의 마약정책의 문제점을 상쇄할 균형정책으로 평가된다. 이 법의 제3장은 마약남용 및 마약밀매 예방을 위해 장기적인 전략(National Drug Abuse Strategy)의 이정표를 세웠다는 데 중요한 의의가 있다. 그러나 1984년 조직범죄에 관한 대통령위원회에서 지적했듯이 관련 예산 및 지출의 측면에서 난관에 봉착해 실행에 옮기는 데는 실패했다.[245]

1973년 닉슨 행정부는 마약 관련 단속기관 사이의 충돌을 종식시킬 일환으로 BNDD를 포함한 6개의 마약 관련 단속기관을 통합하여 법무부 산하에 마약단속청(DEA)을 창설했다. 또한 국제 마약밀매에 대한 국제공조체제를 유지하기 위해 국무장관을 위원장으로 하는 위원회를 결성하고 이민국에게 마약정책 프로그램의 개발을 부여했다. 한마디로 닉슨 행정부 동안 마약 관련 조직의 통폐합과 예산 및 인원은 대폭적으로 증가했다. 한편 1973년 닉슨 행정부는 30여 년 이상 지속된 전통적 국제헤로인 밀매구조인 프렌치 커넥션을 공식적으로 종식시킴으로써 국제마약과의 전쟁에서 승리했음을 선언했다. 그러나 아이러니하게도 닉슨 행정부의 프렌치 커넥션의 종식 선언은 새로운【피자 커넥션】의 등장과 함께 새로운 마약남용의 폭발이라는 전환점에 불과했다.

　1973년 프렌치 커넥션은 공식적으로 해체되었다. 하지만 새로운 시장이 서남아시아, 동남아시아, 멕시코에서 부상하고 있었다. 프렌치 커넥션을 위한 헤로인을 정제하는 장소는 프랑스의 마르세유에서 이탈리아의 시칠리아섬으로 이동됐다. 왜냐하면 마르세유의 헤로인 정제소에서 일했던 기술자들이 거의 전부 시칠리아로 이동했기 때문이다. 이에 따라 시칠리아 마피아가 1970년대 유럽-미국 사이의 국제헤로인밀매를 소위 피자 커넥션을 통해 장악하게 된다. 또한 마약 생산지의 이동은 시칠리아 마피아로 하여금 코르시칸 조직 대신 당시 동남아시아에서 지배적인 마약조직으로 활동하고 있던 중국계 삼합회와 연계하게 만들었다. 이런 맥락에서 국제 마약밀매를【플레이어(마약밀매자)는 바뀌어도 게임(마약밀매)은 계속된다】(the players change but the game continues)라고 말한 럽샤(Peter Lupsha)의 지적은 의미심장하다.

피자 커넥션이란 시칠리아 마피아가 주로 동남아시아 황금의 삼각지대에서 생산된 아편이나 헤로인을 중국계 삼합회로부터 구입하여 이를 미국 마피아와 연계하여 미국시장에 유통시킨 것을 말한다. 시칠리아 마피아는 미국시장에서 유통시킨 헤로인에 대한 판매대금을 미국의 시칠리아계 피자가게를 이용하여 자금을 세탁했다. 왜냐하면 마피아들은 불법자금의 세탁을 방지하기 위해 제정된 1970년의 은행비밀법의 취약점을 간파했기 때문이다. 그들은 마약 판매대금인 소액의 현금을 피자가게에 맡긴 다음 마치 피자가게가 영업해서 획득한 자금인 것처럼 위장하여 여러 은행에 분산 예치시킨다. 이렇게 분산된 마약예치금은 뉴욕 은행→스위스 은행→이탈리아 은행→시칠리아 마피아로 전달된다. 따라서 피자 커넥션은 국제헤로인밀매와 국제마약자금세탁이 결합된 새로운 형태의 범죄행위라고 할 수 있다. 미국의 DEA와 FBI는 1980년부터 약 3년 동안 이 커넥션을 합동 수사하여 적발했다. 이 사건으로 34명의 시칠리아 마피아 조직원이 美법원에 기소됐다.

1984년 조직범죄에 대한 대통령위원회에서 드러난 사실은 1980년 10월~1982년 9월까지 2년에 걸쳐 적어도 2,500만 달러가 돈세탁되었다.[246] 또한 1982년부터 피자 커넥션의 재판이 시작된 1985년까지 무려 4,000만 달러가 뉴욕은행을 통해 스위스를 거쳐 이탈리아로 송금된 사실도 적발했다. FBI와 DEA는 이 커넥션이 이루어진 약 15년 동안 미국에서 마약판매로 획득한 자금을 약 200억 달러로 추산한다. 이러한 마약자금의 상당 부분을 시칠리아 마피아는 이탈리아는 물론 미국 내에서 합법적 사업에 투자했다. 미국에서 이러한 거대한 헤로인 밀매가 가능했던 것은 무엇보다도 같은 고향 출신인 미국 마피아의 도움 없이는 불가능했다. 이 때문에 1957년 팔레르모 범죄회동에서 논의했듯 시칠리아 마피아는 미국에서 시칠리아 마피아의 수익금 중 일정 부분을 미국 마피아의 일부 패밀리 보스들에게 전달했던 것이다.

한편 포드 및 카터 행정부는 기본적으로 닉슨 행정부의 국가 마약정책인 외부로부터 미국 내 유입을 막는 차단전략을 지속적으로 추진했다. 특히 멕시코 마리화나의 미국유입에 정책적 초점을 맞추었다. 그럼에도 불구하고 국내 사회적 분위기는 일반적으로 마약사용의 불가피성을 받아들이는 경향이었다. 특히 마리화나와 같은 오락용 마약사용에 대해 일반인 사이에 관용의 분위기가 증가했다. 이러한 사회적 분위기는 점차적으로 미국 마약정책에도 영향을 주어 포드 행정부의 마약남용에 대한 백서에서도 공식적으로 마약사용의 완벽한 박멸은 환상이라는 패배감을 받아들였다.

특히 백서는 모든 마약사용이 동등하게 파괴적이지 않으므로 마약의 수요 및 공급에 대한 감소전략을 펼 때 헤로인과 같은 중독성이 강한 마약류에 대한 단속에 우선순위를 두어야 한다고 권고했다.[247] 이런 권고는 결국 많은 주에서 마리화나에 대한 非범죄화와 코케인에 대한 제재를 약화시키는 풍조를 만연시켰다. 결국 마약사용에 대한 관용적 풍조는 카터 행정부에서 절정에 달해 콜롬비아 코케인 밀매의 성장을 간과하여 1980년대 미국에서 코케인이 선택의 마약으로 부상하게 만들었다. 조직적 측면의 변화는 1976년 백악관에 기존 부서를 마약남용정책국으로 변경하여 1977년 카터 행정부 동안 설립했다. 그러나 초대 국장(Bourne)이 코케인 사용혐의로 사임하면서 실질적인 정책을 수행하지 못했다. 1979년 소련의 아프간 침공은 카터 대통령으로 하여금 백악관 마약남용전략위원회의 반대에도 불구하고 CIA에게 아프간 반군(무자헤딘)을 지원하기 위해 반군의 아편밀매를 묵인 내지 조장토록 만들었다.[248] 이것이 【아프칸 커넥션】이다.

70년대 마약사에서 가장 의미 있는 사건의 하나는 1976년 네덜란드의 아편법 제정이다. 네덜란드는 당시 심각한 공공보건의 이슈로 부상하고 있는 AIDS에 대한 확산방지를 위해 처벌 위주의 마약정책이 아닌 【해악감소(harm reduction)】 위주의 마약정책을 시작했다. 1980년대 말에서 1990년대 초에 유럽에서 등장한 다양한 마약 관련 프로그램의 기원은 바로 해악감소를 강조하는 【네덜란드 모델】에서 시작되었다고 해도 과언이 아니다. 네덜란드 모델의 핵심은 마리화나와 같은 소프트 마약의 非범죄화이다. 이로 인해 등장한 것이 그 유명한 【대마초 카페(cannabis coffee shop)】이다. 이 정책의 목적은 마약 사용자나 중독자를 【범죄자】로 간주하지 않고 【환자】로 간주하여 그들을 공공의료체계에 끌어들여 마약으로 인한 개인 및 사회적 해악을 최소화하려는 것이었다.

이러한 非범죄화 정책의 철학 아래 주요 프로그램들은 마약사범에 대한 형량 감소, 감옥보다 치료 우선, 마리화나의 非범죄화, 의학용 마리화나 프로그램, 주사기 교환 프로그램, 메사돈 유지 프로그램, 다양한 마약 관련 치료센터의 확대이다. 네덜란드 모델은 오늘날에도 여전히 논쟁이 진행되고 있지만 이 정책이 마약남용과 중독자의 수를 줄이고 네덜란드에서 AIDS의 확산을 방지하고 있는 것은 사실이다.[249] 그러나 이웃 국가인 프랑스와 독일은 자국에서 마약 관련 범죄(마약구입을 위해 미성년 매춘 및 절도 등)가 급증한 데 대한 책임을 네덜란드에 돌리면서 종종 외교문제를 불러일으키고 있다.[250] 그런 독일이 2024년 마리화나의 오락용 사용을 합법화한 것은 의미심장한 일이다.

제4절
1980년대: 마약전의 군사화, 코케인과 크랙, 아프간 커넥션

　1980년대는 정치경제적으로 미국과 영국에서 각각 레이건-대처 新보수정권의 등장, 아프간 전쟁, 이란혁명과 이란-이라크 전쟁, 이란-콘트라 스캔들, 베를린 장벽의 붕괴, 고르바초프의 개혁 및 개방정책, 경제적 자유주의의 확산, 중남미를 비롯한 제3세계의 외채 문제 등이 주요 이슈였다. 사회문화적으로는 AIDS의 글로벌 확산, 퍼스널 컴퓨터의 보급, 제3세계에서의 급격한 인구성장 등이 주요 이슈였다. 마약문제의 경우 콜롬비아 코케인 카르텔의 부상으로 미국 및 유럽에서 코케인과 크랙(crack: smokeable cocaine)의 사용이 급격히 확산됐다. 이 때문에 1980년대 미국에서 【선택의 마약】은 코케인이었다. 그러나 레이건 행정부가 대내외적 차원에서 공식적으로 추진하는 【마약과의 전쟁】 및 【마약전의 군사화】라는 마약정책은 반공정책에 종속되는 과정에서 모순된 정책을 취하는 이중성을 드러냈다. 결국 그의 마약정책은 실패했고 1980년대 말 유럽 및 미국에서 마약의 합법화를 주장하는 새로운 이슈들이 등장했다.

　한편 1947년 CIA가 설립된 이래 냉전 동안 이 정보기관은 서방국가들의 정보기관과 공조하면서 반공이라는 미명하에 좌파 지도자들에 대한 암살, 우파 게릴라조직들에 대한 지원, 좌파정권들에 대한 전복기도 등 무수히 많은 불법행위에 직간접적으로 개입했다.[251] 이 외에도 CIA는 40년대 말부터 반공정책의 일환으로 불법 마약밀매에 간접적으로 개입했다. 중국의 경우 장개석의 국민당은 모택동의 공산당과의 내전 와중에서 군비충당을 위해 아편조직인 청방과 연계하여 중국과 버마에서 태국의 방콕으로 운송되는 아편밀매에 개입하고 있었다. 이때 CIA는 아편운송에 CIA 소속 항공기를 제공하면서 장개석 정부를 지원했다.[252] 이런 CIA의 불법 아편밀매에의 개입은 1980년대에 소련의 아프간 침공과 니카라과 좌파정권에 대항하여 당시 반공게릴라였던 아프간 무자헤딘과 니카라과 콘트라스(Contras) 반군의 불법 마약밀매에 직간접적으로 묵인하면서 더욱 강화됐다. 이를 살펴보기 위해 먼저 레이건 및 부시 행정부의 국내 마약정책을 살펴보자.

1980년대 레이건 행정부의 新보수주의는 미국의 마약정책을 50년대 처벌 및 통제 위주로 회귀시켰다. 가장 커다란 이유 중 하나는 미국인들 사이에 선풍적 인기를 끈 코케인 이용의 급증이었다. 코케인은 콜롬비아의 양대 카르텔인 메데진과 칼리조직에 의해 공급됐다. 결국 레이건 행정부가 채택한 마약정책은 마약생산국에서 마약생산을 원천적으로 차단하는 공급감소전략이었다. 이에 대한 외교수사학적 표현이 1981년 마약과의 전쟁 선언이다. 그러나 레이건 행정부의 마약과의 전쟁은 과거 닉슨 행정부와 비교할 때 단순한 외교수사학적 표현이 아니었다. 마약과의 전쟁은 실제로 마약전의 군사화를 의미했다. 이는 역사상 처음으로 국제 마약밀매의 소탕에 군부가 동원됨을 의미한다. 동시에 마약전의 군사화는 1980년대 미국 마약정책의 국제적 담론이 되었다.

레이건 행정부의 마약과의 전쟁에 결정적인 동기를 제공한 것은 마이애미에서 발생한 마약사건에서 기원한다. 당시 메데진 카르텔은 세스나 경비행기를 보통 마이애미 해안까지 접근시켜 코케인을 넣은 물건을 바다에 낙하시키고 이를 카르텔의 미국지부가 고속정을 이용해 운반하는 패턴을 이용했다. 그런데 한번은 세스나 비행기가 낙하지점을 잘못 판단하여 마이애미의 소도시(Dade County)에 코케인을 떨어뜨리는 실수를 했다. 이를 계기로 레이건 행정부는 마약과의 전쟁을 선언했던 것이다. 그리고 1982년 3월 南플로리다 태스크 포스를 결성하고 당시 부통령인 부시를 책임자로 임명했다. 이를 위해 레이건 행정부는 DEA와 FBI는 물론 관련 연방요원도 동원했다.

레이건 행정부의 마약에 대한 초강경정책은 〈표 8-1〉에서 보듯 역대 행정부 중에서 가장 많은 反마약 관련 법안을 제정한 것에서도 잘 나타난다. 특히 1982년 제정된 국방부 수권법은 【마약전의 군사화】를 공식화한 법안이다. 이 법의 중요성은 남북전쟁 후에 북부군이 남부지방에서 점령군으로 경찰력을 행사하는 것을 막기 위해 민간문제에 군의 개입을 금지한 1878년 법(Posse Comitatus Act)의 수정을 의미한다. 따라서 국방부는 민간 법집행기관에 군의 훈련, 첩보, 장비 등을 지원함은 물론 육군, 해군, 공군, 그리고 해병대원들이 마약과의 전쟁을 위한 작전에 간접적으로 참여할 수 있는 길을 열었다. 이를 계기로 역사상 처음으로 해군함정이 콜롬비아 인근 공해상에서 마약밀매의 차단작전에 동원됐다.[253] 이러한 강경정책은 1960~1970년대 마약관용 정책에 대한 연방예산의 축소와 함께 상대적으로 처벌 위주의 강력한 법집행정책에 연방예산 증액이라는 형태로 나타났다. 실제로 마약 관련 예산은 1981년 15억 달러에서 1986년 27억 5천만 달러로 두 배 정도 증가했다.

〈표 8-1〉 미국의 마약 관련 주요 국내법

행정부	연도	마약 관련 국내법
20세기 전반	1906	Pure Food and Drug Act
	1909	Opium Exclusion Act
	1914	**Harrison Narcotic Act**(최초의 연방마약법)
	1932	Uniform Narcotic Drug Act
	1937	Marijuana Tax Act
	1942	Opium control Act
50년대	1946	Act of 8 March
	1951	Boggs Act
	1956	Narcotics Control Act
존슨 행정부	1964	Violent Crime Control and Law Enforcement Act
	1965	Drug Abuse Control Amendments
	1966	National Addict Rehabilitation Act
닉슨 행정부	1970	Bank Secrecy Act
	1970	Organized Crime Control Act
	1970	**Comprehensive Drug Abuse Prevention and Control Act(CSA)**
	1972	Drug Abuse and Treatment Act
	1974	Narcotic Addict Treatment Act

카터 행정부	1978	Psychotropic Substances Act
레이건 행정부	1982	Department of Defense Authorization Act
	1984	Comprehensive Crime Control Act
	1984	Bail Reform Act
	1984	Controlled Substances Penalties Amendments Act
	1985	Drug Abuse Control Amendments
	1986	Drug Free American Act
	1986	Controlled Substance Analogue Act
	1986	Comprehensive Methamphetamine Control Act
	1986	Money Laundering Control Act
	1986	Anti-Drug Abuse Act
	1988	Chemical Diversion and Trafficking Act
	1988	Anti-Drug Abuse Amendment Act
	1988	Money Laundering Prosecution Improvement Act
	1988	National Narcotic Leadership Act
부시 행정부	1990	Comprehensive Crime Control Act
	1992	International Narcotic Control Act
클린턴 행정부	1993	Domestic Chemical Diversion and Control Act
	1992	Domestic Chemical Diversion Control Act
	1994	Violent Crime Control and Law Enforcement Act
	1996	Drug-Induced Rape Prevention and Punishment Act

한편 1985년부터 마이애미, LA, NY과 같은 대도시에서 값싼 코케인 형태의 크랙 사용자가 폭발적으로 증가했고 이런 마약시장을 차지

하기 위한 마약조직 사이의 전쟁이 빈발했다. 이에 대처하기 위해 레이건 행정부는 1986년 의회 중간 선거를 계기로 더욱 강력한 처벌 위주의 反마약정책을 전개했다.[254] 나아가 마약밀매를 국가안보의 위협으로 간주했다.[255] 그 결과가 1986년 미국 마약법의 결정판이라고 할 수 있는 反마약남용법이다. 특히 이 법은 마약을 국제정치적 이슈로서 【국가안보】의 문제로 간주한 최초의 법이다.

이 법은 국내마약남용 및 국제 마약밀매를 억제하기 위해 17억 달러의 예산을 증액하고 학교 인근에서 마약을 팔거나 청소년을 마약판매자로 고용한 딜러들에 대한 가중처벌 조항을 두었다. 이 예산 중에서 겨우 14%인 2억 3,000만 달러가 치료 및 예방교육에 할당됐다.[256] 이런 맥락에서 1985년 이래 레이건 대통령의 영부인인 낸시 여사가 수요감소전략의 일환으로 전개한 反마약캠페인(*Just Say No to Drugs, Drug-Free Society* 등)은 연방예산의 지원이라는 측면에서 볼 때 형식적으로 전개되어 큰 효과를 거두지 못했다.

1988년 대통령 선거에서 마약이 정치·사회적 주요 이슈의 하나로 부상했다. 그 결과가 1986년 마약법을 수정한 1988년 反마약남용수정법이다. 이 수정법의 핵심의 하나는 백악관에 장관급 국가마약통제정책국의 설립이다. 이 기구는 매년 마약정책에 대한 장·단기적 청사진인 국가마약통제전략보고서를 의회에 제출해야 한다. 다른 하나는 【사용자 책임】의 개념을 강조한 것이다. 이러한 정책 기조하에서 마약정책은 사용자에 대한 치료 및 재활정책보다는 마약 관련 살인의 경우 최고 사형과 같은 처벌 위주의 정책이 강조됐다. 미국 역사상 레이건 행정부처럼 마약과의 투쟁에 그렇게 많은 노력과 그렇게 많은 예산과 그렇게 많은 反마약법을 제정한 행정부는 없었다. 그럼에도 불구하고 임기 말 다수의 사람들은 미국이 마약과의 전쟁에서 패배하고 있다고 생각했다.[257]

부시 행정부의 마약정책은 국가마약통제정책국(1989년 초대국장은 William Bennett)이 처음으로 의회에 제출한 1989년 보고서(2007년까지 마약사용의 50%를 감축)에서 잘 나타나듯 한마디로 레이건 행정부 마약정책의 답습이다. 이를 위해 부시 행정부는 매년 70억 달러의 마약예산을 신청했고 그중에서 증액된 22억 달러의 70%를 법집행기관에 할당했다. 부시 행정부 마약정책의 핵심은 레이건 행정부처럼 마약전의 군사화이다. 이를 구체적으로 살펴보자.

첫째, 1989년 파나마 대통령인 노리에가를 마약밀매 혐의로 압송하기 위한 파나마 침공이다. 이런 행위는 명백한 국제법 위반임에도 불구하고 미국은 스스로 정당성을 부여했다. 부시 행정부의 마약전의 군사화 정책은 페루와 볼리비아에 특수부대인 그린베레를 투입하면서 더욱 강화됐다. 문제는 부시 행정부의 마약전의 군사화 정책에 내포된 의미이다. 원래 미국의 많은 군부 지도자들은 군부가 마약과의 전쟁에 개입하는 것을 반대했다. 왜냐하면 군부 지도자들은 군은 내부의 적인 마약이 아닌 외부의 적인 공산주의와 테러리즘으로부터 美국익을 보호하기 위해 초점을 맞추어야 한다고 믿었기 때문이다.

그러나 부시 행정부의 군 수뇌부들이 마약과의 전쟁을 지원한 것은 냉전종식에 따른 의회의 군사비 축소 움직임에 대한 하나의 저항수단이었다. 실제로 1989년 의회는 향후 5년 동안 국방예산을 1억 8천만 달러 삭감한다고 발표했다. 사실 이 액수는 적은 수치이지만 그동안 국방예산이 매년 증액된 사실에 비추어 볼 때 예산삭감은 美군부에게는 하나의 충격이었다. 이것이 당시 국방장관 체니로 하여금 마약전의 군사화를 촉구하는 중요한 계기가 됐다.

둘째, 부시 행정부의 마약전의 군사화는 마약생산국인 콜롬비아, 페루, 볼리비아 등 안데스 국가들에 대한 군사 및 경제원조로 나타났다. 이것이 1989년에서 발표된【안데안 전략】이다. 이 전략의 핵심은 마약과의 전쟁을 벌이는 안데스 국가들의 군부를 강화하기 위해 해당 국가들에게 총 13억 달러의 군사원조를 제공하는 것이다. 또한 이 정책의 핵심은 콜롬비아 마약 생산지역에 대한 환경파괴로 유도될 수 있는 제초제의 공중살포이다.

특히 1991년 미국 反마약정책 예산의 70%가 중남미 코케인의 미국 유입을 차단하는 데 사용됐다. 이와 함께 부시 행정부는 처음으로 안데스 3국의 정상들과 콜롬비아의 카르타헤나에서 회동하고 이들 국가들에 대한 경제지원정책을 논의했다. 이를 실천하기 위해 동년 부시 행정부는 새로운 법(Andean Trade Preference Act)을 의회에 요청하여 통과시켰다. 이에 따라 향후 10년 동안 미국 대통령은 안데스 국가들로부터 수입하는 관련 품목들에 대한 무관세의 권한을 부여받았다.

부시 행정부가 레이건 행정부와 유사한 마약정책을 추진했지만 탈냉전이라는 국제상황이 전자로 하여금 실질적으로 차별적인 마약정책을 추진하게 만들었다. 원래 레이건 행정부의 마약정책은 반공우선정책으로 인해 국내적 차원에서는 실질적인 反마약정책을 추진하지 못하는 실정이었다. 그러나 탈냉전 상황에서 부시 행정부는 정책의 옳고 그름을 떠나 실질적인 反마약정책을 추진했다. 문제는 이와 같은 탈냉전의 국제상황이 부시 행정부로 하여금 파나마의 노리에가를 토사구팽한 배경이라는 것이다. 원래 노리에가는 1950년대 말 초급장교부터 CIA와 밀접한 관계를 가지고 있었다. 그러다가 1976년 CIA 국장이었던 부시가 당시 軍정보사령관인 노리에가를 친미 반공적 인물로 키웠다. 특히 1980년대 레이건 행정부의 니카라과에 대한 반공정책은 당시 군사독재자인 노리에가의 마약밀매, BCCI를 통한 자금세탁, 정치부패, 독재정치를 묵인하게 만들었다.

한편 1980년대 마약사에서 가장 중요한 이슈 중 하나는 미국에서의 코케인과 크랙의 등장과 사용의 급증이다. 물론 이 현상은 앞에서 서술한 레이건 행정부의 마약과의 전쟁과 마약전의 군사화를 유도한 핵심적 요인이기도 했다. 따라서 이런 현상을 이해하기 위해서는 콜롬비아 코케인 카르텔에 대한 이해가 필요하다. 콜롬비아에서 카르텔이 등장한 원인의 하나는 1973년 칠레에서의 군사쿠데타이다. 이 쿠데타는 1960년대 동안 비록 코케인 수요는 낮았지만 칠레를 코케인 정제의 중심국에서 몰아냈다.

그러나 이 쿠데타는 상당수 칠레 코케인 정제기술자들을 이웃나라인 콜롬비아로 이주시킴으로써 결국 콜롬비아를 코케인 정제의 새로운 중심부로 발전시켰다.[258] 1973년 쿠데타는 중남미 코케인 밀매구조를 변화시키지는 않았지만 일부 콜롬비아 조직들을 새로운 주역으로 등장시킨 계기를 제공했다. 대표적인 콜롬비아 조직들의 하나가 1970년대 중반에 등장하여 1980년대 초반까지 활동한 제1세대인 【코케인 카우보이】이다. 이들은 마이애미에서 당시 미국시장의 주역이었던 쿠바조직과의 두 차례에 걸친 소위 【코케인 전쟁】에서 승리하면서 새로운 주역으로 등장했다.

이 와중에 1976년 콜롬비아 제2의 도시인 메데진에서 1980년대 국내외적으로 코케인 황제로 악명을 날릴 에스코바르가 개인적인 코케인 밀매로 경찰에 체포될 때만 해도 그가 불과 10년 동안 콜롬비아 군·경은 물론 미국 마약단속기관에 의해 공공의 적 1호로 지목되리라고는 아무도 상상하지 못했을 것이다. 특히 그는 오늘날 언론 및 학술지에 【마약 테러리즘】이라는 용어를 1980년대 이래 전 세계에 확산시킨 일등공신이다. 1980년대 후반 메데진 카르텔은 콜롬비아와 미국에서의 마약과의 전쟁으로 인해 미국으로의 코케인 밀매의 주도권을 경쟁조직인 칼리 카르텔에게 빼앗겼지만 1980년대 전성기에는 미국 코케인 소비량의 약 80%를 점유하면서 호황을 누렸다. 에스코바르는 1993년 12월 콜롬비아의 정보기관, 군, 경찰로 구성된 합동추적반(*Bolque de Busqueda*)에 의해 그의 고향인 메데진에서 피살된다.

에스코바르처럼 개별적으로 활동하는 메데진 출신 마약밀매자를 조직적 차원에서 하나의 카르텔로 형성하도록 만든 사건이 1981년 좌익 도시게릴라인 M-19에 의한 납치사건이다. M-19는 당시 대학생인 오초아 형제의 누이동생(Martha Ochoa)을 메데진의 대학 교정에서 납치한 후 400만 달러의 몸값을 요구하면서 콜롬비아 마약사의 가장 중요한 분수령을 만들었다.[259] 223명으로 추산된 메데진 출신의 마약밀매자는 오초아 형제의 소집요청으로 모여 1981년 말 일종의 무장조직인 MAS(*Muerte a Secuestradores*: 납치자들에게 죽음을)를 형성했다.[260] 메데진 카르텔의 모체인 MAS를 언론은 후에 메데진 카르텔로 불렀다. MAS의 주요 목적은 마약밀매자는 물론 그들의 가족을 좌익게릴라로부터 보호하고 나아가 납치에 가담한 좌익게릴라는 물론 게릴라의 가족을 보복 처형하는 것이다. 약 한 달 보름 동안 MAS와 M-19 사이의 상호투쟁이 있었고 결국 양 조직 사이의 비밀협정 후에 1982년 마르타는 석방됐다.

1980년대 메데진 카르텔이 코케인 밀매로 전성기를 누릴 수 있었던 요인은 한마디로 논의할 수 없을 정도로 복잡하다.[261] 다만 직접적 요인으로 지적할 수 있는 것은 크게 두 가지 측면에서 고찰할 수 있다. 하나는 거시적 차원에서 콜롬비아의 구조적인 정치경제적 모순으로 콜롬비아의 자유당과 보수당은 전통적으로 마약밀매에 대해 의도적으로 우호적이든가 아니면 최소한 마약밀매의 심각성을 간과했다는 사실이다.[262] 일례로 1980년대 초반 제2차 국제석유파동으로 인한 경제침체로 콜롬비아 정부는 마약달러의 합법화를 선언했다. 즉 마약자금의 세탁을 정부가 공식적으로 허용한 것이다. 이 때문에 콜롬비아는 당시 세계에서 유례가 드물 정도로 암달러 시장이 형성되지 못하는 유일한 국가가 됐다. 정부의 이러한 정책이 콜롬비아 카르텔의 급성장을 방조한 중요한 요인이 되었다.

다른 하나는 미시적 차원에서의 부패문화이다. 【돈은 모든 것을 할 수 있다(Senor Dinero Pueda Todos)】라는 콜롬비아 속담은 적어도 1980년대 마약달러가 콜롬비아 사회를 부패시키는 데 핵심 요인임을 말해 준다.[263] 메데진의 빈곤과 실업과 같은 거시적 사회구조는 메데진 카르텔이 값싸게 고용할 수 있는 10대 청소년 암살단의 탄생에 공헌했다.[264] 당시 청소년 암살단의 공통적인 문화적 사고방식은 【돈이 인생이다(La plata es la vida)】, 【돈이라면 무슨 짓이든 한다(Por plata hago lo que sea)】, 【목표물이 누구인지 상관없다(No importa a quien hay que darle)】라는 것이었다.[265] 결국 청소년이 그들의 한계적 빈곤상황을 탈출하기 위해 단지 값싼 대가로 메데진 카르텔에 고용되어 암살단의 일원으로 마약 테러리즘의 도구가 된 것은 어렵지 않은 일이었다.[266] 아래 콜롬비아 살사 음악의 가사는 당시 10대 청소년 암살단의 삶과 죽음에 관한 자포자기의 심리적 의식을 적나라하게 보여준다.

Pronto llegara el dia de mi suerte,
(내 운명의 날이 곧 오리라)
la esperanza de mi muerte
(내 죽음의 희망)
seguro que mi suerte cambiara,
(내 운명이 바뀌리라 확신하면서)
- Willy Colon, el dia de suertes[267]

콜롬비아 카르텔의 부상은 마찬가지로 멕시코 카르텔의 부상을 유도했다.[268] 이에 대해서는 여러 가지 요인이 있지만 여기서는 가장 중요한 요인 하나만 언급하자. 원래 1980년대 국제 코케인밀매의 기본 패턴은 페루 및 볼리비아에서 코케인의 원료를 생산하면 콜롬비아에서 코케인으로 정제하고 이를 콜롬비아 양대 마약조직인 메데진과 칼리 카르텔이 미국으로 운송하는 것이었다. 미국 내 주요 코케인 소비시장으로 칼리 카르텔은 뉴욕을 그리고 메데진 카르텔은 플로리다를 장악했다. 이 때문에 80년대 중반까지 중남미 마약밀매의 구조에서 멕시코의 역할은 미국으로 향하는 중남미산 마약의 중계료(1980년대 중반까지 코케인 운송량은 약 35~50%)의 10%를 받는 중계지로서의 종속적 지위를 벗어나지는 못했다.

그러나 80년대 중반 이후 레이건 행정부의 對중남미 공급감소전략으로 미국은 콜롬비아 정부에 대한 1979년에 체결된 콜롬비아 코케인 밀매자들에 대한 범죄인인도협정을 강요하면서 강력한 反마약 외교정책과 플로리다로 유입되는 콜롬비아산 코케인에 대한 집중적인 단속을 전개했다. 또한 콜롬비아 정부도 미국의 외교적 압력에 굴복하여 코케인 카르텔에 대한 대대적인 단속과 함께 범죄인 인도를 추진했다. 결국 1980년대 초반까지 미국으로 코케인 공급의 80%를 담당한 메데진 카르텔은 기존의 마약 밀매루트인 항공기를 이용한 카리브 해안의 경유를 사실상 포기할 수밖에 없었다. 이러한 상황에서 새로운 대안으로 메데진 카르텔은 카리브 해안 대신 비용과 시간이 더 들더라도 법집행기관의 체포를 피하고 안전성을 위해 중미와 멕시코를 새로운 코케인 밀매 중계지로 이용했다.

한편 메데진 카르텔도 범죄인인도에 대항하여 1980년대 중반 새로운 무장조직(Los Extraditables: 인도자들)을 결성하고 대정부투쟁에 나섰다. 이처럼 메데진 카르텔은 국가와의 무장투쟁으로 코케인 밀매 수입이 급감했다. 결국 메데진 카르텔이 선택한 것은 멕시코 카르텔에 마약중계료 명목으로 달러를 지불하는 대신 코케인을 지급했다. 이것이 멕시코 카르텔에게 더욱 많은 수익을 보장하게 만들면서 종속적 위치에서 독립적 위치로 급성장하게 만든 계기가 됐다. 미국으로의 코케인 분배망을 장악한 멕시코 카르텔은 미국 내 코케인 가격의 변동을 조정하면서 막대한 불법수익을 챙겼고 결과적으로 1990년대 콜롬비아 카르텔이 몰락하면서 초국가적 마약조직으로 부상했다. 멕시코 카르텔의 이러한 급성장은 20년 후에 멕시코는 물론 미국남부의 멕시코 국경지대에서 발생하고 있는 심각한 마약폭력의 배경이 되었다.

한편 1980년대 중반 피자 커넥션의 붕괴에도 불구하고 시칠리아 마피아는 1980년대 후반까지 서남아 및 동남아 아편 및 헤로인 조직은 물론 메데진 카르텔과 연계하면서 국제헤로인밀매를 지속했다. 그러나 시칠리아 마피아는 이탈리아 정부의 마피아에 대한 전쟁으로 국내적으로 압박에 직면했다. 이 때문에 중국계 삼합회가 시칠리아 마피아 대신 베트남 전쟁 동안 미군 헤로인 사용의 15~20%를 공급하면서 헤로인 밀매의 황금기를 구가했다.[269] 1970년대 초 프렌치 커넥션의 몰락으로 동남아시아에서 헤로인밀매의 주도권을 장악한 삼합회는 1970년대 피자 커넥션에서 부분적으로 시칠리아 마피아와 연계했다. 또한 1980년대 중반 이후 헤로인밀매에서 경쟁조직인 시칠리아 마피아가 쇠퇴한 틈을 타서 1980년대 말 북미시장의 70~80%를 차지하면서 독점적 지위를 확보했다. 90년대 세계화와 함께 1997년 홍콩반환과 중국경제의 자본주의화는 삼합회에게 다시 한번 새로운 기회를 제공했다.

앞에서 레이건 행정부의 마약정책은 반공정책에 종속되어 이중성을 지녔다고 지적했다. 이러한 이중성의 대표적 사례는 【아프간 커넥션】과 【이란-콘트라 스캔들】이다. 전자는 1979년 아프간을 침공하여 친소 공산정권을 수립한 소련군을 격퇴하기 위해 당시 CIA의 비밀공작인 사이클론 작전을 의미한다. 이 작전을 위해 CIA는 1980년부터 매년 2,000~3,000만 달러의 공식지원을 시작으로 1987년에는 6억 3,000만 달러를 지원했다.[270] 물론 이러한 지원은 미국이 직접적으로 아프간 무자헤딘에 지원한 것은 아니었다. 지원의 중개자로 파키스탄의 정보기관을 이용했다. 즉 이스라엘이 무기를 구입하고 파키스탄 정보기관이 아프간 반군에 제공하는 형식을 취했다.[271] 또한 이러한 지원을 위해 영국의 대외첩보기관과 사우디아라비아 정보기관도 공조했다. 이 외에도 미국은 아프간과 지정학적으로 인접한 파키스탄에서 무자헤딘을 모집하고 훈련시키기 위해 파키스탄 지아울하크 정권에게 32억 달러의 경제 및 군사원조를 제공했다.

CIA는 소련군에 대항하는 아프간 반군의 무기 구입을 위한 또 다른 재원으로 아프간 무자헤딘의 불법적 헤로인밀매를 묵인 내지는 조장했다.[272] 이를 수월하게 하고 CIA의 마약 관련 비밀공작을 본격적으로 진행시키기 위해 레이건 행정부는 아프간 DEA의 요원을 동남아시아로 전출시켜 결과적으로 1989년 아프간을 미얀마 다음으로 불법 헤로인 생산에서 2위를 차지하게 만들었다.[273] 이처럼 소위 아프간 커넥션은 아프간 무자헤딘이 아편을 생산하면 그것을 파키스탄에서 헤로인으로 정제한 다음 이를 서방에 소비시키는 것이다. 이 과정에서 CIA는 묵인 내지 조장했다. 당연히 영국과 미국의 국내 헤로인 소비량이 급증한 것은 두말할 필요가 없다. 결과적으로 1980년대 미국에서 소비되는 헤로인의 약 60%가 아프간에서 생산된 것이다.[274] 이런 결과로 아프간은 소련군이 물러가기 직전인 1988년 이미 세계 아편생산량의 약 30%를 생산하고 있었다.[275]

흥미로운 점은 아프간 커넥션이 1990년대 빈-라덴의 알카에다 조직에 의한 글로벌 성전의 서곡이었다는 것이다. 아프간 전쟁에 43개 이슬람 국가에서 약 35,000명의 자발적 지원병이 동원됐다. 이 동원에 사우디아라비아 출신의 빈 라덴과 CIA가 상호협력을 통해 중요한 역할을 수행했다. 당시 미국은 반소 저항군인 이들을 【자유의 투사들】이라고 치켜세웠다. 그러나 1990년대 빈-라덴을 중심으로 알-카에다의 반미 테러활동은 결국 2001년 9·11 테러사건의 전주곡이 되었다. 9·11 이후 부시 행정부의 테러와의 전쟁에서 이들은 80년대 【자유의 투사】에서 21세기 【글로벌 테러리스트】로 낙인찍혔다.

반공정책에 종속된 레이건 행정부 마약정책의 이중성의 또 다른 사례는 1986년에 터진 이란-콘트라 스캔들이다. 이를 상세히 이해하기 위해서는 1979년 이란의 회교혁명과 이란주재 美대사관 인질사건, 1980~1988년의 이란-이라크 전쟁 그리고 1979년 니카라과 좌파혁명과 콘트라스 반군 등에 대한 설명이 필요하다. 먼저 1979년 이란혁명과 인질사건을 분석하자. 제2차 세계대전 이후 1951년 민주적으로 수상에 선출된 이란 민족주의자 모사데크 정부는 이란 석유산업의 국유화를 시도하다가 미국 및 영국의 정보기관에 의한 비밀공작과 군사 쿠데타로 붕괴된다. 그리고 미국은 팔레비로 하여금 친미독재정권의 형태로 통치하게 만든다. 따라서 1979년 호메이니가 주도한 이란 회교혁명은 당연히 반미정권의 형태를 취할 수밖에 없었다.

혁명 후 팔레비는 미국으로 망명한다. 그러나 테헤란 국립대 학생을 중심으로 이란 과격학생들은 미국에게 팔레비의 인도를 요구하며 이란 주재 미국 대사관을 점령하고 美대사관 직원 52명을 444일 동안 인질로 잡았다. 이 과정에서 당시 카터 행정부는 1980년 인질구출작전을 시도하지만 실패했다. 이 작전실패는 1980년 미국 대통령 선거에서 민주당의 카터 대통령이【강한 미국】이라는 슬로건을 내세운 공화당의 레이건 후보에게 패한 주요 원인의 하나였다. 한편 미국과 이란 관계의 악화는 당시 이라크 후세인 정권으로 하여금 1980년 이란을 침공하게 만들었다. 문제는 1980년 미국 대선과정에서 레이건 진영의 선거 캠프가 이란 인질사태에 대한 비밀협상을 추진한 것이다. 협상의 핵심내용은 인질을 석방하는 대신 당시 이라크와 전쟁을 벌이고 있었던 이란에 이스라엘을 통해 미국제 무기를 제공하는 것이었다. 팔레비 정권 동안 이란의 무기체계는 미국제였기 때문에 당시 이란은 이라크와의 전쟁에서 고전 중이었다.

1981년 1월 알제리에서의 인질협상 성공으로 이란 혁명정부는 레이건 대통령의 취임식에 맞춰 미국인 인질을 석방했다.[276] 더욱 흥미 있는 사실은 이란-이라크 전쟁의 8년 동안 미국은 공식적으로 이라크를 지원했다는 것이다. 예를 들면 1982년 레이건 대통령은 대통령 행정명령으로 미국의 이라크 지원을 공식화했다. 또한 1983년 레이건 대통령은 럼스펠드를 중동특사로 보내 후세인 이라크 대통령을 만나면서 지원방안을 논의했다.[277] 1986년 UN 안보리는 이라크군의 화학무기 사용에 대한 비난 결의안을 준비했는데 유일하게 미국이 반대표를 던졌다. 전쟁 중에 화학무기의 사용은 1925년 제네바협정의 위반이다. 이 외에도 미국은 1985~1989년 동안 이라크에 50억 달러의 재정적 지원을 제공하면서 소위 이라크게이트 스캔들을 일으켰다. 이처럼 미국은 전쟁에서 공식·비공식적으로 이라크를 지원했다. 그럼에도 불구하고 미국은 이란과의 인질협상에 따라 이란에게도 미국제 무기를 팔았다. 이 과정에서 1986년 소위 이란-콘트라 스캔들이 폭로되었다.

이 스캔들을 이해하기 위해서는 먼저 1979년 니카라과에서 일어난 사회주의 혁명부터 설명해야 한다. 1979년 오르테가가 주도하는 니카라과 좌파게릴라인 산디니스타 민족해방전선(FSLN)은 오랜 소모사 친미독재정권을 붕괴시키고 혁명에 성공했다. 이는 라틴아메리카에서 20년 전 카스트로가 바티스타 친미독재정권을 몰락시킨 쿠바혁명의 재현이라고 할 수 있다. 국제적인 냉전의 분위기하에서 미국의 CIA는 1960년대 카스트로를 전복시키기 위해 다양한 시도를 했듯이 오르테가의 전복을 시도했다. 다만 차이점은 전자를 위해 CIA는 미국 마피아를 끌어들였다면 후자를 위해 콜롬비아 메데진 카르텔을 이용했다는 점이다. CIA는 오르테가 좌파정권을 전복시키기 위해 바티스타 독재정권의 잔당들로 구성된 콘트라스 반군의 조직과 훈련을 지원했다.

그러나 1985년 민주당이 장악한 美의회의 볼랜드 수정법에 따라 콘트라스 반군에 대한 2,700만 달러 상당의 원조에 대해 인도적 차원을 제외한 기타 군사원조는 엄격히 금지시켰다. 결국 CIA는 콘트라스 반공 게릴라 활동을 지원하기 위한 일환으로 콜롬비아 코케인 카르텔로 하여금 마약 자금 1,000만 달러를 콘트라스 반군에 제공하게 했고 반군은 이를 무기 구입에 사용했다.[278] 대신 CIA는 메데진 카르텔의 마약밀매를 묵인했다. 한마디로 반공을 위한 콘트라스 반군의 마약밀매를 묵인한 것이 【니카라과 커넥션】의 핵심이다.[279] 콘트라스 반군에 대한 공식적 지원은 美의회의 볼랜드 수정법에 의해 금지되었기 때문에 레이건 행정부는 콘트라스 반군에 대한 군사적 지원자금을 다른 곳에서 찾았다. 바로 이란-이라크 전쟁이었다. 이것이 이란-콘트라 스캔들로 연결된다.

이 스캔들은 1985년에 시작되어 1986년 언론에 폭로됐다. 이 스캔들의 핵심은 볼랜드 수정법을 위반한 것이다. 이 법은 니카라과 정부를 전복시키려는 콘트라스 반군에 대한 CIA와 같은 정보기관의 군사적 지원을 금지하는 것이었다. 이 외에도 레이건 행정부는 【테러리스트와는 협상하지 않는다】는 미국 테리정책의 제1원칙을 공공연히 천명했다. 그러나 레이건 행정부는 이를 위반하고 당시 미국의 적성국가인 이란과 불법단체인 콘트라스에게 결과적으로 미국제 무기를 제공한 것이다. 구체적으로 레이건 행정부는 이란-이라크 전쟁 동안 美대사관 인질사건은 물론 레바논 헤즈볼라에 의한 일련의 미국인 인질사건을 해결하기 위해 이란에게 미국제 무기를 판매했다.[280] 왜냐하면 당시 이란은 시아파인 헤즈볼라에게 무기를 제공하면서 일정한 영향력을 행사하고 있었기 때문이다.

판매방식은 우선 이스라엘이 보유한 미국제 무기를 불법적으로 이란에게 제공하고 미국은 이스라엘에게 합법적으로 무기를 다시 제공하는 형식을 취했다. 이 과정에서 이스라엘이 이라크와 전쟁 중인 이란에 무기를 비싸게 팔고 남은 이득의 일부분을 레이건 행정부는 니카라과의 콘트라스 반군에 불법적으로 제공한 것이다.[281] 1985년 말부터 국가안보회의의 노스 중령은 이스라엘을 통한 간접방식보다 이란에게 직접 미국제 무기를 팔고 그 대금의 일부분을 콘트라스 반군에게 지원하는 직접방식을 선택했다.[282] 1986년 10월 니카라과에서 이란-콘트라 스캔들의 증거물이라고 할 수 있는 수송기 격추사건이 발생했다. 니카라과 정부군에 의해 격추된 수송기는 CIA 소속으로 유일한 생존자인 수송기 파일럿은 CIA를 위해 일하고 있던 사람이었다.

이 사건은 마약 관련 CIA의 수많은 비밀공작의 전형적인 패턴을 보여 준 사례이다. 이런 사례는 대부분 세관검열을 피할 수 있는 CIA 소속 수송기(일명 "Contra Craft")로 반공 게릴라에게 무기를 운송해 주고 미국으로 귀환할 때는 군 기지로 마약을 운반하는 것이다. 1991년 노리에가 재판에서도 수송기 파일럿은 콘트라스에게 무기를 제공하고 돌아오는 비행기에 마약을 실어 미국으로 운송한다고 진술했다.[283] 또한 1988년 민주당 케리 상원의원은 1985년 콘트라스 반군에 대한 지원금 중에서 1,400만 달러가 마약자금이라고 지적했다.[284] 결국 1986년 스캔들을 조사할 대통령위원회(The Tower Commission)가 결성되고 결과적으로 스캔들에 직접적으로 책임이 있는 국가안보보좌관 포인덱스터, 국방장관 와인버거, CIA 국장 케이시, NSC의 노스 중령 등이 기소됐다.

한편 CIA가 콘트라스 반군에 지원하는 마약자금을 세탁해 준 인물은 미리안-로드리게스였다. 그는 파나마와 마이애미를 근거지로 활동하면서 콜롬비아 카르텔의 마약자금 총 110억 달러를 파나마에 있는 미국 은행을 통해 전문적으로 돈세탁해 주는 인물이었다. 그는 파나마 실력자 노리에가에게 매년 400만 달러의 뇌물을 제공하고 있었다.[285] 또한 노리에가는 케이시 CIA 국장의 콘트라스에 대한 무기지원을 측면에서 제공하면서 그 대가로 미국으로 향하는 마약밀매를 묵인하고 매년 20만 달러의 뇌물을 제공받았다.[286] 1983년에 메데진 카르텔도 미국으로 운송하는 코케인 비행기의 중간 기착지를 파나마로 이용하면서 노리에가에게 막대한 뇌물을 제공했다. 이 외에도 메데진 카르텔은 CIA에 대한 보호비 명목으로 무기를 구매하도록 콘트라스 반군에게 코케인 자금을 후원하고 있었다.[287] 한마디로 80년대 레이건 행정부의 반공정책은 【CIA+노리에가 친미독재정권+콘트라스 반군+메데진 카르텔】을 연결한 더러운 동맹을 창조했다.

요약하면, 1980년대 반공정책인 레이건 독트린이 소련공산주의의 몰락과 냉전종식에 공헌한 것은 사실이다. 그러나 자유민주주의라는 미명하의 반공정책은 제3세계에 친미독재정권의 등장과 유지를 부추겨 많은 인권남용을 저지른 것도 사실이다. 레이건 행정부의 반공정책에 따라 CIA는 혁명적 수단으로 친미독재정권을 붕괴시킨 니카라과 사회주의정권의 몰락을 시도했다. 이 과정에서 CIA는 반공게릴라들의 마약밀매에 개입하거나 묵인했다. 반공과 자유라는 명분으로 CIA나 반공게릴라들의 인권남용, 백색테러, 마약밀매 등이 용인될 수 있는 것은 아니다.

반공을 위한 CIA의 코케인 밀매의 묵인 혹은 개입이라는 니카라과 커넥션은 1980년대 말 미국의 코케인 소비량이 1,000%까지 증가한 것에 대한 해답을 제공한다. 미국에서 순수 코케인의 가격이 1981년 kg당 6만 달러에서 1988년 kg당 1만 달러로 하락한 것은 이를 잘 반영한다.[288] 또한 1980년대 LA를 중심으로 미국의 대도시에 폭발적으로 크랙 사용이 증가의 주요 요인이다. 이런 맥락에서 레이건 행정부의 마약과의 전쟁은 허구에 불과했던 것이다.

레이건 행정부의 마약정책 실패는 1989년 노벨경제학상 수상자인 밀턴 프리드만으로 하여금 월스트리트 저널에 마약의 합법화 주장을 공개적으로 제기하게 만들면서 합법화 논쟁을 촉발시켰다. 기존의 전통적 마약정책에 대한 새로운 대안으로서의 마약 합법화 논쟁은 1990년대에 이르러 마약의 非범죄화, 해악감소, 의료화 정책에 대한 논쟁에 열기를 더했다. 20세기를 통틀어 미국에서 마약은 주기적으로 중요한 이슈의 하나였지만 1980년대 말과 1990년대 초 그것은 하이라이트를 장식했다. 이 때문에 부시 행정부의 임기 말에 마약정책은 새로운 변화를 요구받았다.

1991년 국가마약통제전략보고서에 따르면, 통계상 크랙 사용자의 비율은 상당 부분 하락했지만 엄격한 처벌 위주와 공급감소전략의 마약정책에 대한 한계에 대해 일부 학자들의 비판이 높았다. 특히 처벌 위주의 마약과의 전쟁은 교도소 수감인원의 폭발적인 증가를 야기했다.[289] 결국 1992년 대선캠페인에서 레이건 및 부시의 마약과의 전쟁은 고비용과 저효율은 물론 오히려 마약남용과 마약폭력의 증가라는 부정적인 현상이 등장한 데 따른 비판의 토론장이 되면서 클린턴의 당선에 기여했다.

1980년대 마약사에서 의미 있는 국제마약통제레짐은 1988년 UN 협약이다. 국제협약과 같은 마약 관련 국제통제레짐은 〈표 8-2〉에서 보듯 1912년 최초의 협약을 시작으로 1988년 기존의 모든 마약 관련 국제 협약을 통합하기까지 역사적으로 많은 발전을 이루었다. 문제는 마약생산 및 사용에 대한 각국의 문화적 독특성에서 나타나는 인식의 차이로 기존 마약 관련 국제협약을 제정할 때마다 일정한 한계를 드러냈다는 것이다. 가장 중요한 한계 중 하나는 서명국이 국제협약의 조항을 위반할 경우에 그에 대한 적절한 제재방안이 없다는 것이다. 1988년의 협약을 보더라도 모든 서명국들은 자국의 국내법을 국제협약에 일치하도록 의무를 부과했다. 이것은 국내법과 국제협약의 차이에서 오는 마약사범의 도피를 방지하기 위한 것이었다. 그러나 내정불간섭 원칙(2조 3항)과 처벌조항의 유동성(3조 4항)으로 인해 1988년 UN 협약조차 실질적인 강제력을 부과하기에는 일정한 한계가 있었다.

〈표 8-2〉 마약 관련 국제협약

연도	협약명칭	핵심내용
1912	The Hague Opium Convention	최초의 마약(아편)통제를 위한 국제협약
1925	The Geneva Convention	마약생산에 대한 통계제출의 의무 부과
1931	Convention for Limiting the 1931 Manufacture and Regulating the Distribution of Narcotic Drugs	의학 및 과학적 목적을 위한 마약생산에 대한 제한을 위해 할당제 도입
1936	The Convention for the Suppression of the Illicit Traffic in Dangerous Drugs	마약밀매 관련 범죄인에 대한 인도절차의 간소화
1946	The Geneva Protocol	기존 협약에 대한 국제연맹의 권한을 국제연합에 이양
1948	The Paris Protocol	세계보건기구에 중독성 마약류의 통제권한 부여
1953	The Opium Protocol	의학 및 과학적 목적을 위한 아편사용의 제한
1961	The Single Convention on Narcotic Drugs	1936년 협약을 제외한 기존 협약 통합
1971	The Convention on Psychotropic Substances	32가지 향정신성 마약에 대한 엄격한 국제통제
1972	The Geneva Protocol	1961년 협약을 개정
1988	The UN Convention against Illicit Traffic in Narcotics Drugs and Psychotropic Substances	국내법을 국제협약에 일치하도록 의무 부과 그러나 서명국의 법률조항에 대한 개입 금지

제5절
1990년대: 탈냉전, 조직범죄의 세계화, 글로벌 마약밀매

1990년대는 정치적으로 탈냉전과 세계화의 담론으로 압축할 수 있다. 1989년 동구 공산주의를 시작으로 1991년 소련 공산주의도 붕괴됐다. 반세기에 걸친 냉전이 종식된 것이다. 이를 시작으로 공산권은 물론 다수의 非공산국가에도 민주주의가 확산됐다. 경제적으로 소련 및 중국의 문호개방, 1992년 유럽통합, 1994년 NAFTA가 체결되면서 신자유주의의 경제논리가 글로벌 차원으로 확산됐다. 민주주의 및 신자유주의의 확산은 인류에게 다가오는 21세기가 마치 새로운 국제질서와 안정을 약속하는 장밋빛 미래로 비쳤다. 그러나 걸프전(1991), 유고전(1991~1995), 아프간 내전(1992~2001), 코소보전(1998~1999), 그리고 중동지역에서의 수많은 반미테러 등과 함께 신자유주의의 확산에 따른 빈부격차의 심화는 글로벌 차원의 폭력적 反세계화 운동으로 번져 1990년대를 폭력 투쟁과 테러의 시대로도 평가할 수 있다.

사회문화적으로 1990년대의 정보혁명과 인터넷은 세계화를 유도한 가장 중요한 수단이었다. 세계화는 한마디로 표현할 수 없는 복잡한 현상이지만 간단히 말하면 시간적으로 인터넷을 통한 실시간 커뮤니케이션의 가능 그리고 공간적으로 국가와 국가 사이의 교류확대의 가능인 거리의 장벽이 축소되었거나 약해졌다는 의미이다. 이런 맥락에서 세계화는 지구상의 인간사회를 하나의 통합된 네트워크로 묶게 만들어 편리한 기능을 발생시켰다. 세계화에 따른 개방화 그리고 인터넷과 같이 실시간 정보교류가 가능한 정보통신기술의 획기적인 발달은 다양한 분야에서 긍정적인 측면이 있었다.

그러나 세계화의 긍정적 측면은 마찬가지로 부정적 측면도 발생시켰다. 왜냐하면 냉전 동안 국제범죄의 확산에 어느 정도 보호막이었던 물리적인 시간, 거리, 장소의 제약도 함께 사라지게 만들었기 때문이다.[290] 다시 말하면 세계화의 긍정적 편리성은 지하세계에도 적용되어 인간 환경을 위협하는 새로운 요인인 국제테러, 마약밀매, 조직범죄의 세계화라는 부정적인 측면도 발생시켰다. 이처럼 1990년대 탈냉전과 세계화의 과정은 공식적으로 【새로운 세계질서】의 추구라는 현상을 유도했지만 비공식적으로는 【새로운 세계무질서】의 현상도 양산했다.

무질서 현상은 보이는 현실세계의 이면에 공존하면서 공식적인 현실세계의 안정과 질서를 위협하거나 파괴하는 보이지 않는 비공식 현실세계이다. 이러한 무질서 현상을 미국 학자인 홀든-로디스와 럽샤는 【회색지대현상】으로 명명했다. 그들은 이를 "非국가행위자들 혹은 非정부조직들에 의한 민족국가들의 안정에 대한 위협들"로 정의한다.[291] 한마디로 이들 학자들은 냉전종식이 판도라 상자 속의 테러리즘, 마약밀매, 조직범죄, 환경파괴, 인종갈등과 같은 각종 문제를 드러내고 있다고 지적했다.[292] 이러한 상자 속의 문제들이 현재 세계화라는 기류를 타고 전 세계적으로 확산 중에 있다.

　마약사의 측면에서 1990년대는 신종마약의 등장과 마약밀매의 글로벌 확산 시기였다. 이런 맥락에서 1990년대 마약사는 크게 다섯 가지로 세분하여 분석할 수 있다. 첫째, 탈냉전과 세계화에 따른 TOC의 부상이 어떻게 글로벌 마약밀매의 확산에 공헌했는가? 둘째, 세계화의 수단이 된 인터넷이 신종마약의 확산에 어떻게 작용했는가? 셋째, 테러 및 게릴라 조직의 마약밀매의 개입이다. 소위 테러-마약밀매의 연계이다. 이것은 테러와 마약이 별개의 문제가 아니라 동전의 양면이 될 수도 있다는 의미이다. 넷째, 1980년대 말에 논쟁이 된 마약의 합법화 문제이다.[293] 이 문제는 특히 1996년 캘리포니아주가 의료 목적의 마리화나를 합법화하면서 현재까지 미국은 물론 글로벌 차원의 첨예한 논쟁의 주제가 되고 있다. 다섯째, 글로벌 헤게모니를 장악한 미국의 마약정책은 냉전 시대와 달라졌는가?

　첫째, 세계화이다. 이 현상은 지역적 차원의 정치·경제·사회·문화·기술적 요인들이 글로벌 차원의 네트워크에 통합되는 과정이라고 할 수 있다. 이 과정에서 노동은 물론 상품과 서비스 그리고 자본의 자유로운 이동이 가능하다. 인터넷으로 대변되는 정보통신기술의 발전과 혁명이 세계화를 더욱 촉진시킨 도구이다. 1990년대 가장 큰 특징인 세계화는 부정적 측면에서는 【마약의 세계화】로 발전했다. 이에 편승해 전통적 혹은 새로운 초국가적 범죄조직들이 범죄적 자본주의를 통해 막대한 불법이익을 획득할 수 있는 마약밀매에 적극적으로 개입하고 있다.

더구나 범죄조직은 물론 정치·종교적 테러조직조차 투쟁수단인 무기 구입을 위해 마약밀매에 개입하는 사례가 증가하면서 테러조직과 마약조직이 상호 연계하는 사례가 종종 적발되는 새로운 현상마저 등장하고 있다.

세계화는 또한 신흥 TOC의 급속한 등장에 공헌했다. 대표적인 예는 이들은 러시아 마피아, 동유럽 마피아, 멕시코 카르텔이다. 이들은 전통적 글로벌 범죄조직인 미국 마피아, 시칠리아 마피아, 중국계 삼합회, 일본 야쿠자, 콜롬비아 카르텔 등과 국제 마약유통의 구조에 분업화를 통해 연계하면서 세력을 확장하고 있다. 범죄조직들은 상호투쟁이 아닌 상호연대를 통해 새로운 불법 마약시장의 확대에 주력하면서 불법이익의 극대화를 꾀하고 있다. 1980년대까지만 해도 이러한 범죄조직과의 연계는 드물게 나타났다. 흥미로운 사실은 초국가적 범죄조직들이 대외적으로 상호공조적인 연계를 형성하는 것과는 달리 대내적으로는 더욱 폭력적인 경향을 보이고 있다는 점이다. 이것은 기존의 지배적인 중심조직이 와해되면서 그 공백을 한정된 공간 내에서 소규모의 신흥조직들이 암투를 벌인 결과이다.

대내외적 차원에서 이들의 상호연대와 세력 확장에는 부패한 정치권력과의 연계가 필수적 요인으로 등장한다. 러시아 마피아와 옐친 정권의 부패관계, 공산주의 국가에서 자본주의 국가로 전환하는 동유럽 국가들도 정치권력과의 부패고리에서 자유로울 수 없었다. 멕시코 카르텔과 멕시코 역대 정치권력과의 부패적 공생관계는 어제오늘의 일이 아니다. 콜롬비아의 경우 1994년 삼페르가 대통령에 당선되자 당시 콜롬비아 최대의 코케인 조직인 칼리 카르텔은 "우리 대통령이 당선됐다."라고 외치며 즐거워했다는 언론보도는 후에 DEA가 대통령 선거 동안 칼리 카르텔이 삼페르 대선진영에 600만 달러의 선거자금을 제공했다는 것이 판명되면서 사실로 드러났다.[294] 이처럼 TOC와 정치권력과의 공생관계는 글로벌 차원의 마약밀매의 확산에 공헌한 중요한 요인이다.

자본주의 사회에서 합법적이건 비합법적이건 투자에 대해 산출되는 수익이 마약밀매보다 더 큰 비즈니스는 드물 것이다. 왜냐하면 마약밀매는 유통과정에서 높은 위험 부담률이 발생하더라도 그것을 상쇄할 높은 수익성이 보장되기 때문이다. 마약밀매는 국제오일거래량을 초과하고 오직 무기거래 다음으로 높은 연 5,000억 달러에 이르고 있다.[295] 콜롬비아 중앙은행 총재이며 경제학자(Saloman Kalamanovitz)는 콜롬비아가 마약밀매로 획득한 외화를 1995년의 경우 GNP의 5%인 35억 달러로 추산했다.[296] 이 때문에 당시 콜롬비아는 멕시코와 함께 마약부패가 가장 심각한 국가이며 결국 【마약 민주주의】라는 오명을 남겼다.

마약밀매로부터의 막대한 불법수익은 마약조직의 핵심적 권력메커니즘이며 각종 부정적 부산물의 근원이다. 또한 부패, 폭력, 외교 분쟁 등의 정치적 측면 외에도 국내외적으로 합법적 경제발전에 대한 위협과 불법 자금세탁에 의한 세계경제구조의 왜곡, 마약의 남용, 단속, 치료로부터 발생하는 사회비용, 마약박멸에 사용하는 독성의 화학물질은 생산국에 새로운 환경파괴 등 다양한 영역에서의 헤아릴 수 없는 비용을 계산하면 그 피해는 엄청난 것이다.[297]

초국가적 마약조직에 의한 새로운 현상은 정치적 형태의 마약 테러리즘의 등장이다. 대부분 범죄조직들은 국가를 상대로 폭력을 행사하는 것을 자제하고 비교적 온건한 방법인 뇌물을 통한 공생관계를 시도한다. 그러나 이것이 실패할 경우 폭력을 행사하며 위협한다. 그러나 1980~1990년대 콜롬비아와 최근의 멕시코처럼 마약생산국에서의 마약 관련 폭력은 국가기관의 권위에 정면으로 도전하는 정치테러의 형태를 띠고 있을 정도로 심각하다.[298]

1980년대 콜롬비아에서 【플라타 오 플로모(*plata o plomo*: 뇌물이냐 총알(죽음)이냐)】라고 하는 유행어에서 단적으로 알 수 있다. 소위 마약 테러리즘이라는 정치폭력은 정부의 對마약정책에 영향을 미치려는 과정에서 국가공무원에 대한 테러행위를 의미한다. 예를 들면 미국과 콜롬비아 사이의 1980년에 체결된 마약범죄인도협정을 취소시키려는 메데진 카르텔의 10년 가까운 대정부 테러행위는 결국 1991년에 콜롬비아 마약사범의 미국 인도를 불법화하는 새로운 헌법을 통과시키게 만들었다. 게릴라 단체도 아닌 일개 범죄조직이 정부와의 정치적 협상을 통해 헌법을 개정할 정도로 위협적인 존재로 부상한 것이다.

둘째, 인터넷 사용의 확산이다. 1990년대 세계화를 가능케 한 중요한 도구의 하나는 인터넷일 것이다. 1991년 World Wide Web이 공표됐다. 이를 토대로 1996년 인터넷이라는 용어가 사용되기 시작했고 그 후 다양한 운영체계와 검색엔진의 개발은 인터넷 사용의 폭발적인 성장을 유도했다. 또한 1990년대 중반 이후 인터넷은 글로벌 네트워크의 상업화를 주도했다. 폭발적인 인터넷 사용증가에 대한 중요한 요인 중 하나는 아마도 무기명일 것이다. 그러나 인터넷의 이와 같은 특성은 테러수단, 마약밀매, 불법상품의 거래에도 유용한 수단으로 이용되는 부정적인 측면을 야기했다. 왜냐하면 마약밀매의 경우 알약 형태의 엑스터시와 무색무미의 GHB 같은 신종마약이 인터넷 주문을 통해 위장된 채 급속히 유통되고 있기 때문이다. 이러한 21세기 글로벌 마약밀매의 새로운 형태는 인류에게 새로운 위협으로 등장하고 있다.

특히 엑스터시는 1912년 독일 화학자가 처음으로 합성에 성공했다. 이 의약품은 서구에서 70년대 말부터 1980년대 중반까지 우울증 환자에게 심리치료제로 이용되었다. 왜냐하면 이 의약품은 사람의 기분을 좋게 만드는 도파민과 세라토닌 같은 호르몬을 많이 분비하도록 촉진하기 때문이다. 이 약의 특성이 1980년대 중반 이후 전자 댄스음악을 위주로 하는 댄스파티(raves)에서 미국의 청소년들로 하여금 폭발적으로 이용하도록 만들었다. 결국 DEA의 요청에 따라 미국은 1985년에 이 의약품을 1급 마약으로 지정했다. 1990년대 엑스터시는 레이브 문화에 따라 미국 및 유럽의 고등학교 및 대학생들 사이에서 폭발적으로 이용되었다. 현재 엑스터시는 미국에서 마리화나, 헤로인, 코케인과 함께 널리 이용되는 4大 불법마약이다.

셋째, 테러-마약의 연계이다. 원래 이것은 70년대 말 콜롬비아에서 메데진 카르텔과 좌익 게릴라조직(FARC)과의 사이에서 등장했다.[299] 이런 패턴은 마약조직이 마약정제를 위해 법집행기관으로부터의 보호를 게릴라조직 혹은 테러조직 등에 위탁하면서 확산됐다. 그 이유는 1980년대 들어 테러지원국이었던 소련이나 쿠바 등은 경제상황이 악화되어 테러조직들에 대한 재정지원을 중단했기 때문이다. 따라서 게릴라 혹은 테러조직은 혁명 활동의 자금충당을 위해 일시적 수단으로 마약밀매에 간접적으로 개입했다. 그러나 1990년대 탈냉전 후에 더욱 어려워진 외부지원의 감소는 이들로 하여금 마약밀매를 필수적 수단으로 이용하게 만들었다. 1990년대 등장한 다양한 초국가적 범죄조직들도 상호연대를 통해 이런 패턴에 개입하면서 더욱 복잡한 양상을 띨 전망이다.[300] 이 부분은 제9장에서 보다 더 깊게 고찰할 것이다.

1990년대 테러-마약 연계의 대표적인 사례는 1989년에 종식된 아프간 내전 이후의 상황이다. 앞에서 지적했듯 1980년대 아프간 무자헤딘의 아편밀매에 대한 미국의 묵인은 장기적으로 볼 때 아프간 헤로인이 미국 및 유럽으로 대량 유입되는 아이러니를 드러냈다. 1989년 소련군이 아프간에서 철수한 후 미국 역시 아프간에 대한 지원을 철수했다. 1992년 아프간 공산정부가 붕괴되고 1994년까지 아프간은 군벌 간의 정권획득을 위한 투쟁장이었다. 이 와중에 1994년 아프간 남부지방에서 오마르를 지도자로 아프간의 다수인종인 파슌트로 구성된 탈리반이 혜성처럼 등장하고, 1996년 수도인 카불을 점령하면서 아프간은 통일되는 듯했다. 1990년대 이런 아프간 군벌의 내부투쟁을 위한 군비자금의 대부분은 아프간 아편 및 헤로인 밀매로부터 충당됐다. 한마디로 아프간 군벌들은 마약밀매자였다.

한편 탈리반에 대항하는 아프간 군벌들은 북부동맹을 결성한다. 이들은 非파슌트로 타지크 출신인 마수드와 우즈베크 출신인 도스톰이 주도했다. 전자가 파키스탄, 사우디아라비아, 아랍에미리트 등에서 지원을 받았다면 후자는 러시아와 이란으로부터 지원을 받았다. 1996년부터 9·11 이후 미국이 아프간을 공격하기 전까지 두 지도자를 잃은 북부동맹은 탈리반에 의해 거의 와해 직전이었다. 북부동맹과 탈리반 사이의 권력투쟁의 와중에서도 이들 양자의 군비를 충당한 것은 다름 아닌 아편 및 헤로인 밀매였다. 이 때문에 1990년대 아프간 아편생산량은 매년 증가하는 양상을 보여 준다.[301]

1990년대 아프간 분쟁지역에서 헤로인 밀매의 급성장은 상대적으로 전통적 헤로인 밀매지역인 동남아 지역의 마약밀매를 감소시키는 결과를 가져왔다. 이는 물론 두 가지 요인에서 기인한다. 하나는 아이러니하게도 미국의 대외정책이 상대적으로 중앙아시아에 초점을 맞춤으로써 동남아에서 DEA의 마약척결에 대한 노력이 수월했다는 것이다. 다른 하나는 이 지역에서 전통적 아편조직인 쿤사조직이 1996년 미얀마 정부에 투항한 후 경쟁관계에 있던 호전적인 와(Wa) 게릴라조직이 새로운 아편밀매조직으로 등장했으나 후자가 아편밀매에 대한 전통적 노하우를 상대적으로 구축하지 못했기 때문이다. 그러나 동남아시아는 여전히 많은 민족적 분쟁이 끊이지 않고 아편재배를 위한 최상의 기후조건과 열악한 경제상황으로 인해 다양한 형태의 마약밀매는 지속될 것이다.

넷째, 마리화나 합법화 논쟁이다. 마약의 범죄화 정책에 반발한 네덜란드 모델은 1980년대 말부터 점차적으로 서구사회에서 적용되는 수가 증가하기 시작했다. 미국의 경우 1989년 플로리다 주에서 처음 실시하여 전국적으로 확산 중인 【약물법정】이라는 새로운 마약정책이 기존 범죄화 정책에 반발하는 목소리로 등장했다. 유럽의 경우 이런 경향은 1990년 유럽의 주요 시의회가 개인의 마약사용이나 소지를 촉진하는 제안에는 반대하지만 마리화나의 非범죄화와 마약중독자의 의료적 치료에 정책의 초점을 맞추어야 한다는 【프랑크푸르트 결의안】의 선언에서 잘 나타난다. 이것은 1998년 마약 정책에 대한 【유럽市 선언】으로 발전했다. 그럼에도 불구하고 마약의 범죄화를 주장하는 사람들은 【징검다리 가설】을 제시하면서 소프트 마약에 대한 非범죄화는 시간이 갈수록 마약 사용자를 하드마약 사용으로 전환시키는 계기만 제공한다고 비판한다.

진통제로서의 마리화나는 19세기 말 아스피린이 발명될 때까지 서구에서 보편적으로 사용됐다.[302] 그러나 20세기에 이르러 미국의 여러 주에서 더 이상 의약품이 아닌 마약으로서의 마리화나에 대한 통제법을 제정하기 시작했다. 미국의 경우 1936년 국제통제레짐에 따라 1937년에 마리화나 과세법을 제정하여 의학 및 산업용을 제외하고 적절한 세금을 납부하지 않는 사람에게 마리화나에 대한 소유 및 이전을 불법화시켰다. 1961년 UN 단일협약에 따라 미국은 1970년 통제약물법을 제정하면서 마리화나를 1급 마약으로 지정하고 마리화나에 대한 재배, 판매, 구매, 소비 및 소유를 완전히 금지시켰다. 그러나 1973년 미국의 오리건주를 시작으로 많은 주에서 소량의 마리화나에 대한 개인적 소지 및 사용에 대한 非범죄화를 단행하는 주가 점차 증가하기 시작했다. 1996년에는 캘리포니아주가 마리화나에 대한 의학적 목적의 사용을 허용하는 주법을 제정하면서 다른 주로 확산되고 있다.

마리화나의 개인적 소지 및 사용에 대한 非범죄화의 경우 1980년대 말부터 유럽국가에서 점차적으로 확산되고 있다. 현재 10개국 이상이 非범죄화를 실행하고 있다. 가장 대표적이고 논쟁적인 사례는 1976년 아편법에 따라 실행 중인 네덜란드의 마리화나 커피숍이다. 네덜란드는 18세 이상이면 정부가 지정한 마리화나 커피숍이라는 지정된 장소에서 소량(5g)의 마리화나 구입을 허용했다. 그러나 마리화나의 사용을 불법화한 프랑스와 독일의 경우 자국민이 휴가 혹은 방학기간 동안 네덜란드로 마약여행을 떠나는 문제에 대해 국제 이슈화했다. 이런 연유로 네덜란드는 점차적으로 커피숍에 대한 통제를 강화했다. 영국의 경우 1971년 마약남용법에 따라 마리화나는 B급 마약이었지만 2004년 C급 마약으로 낮추었다가 2009년 다시 B급 마약으로 재분류했다.

마리화나에 대한 두 번째 논쟁은 그것의 의학적 사용이다. 이미 많은 과학적 연구결과가 마리화나의 흡연이 알츠하이머병, 파킨스병, AIDS, 폐암, 유방암, 뇌암 등의 치료와 환자의 고통을 경감하는 효과 혹은 암세포를 죽인다고 보고하고 있다.[303] 특히 마리화나만을 피우는 사람은 폐암을 억제한다는 연구결과도 있다.[304] 그러나 담배와 마리화나를 동시에 피우는 사람은 폐암에 걸릴 확률이 오히려 3배까지 증가하는 시너지 효과가 나타날 수 있다는 연구결과도 있다.[305] 이런 연유로 마리화나의 의학적 사용은 호주, 벨기에, 캐나다, 네덜란드, 이스라엘, 그리고 현재 미국의 일부 주에서 일부 의사 처방하에 합법적으로 허용하고 있다.

문제는 1970년 마리화나의 범죄화를 규정한 미국의 연방마약법인 통제약물법과 마리화나의 非범죄화와 의학적 목적을 허용하는 주법의 충돌이다. 왜냐하면 1970년 연방마약법은 마리화나를 의학적 목적으로 사용할 수 없는 1급 마약으로 지정했기 때문이다. 캘리포니아의 경우 1996년 암 혹은 AIDS 환자에게 의사의 처방전이 있으면 의학적 목적의 마리화나 사용을 허용하는 주법을 제정했다. 그러나 2001년 연방대법원 헌법소원(United States v. Oakland Cannabis Buyers' Cooperative)의 판결은 마리화나의 의학적 사용을 허용하는 주법을 무효화시켰다.[306]

그럼에도 불구하고 2002년 캘리포니아주 대법원은 캘리포니아 주법에 따라 의사의 처방전과 함께 마리화나의 소지 및 획득은 범죄가 아니라고 판결했다.[307] 이러한 캘리포니아주 대법원의 판결에 대해 2005년 마리화나의 의료적 사용에 대한 연방대법원의 판결(Gonzales vs. Raich)은 6 vs. 3으로 DEA의 손을 들어 주었다. 그러나 마리화나 관련 연방대법원의 판결에도 불구하고 여전히 마리화나 관련 연방법과 주법의 충돌은 2007년 캘리포니아주에서 허용한 마리화나의 의학적 사용에 대한 클리닉에 DEA가 급습한 사건에서 보듯이 여전히 지속되고 있다.[308] 결과적으로 이러한 연방법 vs. 주법의 이중적 구조가 미국 마약정책의 이중성인 동시에 실패의 주요 요인이 된다.

한편 FBI의 연례 범죄백서에 의하면 2001년 미국에서 마리화나 관련 마약사범 수는 약 72만 명으로 역대 두 번째로 최고 수치를 기록했다.[309] 갤럽 여론조사에 의하면, 1969년엔 미국인 중에서 16%가 마리화나에 대해 합법화를 찬성했지만 2005년에는 36%가 합법화를 찬성했다.[310] 이런 증가추세는 2009년에는 52%가 찬성하고 있다.[311] 또한 2002년 10월에 실시된 Time/CNN의 여론조사에서도 미국인의 약 72%가 마리화나의 非범죄화 정책을 지지하며 약 80%가 의학용 마리화나의 합법화를 지지했다.[312] 이러한 국민의 마약 관련 의식변화는 마약 관련 진보적인 주법의 개정 및 제정에 부분적으로 공헌하고 궁극적으로 현재 처벌 위주의 연방마약법과 더욱 마찰을 일으킬 것이다. 미국의 변화하는 마리화나 정책에 대해서는 제9장 3절에서 상세히 고찰할 것이다.

다섯째, 1990년대 클린턴 행정부의 마약정책이다. 1990년대 들어 미국의 강력한 反마약정책과 콜롬비아 정부의 집중단속으로 양대 코케인 카르텔이 거의 붕괴됐다. 그러나 양대 카르텔의 몰락은 멕시코 3大 카르텔(*Gulf, Juarez, Tijuana*)의 급부상을 초래했다. 왜냐하면 콜롬비아 카르텔은 미국 법집행기관에 의한 체포위험을 피하기 위해 멕시코 카르텔에 판매독점권을 완전히 양도했기 때문이다. 한마디로 【풍선효과】이다. 멕시코 카르텔의 급부상에 대한 대외적 원인으로는 1994년에 체결된 NAFTA를 들 수 있다. NAFTA의 협상과정에서 마약이슈에 대해 미국 측의 많은 우려가 현실화된 것이다. NAFTA는 기존 미국-멕시코 국경 간의 미국 측 통제력을 상대적으로 축소시켰다. 멕시코 카르텔의 급부상에 대한 대내적 원인으로는 전통적인 멕시코의 고질적인 정치부패를 포함한 사회의 전반적인 부패문화이다.[313] 결과적으로 1990년대 이후 멕시코 카르텔은 미국 내 코케인은 물론 헤로인, 마리화나, 메스암페타민 등 다양한 마약의 분배망을 완전히 장악하는 계기가 됐다.

1997년 DEA의 자료는 멕시코 마약밀매자의 연 수익은 약 100억 달러 정도로 추산하고 이 중에서 약 60%인 60억 달러가 고위관리부터 말단관리에까지 뇌물로 제공된다고 강조했다.[314] 또한 1997년 NSA는 멕시코 마약조직이 멕시코 내에서 외국인투자와 거의 맞먹는 약 60억 달러의 불법수익을 멕시코의 재정시스템을 통해 자금세탁 했다고 보고했다.[315] 이것은 NAFTA가 발효되면서 멕시코 조직이 세계 주요마약의 공급역할자로 부상했음을 반증한다. 왜냐하면 NAFTA 체결 이후 마약의 최대 소비시장인 미국으로 향하는 세계의 모든 마약이 멕시코로 집중되었기 때문이다. 이와 유사한 예는 서유럽으로 향하는 서남아시아산 헤로인의 단순한 중계역할을 담당했던 나이지리아 운반조직의 급부상이다. 특히 이 조직의 부상은 남아프리카공화국의 개방에 따라 그들의 주요 활동 근거지를 그 국가의 수도로 이주했다.[316]

1992년 대통령 선거 캠페인 동안 클린턴 민주당 후보는 부시 행정부의 마약과의 전쟁을 비판하면서 마약정책의 공급감소전략과 수요감소전략의 균형 있는 정책을 추진할 것을 공약했다. 그는 공급감소전략의 일원인 마약밀매의 직접적 차단정책보다는 마약생산국의 경제 및 군사적 지원을 통한 간접전략을 구사할 것이라고 공약했다. 당선된 후 클린턴 대통령은 백악관 마약통제정책국의 스태프를 146명에서 25명으로 대폭 축소했다. 그는 또한 1993년 고어 부통령을 중심으로 DEA를 FBI에 합병하려는 시도를 하였으나 뜻을 이루지는 못했다.[317] 그러나 당시 의회를 장악한 공화당은 클린턴 행정부의 제안을 거절하면서 마약통제정책국 스태프를 다시 40명까지 증원시키고 그 기관의 예산도 요청한 580만 달러에서 두 배가량인 1,110만 달러로 책정했다.

클린턴 행정부는 1994년 새로운 국가마약통제정책의 전략을 수요감소정책과 마약생산국에 대한 경제지원의 필요성을 재차 강조했다.[318] 그러나 경제적 지원은 현실화되지 못했다. 클린턴 행정부 제1기에 마약차단정책에 할당된 1억 달러의 예산도 1/2인 5,690만 달러로 축소됐다. 이에 따라 1992년 연 70톤의 코케인 압수량이 1995년 37톤으로 급감했다. 특히 1990년대 초에 미국에서 헤로인 소비가 급증하는 데 대한 대책으로 1993년 클린턴 행정부는 헤로인에 대한 대책을 마련할 것으로 발표했지만 1995년까지 아무런 대책도 마련하지 못했다. 가장 큰 이유는 당시 미국에서 사용하는 헤로인의 주요 생산국인 미얀마에서 미국의 다른 외교정책의 현안에 균형점을 찾지 못했기 때문이다. 이는 미국의 反마약정책이 여전히 미국 외교정책의 우선순위에서 국가이익 및 테러정책에 종속됐기 때문이다.

1996년 미국 보건복지부는 청소년의 마리화나, LSD, 코케인의 사용이 105% 증가했다고 발표했다. 이에 대해 1996년 대선에서 공화당 후보인 돌 상원의원은 反마약 캠페인(*Just Don't Do It*)을 제안했다. 클린턴 후보는 1996년 안데스 국가를 포함한 베네수엘라와 카리브 국가에 反마약정책을 위해 7,500만 달러의 군사 장비를 지원할 것이라고 공약했다. 그러나 마약이슈는 당시 대선이슈에서 5번째 순위에 불과했다.[319] 이것은 양 후보가 反마약정책에서 비전과 리더십을 보여 주지 못했다는 것을 반증한다. 결국 1996년 미국의 대표적인 보수 저널(National Review)은 마약과의 전쟁에서 패배했다고 결론지으면서 마약의 합법화 이슈가 다시 제기됐다.

미국 마약정책의 역사적 변화를 재고할 때 20세기가 시작된 이래 미국에서 마약문제는 정치·경제·사회·문화적으로 복잡한 양상을 보여 왔다. 미국에서 처음으로 마약에 대한 법적 통제는 앞에서 언급한 1914년 해리슨법에서 시작되었는데, 이후 1950년대까지 마약정책은 한마디로 처벌 위주의 범죄화 정책이라고 할 수 있다. 1960년대 부분적으로 치료재활 부분에 강조를 두었지만 큰 실효는 거두지 못했다. 따라서 미국은 1960년대까지 미국의 마약문제는 주로 국내 사회문제의 하나로 인식했다. 그러나 1970년대 초 닉슨 행정부가 처음으로 마약과의 전쟁을 선언하면서 마약문제는 본격적으로 정치문제로 부상했다.

이를 계기로 마약문제는 향후 미국의 대통령 선거에서 중요한 현안의 하나로 인식됐다. 나아가 미국에서 마약문제가 국제정치적 이슈로 등장한 것은 레이건 행정부의 마약과의 전쟁 선언이었다. 이것은 미국 역사상 처음으로 군사문제가 아닌 마약이라는 정치·사회 문제에 100여 년간 민간문제에는 군부가 개입되지 않는다는 전통에 종지부를 찍은 새로운 선례를 남겼다. 이런 과정에서 미국의 마약정책은 냉전 동안엔 반공정책에, 탈냉전 동안엔 더 우선순위의 국가이익에, 그리고 21세기엔 테러정책에 종속되어 종종 일관된 원칙 없이 전개되어 왔다. 이것이 미국 마약정책의 근본적인 실패의 원인이다.

결론적으로 20세기 후반기 마약의 역사를 평가하면 한마디로 20세기 전반기보다 더욱 강화된 마약 사용자에 대한 처벌의 강화이다. 이것은 1970년대 초 마리화나와 80년대 중반 엑스터시의 경우에서도 알 수 있다. 두 마약의 의학적 용도에 대해서는 여전히 많은 논쟁이 있다.

그러나 분명한 것은 미국에서 이 두 마약이 중독성과 오남용의 문제에서 1급 마약으로 지정됐다기보다는 오히려 정치적 이유에서 사용이 금지당했다는 사실이다. 특히 양자 모두 마약과의 전쟁이라는 당시의 정치적 희생물이라고도 볼 수 있다.

더구나 정부는 제약회사에서 제조한 마리놀(marinol)을 마리화나의 대체마약으로 추천하고 있다. 그러나 그것은 가격뿐만 아니라 효능 면에서 천연 마리화나보다 훨씬 성능이 떨어진다. 결국 1990년대 미국과 유럽에서 마리화나에 대한 합법화 논쟁은 필연적으로 등장할 수밖에 없었다고 평가할 수 있다. 마약의 범죄화가 반드시 나쁜 정책이라고 평가할 수는 없다. 그러나 그에 따른 글로벌 차원의 조직범죄의 급성장과 마약 관련 부패 및 폭력적 투쟁은 너무도 값비싼 대가라고 평가할 수 있다.

참고문헌

조성권(1997). "부패의 정치경제학." 『한국부패학회보』, 창간호.

조성권(1998). "콜롬비아 마약밀매의 원인." 『국제지역연구』, 2권 2호.

조성권(1999). "마약 테러리즘(Narco-Terrorism)에 대하여." 『중남미연구』, 제18권 1호.

강문구·조성권(2000). "멕시코의 마약부패와 정치개혁의 위기." 『21세기정치학회보』, 10집 1호.

조성권(2010). "아시아에서 초국가적 범죄로서의 마약밀매와 시민사회의 역할." 참여연대 국제연대위원회·경희대 인류사회재건연구원 엮음, 『국경을 넘어선 아시아 문제와 시민사회의 역할』. 서울: 경희대학교 출판문화원.

조성권(2011). 『21세기 초국가적 조직범죄와 통합안보』. 서울: 한성대학교출판부.

Alvarez, Elena H.(1995). "Economic Development, Restructuring and the Illicit Drug Sector in Bolivia and Peru: Current Policies." *Journal of Interamerican Studies and World Affairs*, Vol.37, No.3.

Bagley, Bruce M.(1988). "The New Hundred Years War?: US National Security and the war on Drugs in Latin America." *Journal of Interamerican Studies and World Affairs*, Vol.30, no.1(Spring).

Baker, Jeff(2001). "All times a great artist, Ken Kesey is dead at age 66." *The Oregonian*, Nov. 11.

Beaty, Jonathan(1991). "B.C.C.I.: The Dirtiest Bank of All." *Time*, July 29.

Belenko, Steven, R. ed.(2000). *Drugs and Drug Policy in America: A Documentary History*. Westport, Connecticut: Greenwood Press.

Bergen, Peter L.(2001). *Holy War, INC: Inside the Secret World of Osama bin Laden*. NY: Free Press.

Blum, William(2003). *Killing the Hope: US Military and CIA Interventions since World War II*. London: Zed Books.

Blum, william(2006). "The CIA, Contra, the Gang, and Crack." Third World Traveler, Nov, http://www.thirdworldtraveler.com/Blum/CIA_Contras_Gangs_Crack.html.

Bresler, Fenton(1980). *The Chinese Mafia: The Most Frightening in International Crime*. NY: Stein and Day Publishers.

Carroll, Joseph(2005). "Who Supports Marijuana Legalization?" Nov. 1. http://www.gallup.com/poll/19561/who-supports-marijuana-legalization.aspx.

Castillo, Fabio(1987). *Los Jinetes de la Cocaina*. Bogota: Editorial Documentos Periodisticos.

Chase, Alston(2000). "Harvard and the Making of the Unabomber." *The Atlantic Monthly*, June, http://www.theatlantic.com/issues/2000/06/chase.htm.

Chepesiuk, Ron(1999). *The War on Drugs: An International Encyclopedia*. Santa Barbara, CA: ABC-Clio.

Cho, Sung-Kwon(1994). *Narco-terrorism and the State in Colombia*. unpublished Ph.D. dissertation, ABQ: the University of New Mexico.

Chossudovsky, Michel(2004). "The Spoils of War: Afghanistan's Multibillion Dollar Heroin Trade." http://globalresearch.ca/articles/CHO404A.html. 5 April.

Cockburn, Andrew and Leslie Cockburn(1988). "Guns, Drugs, and the CIA." May 17, http://www.pbs.org/wgbh/pages/frontline/shows/drugs/archive/gunsdrugscia.html.

Cockburn, Lesilie(1987). *Out of Control: The Story of the Reagan Administration's Secret War in Nicaragua, the Illegal Arms Pipeline, and the Contra Drug Connection*. Atlantic Monthly Press.

Collins, Larry(1999). "Holland's Half-Baked Drug Experiment." *Foreign Affairs*, vol. 78, no.3.

Cooley, John K.(2000). *Unholy Wars: Afganistan, American, and International Terrorism*. Pluto Press.

Eaton, Tracy(1998). "After 25 Years, DEA Finds Drug War Still a Mine Field." *Dallas Morning News*, 5 October.

Escohotado, Antonio(1999). *A Brief History of Drugs: From the Stone Age to the Stoned Age*. Rochester, Vermont: Park Street Press.

Evans, Rod L. & Irwin M. Berner, ed.(1992). *Drug Legalization*. La Salle, IL: Open Court.

Gibbs, David N.(2002). "Forgotten Coverage of Afghan Freedom Fighters." *FAIR*, Jan/Feb, http://www.fair.org/index.php?page=1094.

Goodman, Louis W. & Johanna S. R. Mendelson(1990). "The Threat of New Missions: Latin American Militaries and the Drug War." *The Military and Democracy*, edited by Louis W. Goodman et al. Lexington, Mass.: Lexington Books.

Grim, Ryan(2009). "Majority of Americans Want Pot Legalized." May 6, http://www.huffingtonpost.com/2009/05/06/majority-of-americans-wan_n_198196.

Grosscup, Beau(1998). *The Newest Explosions of Terrorism: Latest of Terrorism in the 90s and Beyond*. Far Hills, NJ: New Horizon Press.

Guglions, Guy & Jeff Leen(1989). *Kings of Cocaine: Inside the Medellin Cartel*. NY: Simon and Schuster.

Hashib, Mia, et al.(October 2006). "Marijuana use and the risk of lung and upper aerodigestive tract cancers." *Cancer Epidemiol, Biomarkers & Prevention*, 15(10), http://cebp.aacrjournals.org/content/15/10/1829.long.

Henze, Paul B.(1986). "Organized Crime and Drug Linkages." *Hydra of Carnage*. edited by Uri Ra'anan et al. Lexington, Mass.: Lexington Books.

Hoiden-Rhodes, J. F. & Peter A. Lupsha(1993). "Horsemen of the Apocalypse: Grey Area Phenomenon and the New World Disorder." *Low Intensity Conflict & Law Enforcement*, 2:2.

Kaplan, Dead E. & Alec Dubro(1986). 김자동 역.『야쿠자: 조직깡패 세계의 검은 내막』. 서울: 일월서각.

Kinzer, Stephen(2008). "Inside Iran's Fury." *Smithsonian magazine*, October.

Lacayo, Rachard(2001). "Iran-Contra: The Cover-Up Begins to Crack Sunday." *Time*, Jun 24.

Lamour, Catherine & Michael R. Lamberti(1974). *The International Connection: Opium from Growers to Pushers*. NY: Pantheon,

Lee, Rensselaer(1991). "Making the Most of Colombia's Drug Negotiations." *ORBIS*, Vol.35, No.2.

Lee, Rensselaer(1995). "Global Reach: The Threat of International Drug Trafficking." *Current History*, May.

Lenahan, Rod(1998). *Crippled Eagle: A Historical Perspective Of U.S. Special Operations 1976-1996*. Narwhal Press,

Lintner, Bertil(1992). "Heroin and Highland: Insurgency in the Golden Triangle." *War On Drugs: Studies in the Failure of U.S. Narcotics Policy*. edited by Alfred W. McCoy & Alan A. Block, Boulder, CO: Westview Press.

Lupsha, Peter A.(1987). "La Cosa Nostra in Drug Trafficking." In *Organized Crime in America*. edited by Timothy S. Bynum. NY: Criminal Justice Press.

Lupsha, Peter A.(1990). "Drug Lords and Narco-Corruption: The Players Change but the Game Continues." In *War on Drugs: Studies in the Failure of U.S. Narcotics Policy*. edited by Alfred W. McCoy & Alan A. Block, Boulder, CO: Westview Press.

Marby, Donald J.(1989). "Narcotics and National Security." In *Latin American Narcotics Trade and U.S. National Security*. edited by Donald J. Marby. Greenwood Press.

Marby, Donald J.(1994). "The Role of the Military." *Drugs and Foreign Policy*. edited by Raphael F. Perl. Boulder, CO: Westview Press.

Martin, John M. & Anne T. Romano(1992). *Multinational Crime: Terrorism, Espionage, Drug & Arms Trafficking*. Newbury Park, CA: Sage.

Maung, Pho Shoke(1999). *Why Did U Khun Sa's MTA Exchange Arms for Peace*. Meik Kaung Press.

McCoy, Alfred W.(1991). *The Politics of Heroin: CIA Complicity in the Global Drug Trade*. Chicago, IL: Lawrence Hill Books.

Mills, Ami C.(1991). CIA Off Campus: Building the Movement Against Agency Recruitment and Research, Boston, Mass, South End Pres

Musto, David F.(1999). *The American Disease: Origins of Narcotics Control*. Oxford University Press,

Nadelmann, Ethan A. (1998). "Commonsense Drug Policy." *Foreign Affairs*, 77. no.1.

Parry, Robert(2004). "NYT's Apologies Miss the Point," June 2, http://www.consortiumnews.com/2004/060204.heml.

President's Commission on Organized Crime(1984). *Report to the President and the Attorney General*. US, Government Printing Office.

Salazar, Alonso(1990). *No Nacimos Para Semilla: La cultura de las bandas juveniles de Medellín*. Bogota: CINEP.

Scott, Peter D. & Jonathan Marshall(1991). *Cocaine Politics: Drugs, Armies, and the CIA in Central America*. Berkeley, CA: University of California Press.

Sheehan, Daniel(1990). "A Professional Investigative Report on the Interface between U.S. Covert Operations from 1938 to 1988 & International Narcotics Trafficking." *Conference Paper on War on Drugs*, Univ. of Wisconsin at Madison, 11-13 May.

Steinitz, Mark S.(1985). "Insurgents, Terrorists, and the Drug Trade." *The Washington Quarterly*, Fall.

Sterling, Claire(1990). *Octopus: The Long Reach of the International Sicilian Mafia*. NY: A Touchstone Book.

Testimony to U.S. Senate Select Committee on Intelligence Hearing on the Allegations of CIA Ties to Nicaraguan Contra Rebels and Crack Cocaine in American Cities(1996). "The Contras and Cocaine." *Progressive Review*, October 23.

The Congressional Committee Investigating Iran Contra(1987). "The Iran- Contra Report." November 18, http://www.presidency.ucsb.edu/PS157/assignment%20files%20public/ congressional%20report%20key%20sections.htm.

Thoumi, Francisco E.(1987). "Some Implications of the Growth of the Underground Economy in Colombia." *Journal of Interamerican Studies and World Affairs*, vol.29, no.2.

US Senate Committee on Foreign Relations, the Subcommittee of Terrorism, Narcotics, and International Operations(1989). *Drug, Law Enforcement and Foreign Policy*. US Government Printing Office.

Walker, William O.(1981). *Drug Control in the Americans*. ABQ: University of New Mexico Press,

Wasson, R, Gordon(1957). "Secret of Divine Mushrooms," Life Magazine, May 13, In http://www.druglibrary.org/schaffer/lsd/life.htm.

Woodward, Bob(1987). VEIL: The Secret Wars of the CIA 1981-1987. NY: Simon and Schuster.

연합뉴스. 1997/02/15.

American Thoracic Society. 21 May, 2007.

Associated Press. "DEA Raids 10 Los Angeles Medical Marijuana Clinics," July 26, 2007. http://www.foxnews.com/story/0,2933,589404,00.html.

BBC News, 2001/10/06. http://news.bbc.co.uk/hi/english/world/ south_asia/newsid_/ 1579446.st.

BBC News, 2001/11/02. "History of Cannabis." http://news.bbc. co.uk/1/hi/programmes/ panorama/1632726.stm.

BBC News, 2004/06/06. "Reagan's mixed White House legacy." http://news.bbc.co.uk/2/hi/ americas/213195.stm.

BBC News, 2007/11/19. "Cannabis compound 'halts cancer'." http://news.bbc.co.uk/2/hi/ health/7098340.stm.

Daily Times Monitor(2003). "Pakistan Got Israeli Weapons During Afghan War." 23 July, http://www.rense.com/general39/pakh.htm.

El Espectador. 1988/01/10.

Lindsmith-Drug Policy Foundation. *eNewsletter*. 2001/08/31, 2002/07/26, 2002/11/01.

NYT. 1990/02/21, 1995/11/24, 1995/12/26, 1996/01/17, 1996/02/19, 1997/02/23, 1997/07/11, 2001/05/14.

TIME, June 24, 2001.

제9장
21세기와 전망

"The Players Change but the Game Continues."

— *Peter A. Lupsha(1990)*

제1절
팔레르모 협약, 테러와의 전쟁, 멕시코 마약전쟁

2000년 UNODC는 세계 인구의 5,000만 이상이 각종 마약을 정기적으로 사용한다고 추산했다.[320] 또한 2003년 UN은 국제 마약밀매의 수익을 연 3,216억 달러로 추산했다.[321] 이 수치는 같은 해 세계 GDP 36조 달러의 약 1%에 해당한다. 현재 미국은 세계 최대의 마약소비국이다. 미국의 마약지수(UN drug index)는 한국의 약 10배 이상이다. 마약판매는 미국에서 나타나는 각종 불법수익 중에서 가장 많은 부분을 차지한다. 2000년 미국에서 마약으로 발생한 경제비용은 1,600억 달러로 추산했다.[322] 이것은 2003년도 3,551억 달러에 달하는 美국방예산의 거의 50%에 가까운 비용이다.[323] UN 국제마약통제위원회(International Narcotics Control Board: INCB)의 보고서에 따르면, 인터넷 주문을 이용한 마약밀매가 점차적으로 증가하고 있는 추세를 감안할 때 인터넷 사용이 가장 발달된 미국에서 마약으로 인한 경제비용은 시간이 갈수록 증가할 전망이다.[324]

문제는 위와 같은 마약 관련 수치들은 거의 대부분 TOC에 의해 이루어진다는 사실이다. 이 때문에 2004년 UN은 향후 인류를 위협하는 10大 요소의 하나로 TOC를 선정했다. 이를 팩스 마피오사(Pax Ma-

fiosa)로 묘사했다. 이에 대한 대응책으로 2000년 팔레르모 협약이 제안됐고 핵심은 서명국의 경우 자금세탁방지법과 부패방지법 등의 제정을 의무사항으로 규정하고 있다. 요약하면, 마약사의 관점에서 2000년대는 세 가지 측면에서 중요한 사건들이 있는데 ①2000년 TOC에 대한 최초의 UN 협약, ②2001년 테러와의 전쟁, 그리고 ③2006년 멕시코 마약전쟁이다. 이를 상세히 살펴보자.

첫째, 【팔레르모 협약】이다. 2000년 이탈리아 팔레르모에서 합의한 초국가적 조직범죄에 대한 최초의 UN협약(UN Convention against Transnational Organized Crime)은 부패문제를 핵심 조항의 하나로 부상시켰다. 국제범죄와 부패의 밀접한 상관관계는 어제오늘의 문제가 아니지만 이제야 비로소 각국은 국제범죄의 척결을 위해 먼저 부패척결이 선행돼야 한다는 데 의견의 일치를 보았다. 국제범죄와 부패의 상관관계에 대한 중요한 사례는 중남미 마약밀매 현상에 대한 미국의 정책에서 잘 나타난다. 1960년대 말부터 1990년대 초까지 미국의 對중남미 反마약정책은 다양했다. 이 과정에서 미국은 부패문제에 대해 크게 신경을 쓰지 않았다.

결국 미국의 對중남미 마약밀매 억제정책은 모두 실패했고 비로소 클린턴 행정부는 부패문화의 척결이 선결과제임을 인정했다.[325] 결론적으로 부패행위가 만연된 사회에서 조직범죄는 번성하고 조직범죄가 번성하는 곳에 마약밀매도 번성한다. 로즈-액커맨은 "세계화 시대에 민영화를 통해 경제발전을 추진하는 국가들의 가장 큰 위험은 그 과정에서 조직범죄가 합법적 비즈니스에 침투할 때 발생한다."라고 지적했다.[326] 이 경우 정치권력은 더 이상 권위도 합법성도 없는 또 다른 측면의 정치폭력일 뿐이다.[327]

둘째, 【테러와의 전쟁(2001~2021)】이다. 미국은 9·11 테러 이후 10년 동안 3조 달러 이상을 소비했다. 이 때문에 매년 발행하는 달러 액수를 발표하지 못할 정도였다. 테러와의 전쟁비용으로 막대한 재정적자 및 무역적자의 와중에 서브-프라임 모기지 사태(2007~2009)로 인해 심각한 경기후퇴를 겪었다. 오바마 행정부가 등장해서도 테러와의 전쟁비용으로 1조 5,000억 달러를 쏟아부었다. 더구나 트럼프 행정부에서 시작된 미중 무역마찰로 인한 경제전쟁(2017~2020)과 코로나-19 사태(2019~2023)로 인해 세계적으로 심각한 경제적 파급효과를 유도했다.

일부 역사가들은 미국이 9·11 이후 200년 제국의 쇠퇴가 시작되었다고 평가한다. 원래 제국으로서의 미국을 지탱한 군사력은 경제력이 뒷받침되어야 한다. 2차 대전 이후 70년 동안 미국은 온갖 다른 국가들의 전쟁놀이에 개입하면서 재정을 소비했다. 결국 미국은 재정적자와 무역적자라는 쌍둥이 적자로 인해 기축통화인 달러가 위협받고 있다. 전통적으로 국제유가는 달러로 결제해 왔다. 더구나 미국과 사우디아라비아의 관계도 점차적으로 소원해지고 있다. 결국 유로화, 위안화, 엔화 등이 글로벌 혹은 지역적 차원에서 달러와 함께 유통되고 있는 실정이다. 이와 같은 미국의 국력 쇠퇴는 그동안 미국이 주도해 온 글로벌 차원의 마약 범죄화 정책도 흔들리고 있는 실정이다.

부시 행정부의 마약정책은 기본적으로 공급감소전략으로, 그의 아버지인 조지 부시 행정부에서 마약국 차장을 역임한 월터스를 마약국장으로 임명한 데서 정책방향을 읽을 수 있다. 그는 대외적으로는 마약생산국에서의 원초적 차단인 공급감소전략의 찬성론자이며 대내적으로 비폭력 마약사범에 대해 처벌강화와 마약치료 프로그램에 대한 반대론자이다.[328] 대신 월터스는 反마약 캠페인의 일환으로 反마약 광고를 위한 연방예산을 약물남용예방센터(1억 7,500만 달러)와 질병통제 및 예방센터(2억 2,490만 달러)의 예산보다 더 많이 할당했다. 그러나 청소년의 마약사용은 오히려 증가함으로써 그 효과에 의문성을 제기받았다.[329] 한마디로 부시 행정부의 마약정책은 대외적으로 안데스 지역에서 마약소탕을 위한 마약전의 군사화이며 대내적으로 마약사범에 대한 형사처벌의 강화로 인해 1980년대로의 회귀였다.

구체적으로 부시 행정부의 대외마약정책은 클린턴 행정부가 물러나기 직전에 의회의 승인을 얻은 【콜롬비아 플랜(Plan Colombia)】이며 대내적으로는 엑스터시에 대한 제재법인 【레이브 법(RAVE Act: Reducing Americans' Vulnerability to Ecstasy Act)】의 제정 추진이다. 전자의 경우 백악관 국가마약통제정책국에 의하면, 미국은 콜롬비아 플랜을 포함해 1999년 이래 마약재배 억제정책을 위해 총 17억 달러를 투자했음에도 불구하고 위성사진의 판독자료는 2001년도 콜롬비아에서 코카잎의 생산은 오히려 25%까지 증가했음을 보여 주면서 그 효율성을 의심받았다.[330] 후자의 경우 부시 행정부가 등장하기 직전 백악관 마약국장은 미국에서 마약중독자는 약 500만 명으로 특히 암페타민류의 엑스터시가 1995년에 비해 2000년에 2배가 급증하고 있으며 이와 함께 마리화나의 사용도 증가하고 있다고 경고하면서 레이브 법 추진에 원동력을 제공했다.[331]

더구나 미국의 젊은 층 사이에서 엑스터시 사용이 폭발적으로 증가하자 2002년 당시 민주당 상원의원이며 現대통령(Joe Biden)에 의해 레이브법의 제정을 시도했다. 이 법안의 핵심은 각종 야외음악회 혹은 야간 댄스장에서 청소년들의 엑스터시 남용을 줄인다는 목적이었다. 그러나 그러한 이벤트를 주최한 업자가 제공한 장소에서 만일 고객이 엑스터시와 같은 마약을 사용하거나 판매한 것이 발각될 경우 업자는 최고 25만 달러의 벌금과 함께 최고 20년형을 처벌받을 수 있다. 또한 마약을 사용할 목적으로 임시장소를 제공하는 경우도 연방범죄로 간주하는데 여기에는 암 환자 등에게 의학적 목적으로 마리화나를 제공하기 위해 장소를 제공하는 것도 포함됐다. 이럴 경우 장소를 대여해 주는 업자는 없을 것이다.

이 때문에 마리화나의 非범죄화와 의학용 사용을 지지하는 시민단체들은 레이브법이 춤출 권리와 같은 집회의 자유와 재산권의 자유와 같은 기본권을 보장한 제1차 수정헌법을 무시할 뿐만 아니라 나아가 청소년 댄스장의 음성화를 유도할 뿐이라고 맹렬히 반대했다.[332] 이와 같은 논쟁으로 인해 이 법은 통과되지 못했다. 그러나 부시 행정부는 2003년 바이든 상원의원의 도움으로 【불법마약 反확산법(Illicit Drug Anti-Proliferation Act)】으로 탈바꿈하여 【어린이 납치방지법(PROTECT Act)】에 부착하여 통과시키는 꼼수를 부렸다. 한마디로 미국정부는 1960년대 마리화나를 피우며 베트남 반전 데모를 주도한 히피 문화에 대항하여 1970년에 통제약물법을 제정했듯 1990년대 엑스터시를 사용하며 테러와의 전쟁에 역행하는 레이브 문화에 대항하여 유사한 법을 제정했다.

비록 통과되지는 못했지만 더욱 웃기는 법안이 공화당 상원의원에 의해 2003년 마약테러리즘에 대항하기 위한 【승리법(Victory Act: Vital Interdiction of Criminal Terrorist Organizations Act)】이 제안됐다. 핵심내용의 하나는 마약을 구입한 사람이 만일 테러조직으로부터 구입했다면 최하 징역 20년에서 무기징역까지 받을 수 있는 조항이다. 문제는 마약을 구입한 사람이 그 마약이 테러조직에 의해서 유통된 마약이라는 사실을 어떻게 알 수 있겠는가? 더구나 이에 대한 증거를 단속기관이 아니라 구입한 사람이 증거를 제시해야 한다는 조항이다. 예를 들면 마리화나를 구입하는 사람은 매번 판매자에게 "혹시 테러리스트입니까?"라고 물어야 하는 웃기는 상황이 발생하는 것이다. 이것은 단순한 마약이용자를 테러리스트로 간주하는 일종의 21세기 마녀사냥이다. 세상이 미쳐 가면 일국의 상원의원이란 자도 이런 법안을 제안하게 된다.

셋째, 【멕시코 마약전쟁(2006~2014)】이다. 마약사에서 2000년대 가장 커다란 이슈는 아마도 멕시코에서의 마약전쟁일 것이다. 마약밀매의 글로벌화는 이미 1990년대에 시작되어 2000년대 더욱 활성화됐다. 최근 미국에서 소비되는 헤로인, 코케인, 마리화나, 메스암페타민 등의 대부분이 멕시코를 경유한다. 특히 콜롬비아에서 생산되는 코케인의 90%는 멕시코를 경유한다. 멕시코 카르텔이 이들 마약들을 미국 내 11개 주요 도시에 유통시키면서 통제하고 있다.[333] 2006년 미국 국가마약정보센터는 멕시코 및 콜롬비아 조직이 미국에서 소비되는 마약밀매로 벌어들이는 수익을 83~249억 달러로 추산했다.[334] 이 액수는 멕시코의 합법적 원유수출과 관광수입에 필적한다. 한마디로 마리화나에 1페소를 투자할 경우 이듬해 500페소를 얻을 수 있는 천문학적 수익구조하에서 마약단속이 강화되면 강화될수록 체포위험률의 증가로 인해 수익률은 더욱 상승하면서 마약밀매는 지속될 것이다.[335]

2000년대 멕시코 4大 마약 카르텔의 지배력이 거의 전 멕시코 영토에 영향력을 미치고 있었다. 한편 2000년대 초반까지 멕시코 정치 상황은 1930년 멕시코 혁명이 종식되고 제도혁명당(PRI)이 70년을 통치하는 동안 거의 모든 멕시코 정치경제 및 사회 분야에서 부패의 정도가 도를 넘었고 1990년대는 【마약정권】이라는 오명을 받았다. 결국 2000년에 국민행동당(PAN)으로 정권교체가 이루어졌지만 【마약민주주의】라고 평가할 정도로 마약부패는 여전히 심각한 양상이었지만 마약폭력이 심각하지는 않았다. 그러나 2006년 재집권한 PAN은 마약 관련 부정부패를 청산할 목적으로 마약과의 전쟁을 선언했다. 그러나 이 조치는 오히려 4大 마약조직들의 무장화를 가속화시키고 일개 마약조직이 중무장한 장갑차를 동원하면서 마약폭력이 내란의 양상을 보였다.

멕시코 정부의 대내적 마약과의 전쟁과 병행하여 2007년 미국과 멕시코는 마약테러, 마약부패, 마약밀매 등을 방지하기 위한 3년간의 【메리다 구상(Merida Initiative)】을 발표했다. 이 방안은 2008년 美의회에서 통과되어 미국은 총 13억 달러를 멕시코와 중앙아메리카에 지원했다. 이 중에서 멕시코가 11억 5천만 달러를 받았다. 상당 부분 마약밀매와 마약테러를 단속하기 위한 첨단 군사장비들이다.[336] 콜롬비아 플랜이 마약 생산지에 대한 단속이라면 메리다 구상은 멕시코와 같은 마약중계지에 대한 단속이다.

멕시코 마약카르텔의 정부에 대한 무장투쟁은 단순한 마약과의 전쟁 선언에서 촉발되지는 않았다. 외부적 요인은 2001년 미국의 테러와의 전쟁이다. 미국은 테러방지를 명목으로 미-멕 국경지대에 대한 통제를 강화했다. 결국 마약 최대소비지인 미국으로 향하는 한정된 마약밀매 루트를 두고 멕시코 카르텔들 사이의 세력경쟁과 폭력투쟁이 증가하기 시작하면서 멕시코 마약밀매는 유통량 40%가 감소하면서 쇠퇴기를 맞았다. 흥미로운 사실은 멕시코에서 마약전쟁이 한창일 때인 2012년 초반 시날로아 카르텔이 가장 강력한 카르텔로 부상했다. 그 이유 중의 하나는 시날로아 카르텔이 멕시코 군부와 결탁하여 다른 카르텔을 소탕했던 것이다. 이와 유사한 사례가 1996년 후아레스 카르텔로부터 뇌물을 받고 경쟁조직인 티후아나 카르텔을 소탕한 멕시코 지역군사령관(Jesús Gutíerrez Rebollo)이 있다. 그는 이 마약소탕작전으로 검찰차장 겸 反마약국장으로 승진했다. 이를 주제로 만든 영화가 2000년 마이클 더글라스가 주연한 【트랙픽(Traffic)】의 핵심 내용이다.

한편 코케인의 90%가 멕시코에서 미국으로 유통되는 반면에 무기밀매의 90%가 미국에서 멕시코로 유통된다. 이렇게 멕시코로 밀반입된 무기들이 멕시코 국경지대에서 발생되고 있는 마약조직들에 의한 마약 폭력에 사용됐다. 매년 약 500~600만 정의 총기가 판매되었으며 미국 내 245,000명의 총기판매 딜러 중에서 약 10%가 멕시코와 국경을 접한 주의 6,000개 판매점에서 활동했다. 총기 1정의 값은 약 100달러에 불과하다. 마약밀매자들은 주로 AK-47, AR-15, M-1형 공격용 라이플, 수류탄, 유탄발사기, 대전차 로켓포 등을 구입하여 군대 수준의 무장력을 보였다.[337] 멕시코 검찰청은 2007년 압수한 무기 15,000정의 97%가 미국으로부터 입수한 것이라고 발표했다.[338] 미국에서 유입된 무기밀매로 인해 멕시코 북부지역에서 마약폭력의 심각성은 해를 거듭할수록 악화되었다.

멕시코 마약과의 전쟁에서 중요한 핵심 중 하나는 부패문화이다. 1960년대 이래 멕시코에서 부패문제는 "부를 얻기 위한 권력남용과 권력을 얻기 위한 부의 남용"으로 묘사됐다.[339] 이 때문에 멕시코 공공생활에서 【부】와 【권력】은 동전의 양면과 같다. 마찬가지로 1980~2000년대 동안 멕시코의 마약밀매에서 획득한 마약자금이 마약부패와 마약폭력의 메커니즘이었다. 왜냐하면 마약조직에게 마약밀매는 자본주의 사회에서 황금알을 낳는 불법 비즈니스이고 마약폭력은 그 비즈니스를 보호하는 중요한 수단의 하나이기 때문이다. 멕시코 마약전쟁은 종종 1980년대 콜롬비아 정부와 메데진 카르텔과의 폭력적 투쟁 혹은 이탈리아 정부와 시칠리아 마피아와의 폭력적 투쟁과 비교되지만 공통적인 요인은 세 국가에서의 뿌리 깊은 부패문화의 결과물이다.

제2절
초국가적 위협: 테러조직과 마약조직의 연계

먼저 용어부터 설명하면 이 글에서 테러조직과 게릴라조직은 비록 전자는 도시, 후자는 농촌을 기반으로 활동을 하지만 같은 의미로 사용한다. 마약조직은 넓은 의미에서 범죄조직이지만 마약을 핵심 불법사업으로 영위하는 조직을 의미한다. 테러 및 게릴라조직은 정치지향적이고 범죄 및 마약조직은 경제지향적이다. 왜냐하면 전자의 궁극적 목적이 일국의 국가를 전복하여 새로운 국가건설이 목표이기 때문이다. 반면 후자는 수익의 극대화가 목표이다. 여기서 중요한 사실은 테러의 양면성이다. 성공하면 혁명 실패하면, 반역이 된다. 그리고 그것을 누가 평가하느냐에 따라 인식이 달라지지만 그런 평가는 의미가 없다. 가장 좋은 예가 아프간의 탈레반이다. 1980년대 소련이 아프간을 침공했을 때 미국은 자유의 투사라고 치켜세웠다. 그러나 2000년대 테러와의 전쟁에서는 테러리스트로 명명했다.

테러조직과 마약조직의 연계라는 소위 【마약테러리즘】이라는 용어가 처음으로 등장하게 된 시기는 1983년이다. 당시 페루 대통령(Fernando Belaunde Terry)은 좌익 게릴라조직(Sendero Luminoso: 빛나는 길)이 對마약 활동을 수행하고 있었던 정규군에 대한 무력공격을 비난하기 위해서 사용했다. 당시 SL은 혁명자금을 마련하기 위해 페루 코케인 밀매조직과 비밀리에 상호 협조적인 관계를 유지했다. 페루 대통령은 바로 이러한 마약조직과 좌익 게릴라조직과의 연계를 정치적으로 비난하기 위해 그 용어를 사용한 것이다. 이 용어는 또한 1980년대 초반 콜롬비아에서도 좌익 게릴라조직(FARC)과 메데진 카르텔과의 연계가 드러남으로써 테러-마약조직의 연계를 마약테러리즘이라고 간주하는 저널리즘적인 풍조를 더욱 강화시켰다.

그러나 이 용어는 럽샤(Peter Lupsha)가 정확히 지적했듯 애초부터 이데올로기적, 정치적, 저널리즘적으로 오남용되었다. 그는 그런 연계는 마약테러리즘이 아니라 단순한 【범죄적 비즈니스】라고 강조했다. 이들은 같은 지역 공간에서 활동하는 【지역적 공존(co-location)】에서 마약조직은 법집행기관으로부터의 보호가 필요했고, 반면 게릴라조직은 활동자금이 필요했다. 이런 상호 이해의 일치로 전자는 코케인의 kg당 10%를 후자에게 혁명세라는 명목으로 지불했던 것이다. 1980년대 후반 전자가 혁명세를 계속 올리면서 30%까지 요구하자 양자 사이의 관계는 종식됐다. 요약하면 마약테러리즘의 개념적 정의는 마약조직이 정치적 목적을 가지고 테러활동을 하는 것이다. 좋은 예로 1980년대 중반 이후 메데진 카르텔이 콜롬비아 국가를 상대로 하여 미국과의 범죄인인도협정의 파기를 목표로 테러활동을 한 사례이다. 이것이 시대에 따라 어떻게 변화하는지 알아보자.

1979년 미국은 매년 테러지원국을 발표하면서 2001년 9·11 테러 이전까지 테러 및 마약정책에 대한 공식입장은 분리원칙이었다. 왜냐하면 전자는 정치적 이슈이며 후자는 범죄적 이슈라는 인식 때문이다. 그러나 9·11 테러 이후 미국은 테러 및 마약정책에 대한 분리원칙을 수정하고 〈표 9-1〉에 보여 주듯 테러와 마약을 연계하는 정책을 추진했다. 왜냐하면 9·11 테러를 일으킨 알-카에다를 보호해 주는 아프간 탈레반에 대한 응징 차원이었다. 다시 말하면 보복공격에 대한 국제적 정당성을 확보하기 위해 미국은 아프간에서의 테러-마약의 연계를 마약테러리즘이라고 규정하는 외교적 카드를 제시했다. 그러나 두 조직은 특수한 지정학적 관계에서 상호필요에 의한 단순한 공생관계에 불과하다. 따라서 양자의 관계는 앞에서 지적했듯 단순한 범죄적 비즈니스의 하나일 뿐이지 마약테러리즘이라고 할 수 없다.

〈표 9-1〉 역대 미국 행정부의 테러 및 마약정책의 변화추이

	레이건 행정부 (1981~1988)	부시 행정부 (1989~1992)	클린턴 행정부 (1993~2000)	부시 행정부 (2001~2008)	
외교 정책	반공	반공→ 新국제질서	新국제질서	新국제질서	
대상	테러지원국	테러지원국	불량국가	악의 축	
테러 정책	군사적 보복공격 (공중폭격)	군사적 보복공격 (미사일 공격)	군사적 보복공격 (미사일 공격)	군사적 선제공격 (테러와의 전쟁)	테러-마약 연계
마약 정책	공급감소의 군사화 (마약과의 전쟁)	공급감소의 군사화 (안데안 구상)	공급감소의 군사화 (콜롬비아 플랜)	공급감소의 군사화 (콜롬비아 플랜)	

그럼에도 불구하고 부시 행정부의 대외 마약정책의 경우 그 핵심은

테러전과 마약전의 연계이다.[340] 미국은 아프간의 탈레반, 콜롬비아의 무장혁명군, 페루의 센데로 루미노소, 그리고 헤즈볼라와 같은 일부 중동지역의 테러조직들이 그들의 활동자금을 마약밀매로부터 획득한다고 주장한다. 부시 행정부는 이 전략을 2002년 국토안보부에서 反마약 노력에 대한 지원을 발표하면서 본격적으로 시작했다. 한마디로 미국은 테러전과 마찬가지로 마약전의 군사화를 추진하겠다는 의도이다. 그렇다면 미국은 왜 테러-마약을 연계하는 정책은 추진했을까? 물론 위에서 지적한 알-카에다를 보호해 주는 탈레반에 대한 보복의 합리화였다.

또 다른 중요한 요인은 테러행위의 양면성이다. 예를 들면, 1909년 하얼빈에서 이토 히로부미를 사살한 안중근 의사를 일본은 【테러리스트】라고 말하지만 한국은 【민족의 영웅】으로 대우한다. 또 다른 예는, PLO 의장 아라파트의 하부조직인 검은 9월단에 의한 1972년 뮌헨 올림픽 테러사건에도 불구하고 그는 이스라엘과의 평화협정으로 1994년 노벨평화상을 수상했다. 이처럼 테러행위는 부분적으로 정당성을 획득할 수 있다. 그러나 마약밀매는 이유 불문 그 행위에 대해 정당성을 부여받을 수 없다. 미국이 노린 정책은 바로 그 어떤 정당성을 획득할 수 없는 마약과 같은 단순한 범죄행위로 치부할 수 있는 테러-마약 연계전략이다. 한마디로 테러조직도 마약밀매에 개입하는 순간 범죄조직이라는 것이다.

이런 맥락에서 테러리즘-마약밀매의 연계는 21세기 부시 행정부의 새로운 차원의 【테러 및 마약과의 전쟁】이라고 할 수 있다. 그러나 미국이 아프간에서 벌였던 소위 이런 연계 전략은 하나의 희극이라고 할 수 있다. 왜냐하면 앞에서 언급했듯 1980년대 탈레반의 대소항쟁은 반공이라는 미명하에 그런 연계를 정당화했다. 그러나 테러와의 전쟁 이후 탈레반의 그런 연계를 이제는 범죄행위로 매도했다. 더구나 당시 영국에서 소비되었던 헤로인의 약 90%가 아프간에서 생산된 것이었다. 블레비 영국 총리도 지적한 바 있듯이 아프간 전쟁에서 탈레반이 사용했던 무기는 영국과 미국의 시민들이 아프간 헤로인을 사용하면서 지불한 마약자금으로 구입한 것이었다.[341]

구체적으로 부시 행정부는 9·11 이후 글로벌 테러와의 전쟁을 선언했고 빈-라덴에게 피난처를 제공하고 있는 탈레반 정권을 전복하기 위해 아프간의 북부동맹을 지원했으며 그 결과 아프간은 북부동맹을 중심으로 친미정부를 구성했다. 문제는 탈레반과 마찬가지로 북부동맹의 군벌도 당시 아편 및 헤로인 밀매에 직·간접적으로 개입하고 있었다는 사실이다. 결국 반미(反美) 혹은 친미(親美)에 따라 달라지는 미국의 테러-마약 연계전략의 이런 이중성이 미국이 글로벌 마약전쟁에서 실패할 수밖에 없는 가장 커다란 이유이다.

이것은 또한 아프간 정부도 지방군벌의 마약밀매를 통제할 수 없다는 것을 의미한다. 왜냐하면 아프간 정부가 양귀비 재배 대신 대체작물을 재배할 경우 에이커당 500달러의 보상금을 제공한다고 선언했지만 양귀비 재배를 할 경우 10배 이상인 에이커당 6,400달러의 이익을 올릴 수 있다는데 근본적인 문제가 있기 때문이다.[342] 더구나 부시 행정부는 反테러의 명목으로 아프간 정부의 아편 및 헤로인 밀매를 통한 세금징수에 대해 묵인하는 정책을 취했다.

2002년 탈레반은 부시 행정부의 테러와의 전쟁의 와중에서 일시적으로 몰락했지만 탈레반은 그들의 근거지인 아프간 남부지방을 중심으로 다시 지속적으로 세력을 확장했다. 1980년대 소련의 아프간 침공으로 인한 아프간 전쟁에서도 그랬듯이 2021년 미국이 아프간에서 완전 철수할 때까지 탈레반의 저항은 계속됐다. 마찬가지로 아프간에서의 아편 및 헤로인 생산도 지속될 것이다. 2010년 이후 아프간의 아편 및 헤로인 생산은 세계 1위이고, 그 대부분은 유럽과 미국에서 소비되고 있다. 이럴 경우 아프간은 서남아시아에서 다양한 불법조직과 국가들이 개입하면서 21세기 글로벌 차원의 테러리즘 및 게릴라전, 그리고 마약밀매 및 무기밀매에서 새로운 형태의 위기 각축장이 될 수 있다. 이를 좀 더 상세히 살펴보자.

이를 고찰하기 전에 먼저 2차 대전 이후 테러 혹은 게릴라조직도 아닌 범죄 혹은 마약조직이 국가를 상대로 10년 이상 무력투쟁을 한 단체는 1980년대 이탈리아의 시칠리아 마피아와 콜롬비아의 메데진 카르텔 그리고 2000년대 멕시코의 4大 카르텔이다. 그러나 이탈리아와 멕시코의 경우 국가의 범죄척결에 대한 대응차원이었다면 콜롬비아의 경우는 테러 혹은 게릴라조직처럼 국가에 정치적 요구를 했다는 점에서 차이가 있다. 이들의 공통점은 국가에 저항하기 위한 자금은 마약밀매였고 그것을 통해 무기를 구매했다. 또 다른 공통점은 이들이 국가에 무력 저항했을 때 마약밀매상 혹은 무기밀매상이라는 주변국의 외부조직들 개입이 있었지만 주변국가의 직접적 개입은 없었다. 물론 지정학적 위치로 인해 멕시코와 콜롬비아의 경우 미국의 간접적 지원은 있었다.

그렇다면 가까운 미래 마약밀매와 무기밀매는 물론 테러조직과 게릴라조직과 함께 범죄조직이나 마약조직은 물론 주변국의 직간접적 개입이 발생할 가능성이 높은 국가는 어디일까? 바로 아프간이다. 비록 2021년 미국이 철수하고 이어 러시아-우크라이나 전쟁과 이스라엘과 하마스와의 전쟁으로 인해 현재 아프간은 글로벌 차원에서 잊힌 국가이다. 그러나 가까운 미래 미국과 러시아의 관계 혹은 미국과 중국과의 관계가 변함에 따라 위에서 언급한 모든 것이 발생할 가능성이 높고 새로운 정치경제적 각축장이 될 곳은 아프간이라고 판단한다. 초국가적 위협이란 이런 상황을 언급한 것이다.

21세기 초국가적 위협의 세 가지 사례를 설명하기 전에 역사적 시각에서 왜 아프간이 그런 각축장의 장소가 될 것인지를 알아보자. 역사적으로 아프간은 내륙국으로 투르크메니스탄, 우즈베키스탄, 타지키스탄, 중국, 파키스탄, 이란 등에 국경을 맞댄 중요한 지정학적 요충지이다. 예를 들면, 동서교역로인 실크로드부터 중동과 아시아의 동서통로, 19세기에는 중앙아시아와 인도양의 남북통로, 그에 따른 19세기 말 러시아의 남하정책에 대항하는 영국의 대결(great game), 1979년 인도양으로의 출구를 확보하기 위한 소련 남하정책의 일환으로 아프간 침공(1979~1989), 이에 따른 미국의 반공정책으로 미소(美蘇) 강대국의 대리전(소련이 후원하는 아프간 공산정부 vs. 미국의 CIA, 파키스탄 정보부인 ISI, 사우디의 빈-라덴 등이 후원하는 아프간 무자헤딘의 군벌), 소련 철수 후 권력공백에 따른 탈레반을 비롯한 군벌들의 내전(1989~2001)은 주변 강대국의 대리전 양상을 보였다.

특히 1990년대 탈냉전 후에는 미국은 카스피해 에너지 자원의 파이프라인 건설에 있어서 반미국가인 러시아와 이란을 기피하기 위해 아프간을 통과국가로 선정했다. 소위 투르크메니스탄→아프간→파키스탄(TAP) 파이프라인이다. 이를 위해 미국은 아프간의 정치적 안정이 절대 필요했으며 탈레반을 새로운 파트너로 간주했다. 이 때문에 아프간 군벌에 대한 무기지원으로 군벌들을 통제했던 파키스탄도 군벌 대신 탈레반을 지원하기 시작했다. 그러나 21세기 테러와의 전쟁(2001~2021)으로 아프간은 주변 강대국과의 대리전 등으로 부상했다. 이처럼 아프간은 동서는 물론 남북을 연결하는 중요한 지정학적, 경제적, 사회문화적, 군사적 연결통로였다. 더구나 2010년 아프간 내에 매장된 자원 중 미개발된 광물 매장량의 가치가 최대 3조 달러로 추산했다. 이것이 확실하다면 미국은 중국과 러시아를 견제하려는 정치경제 및 군사 전략적 요충지로 언제든 개입할 수 있다.

아프간의 지정학적 중요성과 함께 미개발된 광물자원, 카스피해 에너지 자원의 통로 가능성과 함께 아프간은 세계 최대의 아편생산국이다. 아프간 전쟁의 와중에서도 2002년부터 2022년까지 아프간의 아편생산은 세계 생산량의 70~90%를 차지했다.[343] 지난 20년 동안 아프간에서의 전쟁과 내전의 핵심자원은 아프간 불법마약을 불법무기로 교환하는 구조였다. 이 때문에 탈레반은 장악한 지역에서의 아편생산에 대한 10~20%의 독점적 과세를 부과했다. 2000년의 경우 탈레반의 마약 관련 수입은 120억 달러로 추산했다.

가까운 장래 아프간의 마약은 필연적으로 러시아 마피아와 같은 그 주변국의 범죄조직들에게 필요악이다. 이것이 그들 사이의 투쟁을 유발할 가능성이 높다. 이 때문에 역으로 아프간을 중심으로 서남아시아 주변국들인 중국, 이란, 파키스탄은 물론 러시아와 북한의 범죄조직으로 하여금 불법 무기밀매를 강력히 부추기는 촉진제로 작용할 수도 있다. 왜냐하면 역사적으로 마약밀매와 무기밀매는 동전의 양면이기 때문이다. 한마디로 아프간에서 생산되는 아편 및 헤로인이 주변 강대국들로부터 불법 무기로 교환되는 구조에서 아프간은 물론 주변상황을 더욱 복잡하게 만드는 거시적인 요인이다. 이런 요인들이 아프간에서 무장투쟁의 수단은 물론 인근 주변국의 정치경제적 이해관계를 넘어 테러행위를 유발시키는 수단이 될 것이다.

아프간을 중심으로 주변국의 복잡한 공식·비공식 역학구조는 파키스탄, 이란, 인도는 물론 중앙아시아 국가들인 우즈베키스탄, 타지키스탄, 키르기스탄 등에서 활동하는 이슬람 무장 세력들의 활동자금 원천으로 이용될 수 있기 때문에 해당 국가들의 국내 안보에 지속적인 위협이 될 수 있다. 이런 위협은 향후 글로벌 차원에서 제2의 새로운 과격 이슬람 테러활동의 토대가 될 가능성도 있다. 더구나 이런 초국적 위협은 과거와는 달리 초국가적 범죄조직과 글로벌 차원의 연계를 통한 새로운 모습으로 등장할 것이다. 이 중심에 아프간과 파키스탄의 국경지대에서 활동하는 과격 이슬람 조직들이 주축을 이룰 것이다. 왜냐하면 국내적, 지역적, 혹은 글로벌 차원의 무장투쟁이든 테러활동이든 반드시 활동자금이 필요하기 때문이다.

무장투쟁과 테러활동의 자금을 단시간에 마련할 수 있는 가장 손쉬운 방법이 마약밀매이다. 마약밀매로부터 활동자금을 획득하기 위해서는 글로벌 범죄 네트워크를 지닌 초국가적 범죄조직이 필요하다. 시간이 갈수록 이와 같은 테러-범죄(마약밀매)의 글로벌 네트워크는 확산될 가능성이 높다. 이런 현상은 현재 서남아시아-중앙아시아-동유럽-서유럽으로 확산되고 있다. 왜냐하면 2023년 UN의 세계마약보고서(World Drug Report)에 의하면 2010년에 비해 2021년에 글로벌 마약시장이 약 4배 성장했기 때문이다.

더구나 2019~2022년 동안 아프간 기원의 메스암페타민이 전 세계로 확산 중에 있기 때문이다. 더구나 2013년 불법 국제무기중개상 및 재래식 무기거래를 통제하기 위한 국제무기거래협정(The Arms Trade Treaty: ATT)이 UN 총회의 승인하에 체결됐다. 따라서 마약과 마찬가지로 통제에 따른 무기가격의 급등은 초국가적 조직범죄의 개입을 더욱 심화시킬 것이고 그에 따른 테러조직과 범죄조직 사이의 【전략적 동맹】에 의한 헤게모니 연합이 발생할 가능성이 높다.

1990년대 탈냉전 이후 세계화, 정보화, 신자유주의 확산에 따라 초국가적 범죄조직과 글로벌 테러조직의 경계선이 무너지는 현상으로 인해 테러-마약의 연계에 대해 우려하는 수준이었다. 그러나 21세기 글로벌 테러와의 전쟁은 마약밀매로 거대한 자금을 확보한 범죄조직들이 무장화를 통해 정치적 목적을 드러내는 현상을 유도했다. 왜냐하면 게릴라 및 테러조직의 경우 1990년대 이후 이데올로기 투쟁의 약화로 인해 공산국가로부터 활동자금의 유입이 감소하자 새로운 활동자금의 확보차원에서 마약밀매와 같은 경제적 범죄행위에 개입하는 현상이 나타났다. 한마디로 【범죄조직의 정치화 현상】과 【테러조직의 범죄화 현상】이다. 전자의 대표적 사례는 콜롬비아와 멕시코의 마약 카르텔의 경우이고, 후자의 대표적 사례는 콜롬비아 좌익게릴라(FARC)의 코케인 밀매, 모로코(Maghreb) 알-카에다의 해시시 밀매, 유럽 쿠르드노동자당(PKK)의 헤로인 밀매 등이다.

문제는 시간이 흐를수록 이와 같은 테러-마약-범죄조직들의 상호 필요에 의해 상호연계가 확대되고 있는 수준이다. 한마디로 이들에 의한 초국가적 위협이 등장한 것이다. 이를 좀 더 자세히 살펴보면 세 가지 경우의 수가 존재한다. 예를 들면, ①테러조직과 마약조직의 연계, ②마약조직과 범죄조직의 연계, ③범죄조직과 테러조직의 연계이다. 아래 〈그림 9-1〉은 이들을 간략히 도식화한 것이다.

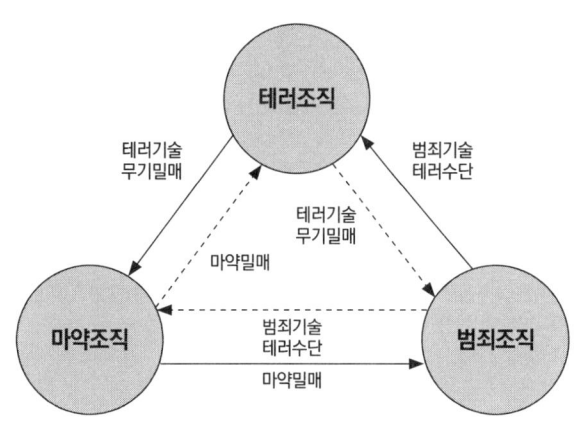

〈그림 9-1〉 테러, 마약, 범죄조직의 상호연계

첫째, 테러조직과 마약조직의 상호연계이다. 1990년대 아프간의 탈레반, 21세기 브라질, 아르헨티나, 콜롬비아의 삼각지대에서 중남미 마약조직과 중동 무장단체인 하마스와 헤즈볼라의 연계가 확인됐다.[344] 마카렌코(Tamara Makarenko)는 이를 【블랙홀 신드롬(Black Hole syndrome)】이라 명명했다. 또한 2000년 멕시코 티후아나 카르텔과 콜롬비아 무장혁명군(FARC)과의 무기 및 마약밀매에 대한 상호거래가 적발됐다. 미 국무부가 지정한 43개 외국 테러조직들 중에서 19개 조직이 마약밀매와 마약조직과 연계되었다.[345] 이들 연계의 기본 패턴은 마약공급자로서의 마약조직이 마약운반책으로서의 테러조직에게 마약을 제공하고 테러조직은 마약조직에게 무기를 제공하거나 테러기술을 제공한다.

둘째, 마약조직과 범죄조직의 상호연계이다. 이들의 상호연계는 비교적 오래되어 1930년대 프렌치 커넥션에서 기원한다. 이와 함께 마약을 통해 국제범죄조직들 사이의 상호의존이 점차적으로 증가하고 있다.[346] 마약조직과 범죄조직 사이에 이루어지는 마약밀매의 분업화는 9·11 이후 미국을 중심으로 국제사회에서 마약자금의 흐름을 차단하기 위해 자금세탁을 통제하는 국제레짐의 강화에서 파생됐다. 범죄조직에게 다양한 불법행위 중에서 마약밀매만큼 단시간에 막대한 수익을 올릴 수 있는 불법사업은 없다. 마약조직 또한 글로벌 차원의 마약밀매에 대한 국제통제레짐이 강화됨에 따라 수익률은 감소하더라도 체포위험률을 축소하는 방향으로 활동방식을 도입했다.

셋째, 범죄조직과 테러조직의 상호연계이다. 이러한 형태의 연계는 1990년대에 이슬람 테러조직들인 체첸 게릴라 및 알-카에다와 러시아의 체첸 마피아 사이에서 나타났고[347] 코소보 전쟁 동안 알바니아 마피아와 코소보 해방군에서도 나타났다.[348] 민족기반의 범죄조직들은 그들이 활동하는 근거지에 대한 사회문화적 환경에 익숙하므로 테러조직들은 이를 활용한다. 이들 연계의 기본 패턴은 범죄조직이 테러조직에게 자금세탁 및 부패행위와 같은 범죄기술과 대량살상무기 혹은 원료를 제공하고 테러조직은 무기와 테러기술을 공급한다. 범죄조직들이 대량살상무기를 구입하는 이유는 무기를 일국에 대항하여 사용한다기보다는 구매의사를 피력하는 테러조직들에게 판매하여 더 많은 수익률을 올릴 수 있기 때문이다. 양 조직의 동맹과 협력에서 【범죄조직의 테러화】와 【테러조직의 범죄화】 경향이 나타나는 사례들이 증가하고 있다.[349]

아프간 전쟁은 미국의 철수로 종식됐지만 앞에서 언급했듯 현재 테러·마약·범죄조직들과 같은 초국가적 위협들이 상호 연계할 가능성이 가장 높은 지역은 서남아시아의 아프간이다. 왜냐하면 아프간은 지정학적으로 비록 내륙이지만 사방의 인접국으로 비교적 자유롭게 국경선을 통과할 수 있기 때문이다. 아프간 주변국들은 모두 부패가 만연되어 정치권력과 마약조직의 공생관계가 비일비재하다. 또한 〈그림 9-2〉처럼 아프간에서 생산하는 마약들은 중앙아시아와 러시아 및 동유럽을 거쳐 서유럽 및 미국으로 지속적으로 공급될 것이다. 중앙아시아와 동유럽의 마약운송 루트에 대한 상당 부분은 러시아 마피아 및 동유럽과 발칸 마피아들이 장악하고 있다. 가장 우려할 일은 아프간 탈레반은 러시아 혹은 동유럽 마피아로부터 생화학 및 방사능 관련 무기를 구입하기가 다른 지역에 비해 상대적으로 용이하다는 사실이다.

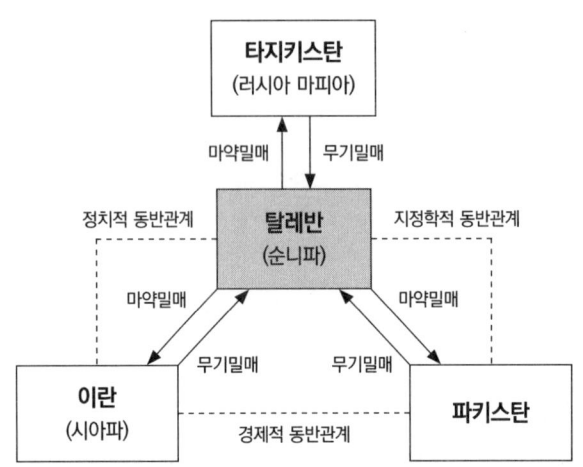

〈그림 9-2〉 서남아시아의 국제관계와 마약밀매 및 무기밀매의 연계

　결론적으로 냉전 동안 음성화되어 어느 정도 통제가 된 이들 불법단체들은 1990년대에 새롭게 등장했고 21세기 들어 더욱 확대·진화하고 있다. 더구나 초국가적 위협들은 밀접하게 상호연계하며 발전하고 있다. 이들은 민주주의와 사회경제적 안정이 오래전에 정착되거나 혹은 공고화된 국가들에서도 여전히 활동한다. 강력한 국가에서 그들의 활동은 상당 부분 통제되기 때문에 그들의 활동은 매우 음성적이며 제한된다. 그러나 이들은 지속적으로 일국의 법의 통치와 공공질서를 약화시키고 건전한 경제 질서를 왜곡시킨다. 반면에 아프간과 소말리아와 같은 민주주의와 국가형성이 미약하거나 실패한 국가들에서, 그리고 아르헨티나-브라질-파라과이 국경의 삼각지대처럼 시장경제가 약하고 테러·마약·범죄의 자유지대에서는 이들 불법단체들이 국가와 공생관계를 형성하면서 보다 더 폭력적이며 정치경제적으로 제한 없이 양성적으로 활동한다.

이런 공생관계는 가까운 장래에 초국가적 위협들을 더욱 활성화시키고 문제를 야기함으로써 강력한 국가들에게도 음성적으로 전파될 수 있다. 이런 경향은 마치 전염병과 같아 세계화의 흐름을 타고 궁극적으로 안정된 민주주의와 건전한 시장경제가 존재한 국가들로 확산된다. 더구나 초국가적 위협들은 국가 혹은 국가시설만을 목표로 하지 않는다. 일부 테러조직들을 제외하고 거의 모든 초국가적 위협들은 개인, 기업, 사회단체를 주요 착취의 목표로 설정한다. 이 때문에 초국가적 위협들에 대한 국가만의 대응정책에는 한계가 있다. 국가가 주도적으로 그런 위협들에 대한 대응책을 설정해야 하지만 개인, 기업, 시민단체의 협조 없이는 일정한 한계가 있다. 이 때문에 개인 혹은 기업들이 불확실한 미래에 대한 위험부담을 위해 보험에 가입하듯 개인, 기업, 시민사회 역시 국가에 대한 상호 협력적 보험을 제공해야 한다.

초국가적 위협과 함께 마약밀매에서 파생되는 또 다른 초국적 위협은 환경이다. 21세기에 사는 우리 인류에게 가장 시급하고 위협적인 것은 무엇일까? 그것은 바로 기후변화에 따른 지구온난화이다. 이 때문에 북극과 남극의 얼음이 녹고 있다. 특정 지역에서의 한파와 열파, 가뭄과 홍수, 지진과 해일 등의 기상이변이다. 한마디로 글로벌 환경위기이다. 마약사의 관점에서 환경위기는 페루, 볼리비아, 콜롬비아 등 소위 안데스 국가에서의 코카 재배와 이에 대항하는 미국의 콜롬비아 플랜이 단순한 마약 관련 이슈가 아니라 작게는 【인류의 허파】인 아마존 밀림지역의 산림파괴에 의한 환경파괴로 이어지고 크게는 그와 같은 산림파괴가 지구온난화에 영향을 줄 수도 있다. 이처럼 마약과 환경의 이슈들이 통합적 시각에서 논의되기 시작한 것은 1990년대 이후의 일이다. 이런 맥락에서 마약밀매와 환경문제의 상호연계에 대한 논의는 현재까지 크게 세 가지 차원에서 진행되었다. 여기서는 중남미의 콜롬비아 사례를 중심으로 살펴보자.

첫째, 코카재배 과정에서 파생되는 환경문제이다. 가장 중요한 문제의 하나는 재배경작지를 만들기 위한 밀림지역에서의 산림파괴와 주변 산림을 태운 결과 나타나는 공기오염이다.[350] 콜롬비아에서 2000년 이래 산림파괴의 약 50%가 불법 코카재배로 인해 파생되고 있다.[351] 500톤의 코케인을 생산하기 위해서는 최소 30만 ha의 산림이 파괴된다. 1ha의 원시산림에서 매년 약 28톤의 산소가 생산된다.[352] 결국 최소 30만의 산림파괴는 지구상에 매년 약 840만 톤의 산소를 공급하지 못한다는 수치가 나온다. 또한 우림지역에서 코카 재배를 위해 뿌리는 화학비료, 제초제, 그리고 살충제 등이 빗물에 씻겨 토양 및 수질을 오염시키고 있다.

둘째, 코케인 생산과정에서 파생되는 환경문제이다. 1ha에서 코케인을 생산하기 위해서는 약 550kg의 살충제, 제초제, 화학비료, 황산, 가솔린, 암모니아 등이 필요하다.[353] 따라서 매년 500톤의 코케인 생산은 30만 ha가 필요하고, 이럴 경우 최소 18만 톤의 화학물질이 사용된다. 문제는 정글토양이 마약재배에 부적합하므로 마약재배를 위해서는 합법 작물보다 무려 10배 이상의 제초제 및 살충제와 같은 농업 관련 화학물질을 사용해야 한다.[354]

셋째, 미국의 마약과의 전쟁에서 파생되는 환경문제이다. 코카박멸을 위해 사용하는 독성 제초제는 산림파괴, 토양 및 수질 오염, 인체에 부정적 영향을 미친다. 1960년대 마리화나를 박멸하기 위해 2.4-D의 제초제를 뿌린 마리화나를 사람이 피울 경우 인체에 치명적인 발암물질인 다이옥신이 생성된다.[355] 더구나 제초제에 접촉한 작물을 섭취할 경우에 유전적 변이작용을 통해 기형아 출산과 원인 모를 병으로 사망하는 건강상의 문제를 야기할 수 있다.[356] 한마디로 콜롬비아 플랜은 1992년 브라질 리오에서 개최된 생물학적 다양성에 관한 협약의 정신을 위배하는 것이다.

마약재배를 위해서는 산림을 파괴해야 하고, 마약정제를 위해서는 각종 독성이 강한 화학물질을 사용해야 하며, 마약재배지를 박멸하려는 강력한 제초제의 공중살포는 또 다른 산림파괴와 함께 2차적인 토양 및 수질오염을 배가시킨다. 지난 20년 동안 코카재배를 위해 약 220만 ha의 아마존 밀림지대가 사라졌다. 이 중에서 2000~2008년 동안 100만 ha의 숲이 파괴됐다. 1ha의 숲을 복원하기 위해 100~600년의 시간이 소요되는 것을 감안하면 엄청난 산림파괴가 발생한 것이다. 이런 연유로 마약밀매를 더 이상 미국처럼 군사적 시각만을 강조하는 국가안보가 아닌 생태적 측면은 물론 사회문화적은 물론 국가적 차원 및 글로벌 차원의 보다 넓은 의미의 환경안보적 차원에서 접근할 필요성이 있다.

끝으로, 코로나 사태 이후의 2020년 마약사는 필자가 2024년 4월에 출간한 『21세기 환각제 혁명』에서 나름대로 분석했다. 한마디로 1960년대 마리화나와 LSD를 중심으로 젊은 세대들의 환각제 혁명이

1세대라고 한다면, 1990년대 엑스터시를 중심으로 젊은 세대들의 환각제 혁명을 2세대라고 표현한다면 이제 30년 후인 2020년대를 필자는 새로운 형태의 환각제 문화로 21세기 환각제 혁명이 도래하고 있다고 예측했다. 향후 새로운 전염병이 등장할 경우 이런 양상이 나타날 가능성은 더욱 높다. 지속될 경제위기와 함께 이미 생활화된 비대면 문화는 젊은 층을 스마트폰의 고독으로 몰아 새로운 우울증으로 유도될 수 있다. 2022년 미국의 갤럽조사는 미국사에서 처음으로 담배보다는 대마초를 더 피운다고 발표했다. 젊은 세대에게 새로운 탈출구가 필요하다. 이것이 환각제라는 바람으로······.

제3절
미국 마리화나 정책과 글로벌 합법화

　19세기 중엽에 마리화나가 서구에 처음으로 소개됐다. 이로 인해 Benjamin Franklin, 초대 대통령 Washington, 3代 대통령 Jefferson, 4代 대통령 Madison 등이 산업용 햄프 농장주거나 마리화나를 즐겨 사용했다. 19세기에는 중요한 의료용으로 사용되고 20세기 초부터는 오락용으로 사용이 확산됐다. 이후 유럽과 미국으로 확산한 마리화나는 미국에서 19세기 중엽부터 20세기 초반까지 의사의 처방전 없이도 다양한 질병에서 의료용으로 매우 인기가 높았다. 마리화나에 대한 오락용 사용은 멕시코 독재정치에 염증을 느낀 멕시코인들이 미국으로 이주한 20세기 초반부터 시작됐다. 그러나 19세기 말~20세기 초반까지 미국에서 정치사회적 개혁에 대한 열풍이 소수민족들에게도 영향을 주어 마리화나를 피우는 멕시코인들에 대한 혐오가 확산됐다. 결국 1936년 의료용을 제외한 오락용 마리화나는 모든 주에서 금지됐다. 그리고 1937년 연방차원에서 마리화나에 대한 통제가 시작됐다. 이후 60년대까지 마리화나 사용은 지하화됐다.

　한편 연방차원 최초의 마약법은 1913년 하원의원(Harrison)이 제안하여 1914년에 제정된 해리슨 법이다. 법의 제목처럼 의학적 목적을 제외하고 아편류와 코케인에 대한 거래를 할 경우 등록제를 통한 세금을 부과하는 것으로 향후 미국 마약법의 토대를 구축했다. 원래 이 법은 연방차원의 법이 될 수 없었다. 왜냐하면 수정헌법 제10조는 외교권, 군사권, 그리고 주간통상교섭권 등과 같이 연방정부의 분명한 권한을 제외하고 연방법과 주법이 충돌할 경우 주법을 우선한다는 규정 때문이다. 따라서 의약 관련해서 연방법으로는 권한이 없기 때문에 마리화나를 규제하기 위해서는 【처벌법】이 아닌 【과세법】으로 제정한 것이다. 그러나 이 법은 법 집행에 대한 모호함으로 많은 문제점을 드러냈다.

약 100년 역사의 미국 마리화나 정책에 대한 전환점은 크게 세 가지로 세분할 수 있다. 1937년 마리화나 과세법, 1970년 통제약물법, 그리고 2012년 2개 주에서 오락용 마리화나의 합법화이다. 마리화나 관련 최초의 연방법인 1937년 법은 말 그대로 마리화나 판매에 세금을 부과하는 것이다. 해리슨 법처럼 과세법으로 만든 것이다. 핵심내용은 마리화나의 거래와 사용에 대한 중과세와 거래허가제이다. 그러나 후자의 경우 연방정부가 거의 발급하지 않아 엄격히 통제했다. 의료용 사용은 허용했지만 무용지물이나 다름없었다. 이 때문에 이 법은 1969년 위헌소송(*Leary v. United States*)을 받았다. 대법원은 그 법의 위헌은 물론 리어리에 대한 체포과정에서 제5차 수정헌법이 규정한 미란다 원칙을 위반했다는 이유로 위헌결정을 내렸다. 이로 인해 이 법은 1969년 의회가 폐지했다.

1937년 법은 앤스링거에 의해 초안이 만들어지고 하원의원이 제안해서 FDR이 서명했다. 그는 후버 행정부 시절인 1930년에 해리슨 법을 집행하기 위한 초대 재무부 연방마약국장에 임명됐다. 청문회에서 美의학협회는 마리화나의 과세에 대해 반대했다. 왜냐하면 이 법은 의사들이 의료목적으로 마리화나를 처방할 때 해리슨 법에 해당하는 마약류보다 훨씬 과중한 세금을 의사들에게 부과하기 때문이었다. 이 때문에 그들은 마리화나를 아예 해리슨 법의 마약류에 넣어 달라고 했을 정도였다. 1933년 뉴욕시장(Guardia)은 마리화나 흡연에 대한 위원회를 만들고 그에 대한 조사를 시작했다. 1944년 최종보고서(The La Guardia Committee Report: The Marihuana problem in the City of New York: Sociological, Medical, Psychological, Pharmacological Studies)가 제출됐다. 보고서의 핵심은 "마리화나 흡연은 의학적 측면에서 중독으로 유도되지 않는다."이다. 한마디로 이 보고서는 1937년 법에 대한 반박자료이다.

2차 대전 종전 후 1940년대 말 미국중심의 자유주의 진영과 소련 중심의 공산주의 진영으로 양분되면서 냉전이 시작됐다. 이런 분위기는 결국 강력한 마약처벌법(1952년 Boggs Act과 1956년 Narcotics Control Act)의 등장이었다. 이 법들의 특징은 마리화나 소지의 경우 판사의 자율적 선고 없이 최초의 위반은 강제적으로 2만 달러의 벌금과 최소 2년 징역형이다. 판사의 선고권을 박탈한 이런 문제로 인해 결국 1969년 의회에 의해 폐지됐다. 요약하면 1914년 해리슨 과세법의 핵심적 논쟁은 법이 규제한 마약류에 대한 의사의 처방권 문제였다. 1937년 마리화나 과세법의 핵심 논쟁은 위헌소지였다. 결국 말도 많고 탈도 많은 두 연방법은 1969년 폐지됐다. 그러나 당시 보수정권인 닉슨 행정부는 1970년에 더욱 강력한 연방법인 통제약물법을 제정했다. 이 법은 앞의 두 【과세법】과는 달리 【처벌법】이다. 당연히 마약류에 대한 의사의 처방권은 삭제되고 마리화나는 1급 마약으로 지정됐다.

새로운 법은 〈표 9-2〉에서 보듯 마약들을 위험등급으로 분류했다. 마리화나는 헤로인, LSD와 함께 처벌강도가 가장 세고 가장 위험한 마약으로 분리된 1급 마약으로 재배, 생산, 판매, 사용 및 소지를 금지하고 의학적 사용도 금지했다. 더구나 리서치조차 엄격히 규제했다. 특히 마리화나의 경우 그보다 훨씬 중독성이 강한 코케인과 메스암페타민이 2급 마약으로 지정한 것과 비교하면서 현재까지 논쟁이 되고 있다. 이런 연유로 마리화나를 1급 마약으로 지정한 것을 약리적 판단이 아닌 정치적 판단으로 지정한 것이다. 마리화나를 소지만 해도 징역 1년이다.

〈표 9-2〉 미국통제약물의 목록

등급	남용정도	의료사용	주요 마약류
Schedule I	High	None	heroin, LSD, **marijuana**, DMT, ibogaine, mescaline, psilocybin & psilocin, THC, peyote, MDMA, GHB(2000)
Schedule II	High	rare	opium, morphine, codeine, fentanyl, methadone, methamphetamine, cocaine, PCP
Schedule III	Medium	Yes	anabolic steroids, ketamine, ergine(LSA)
Schedule IV	Moderate	Yes	중요하지 않아 공란
Schedule V	Lowest	Yes	CBD, alcohol, caffeine, nicotine, tobacco

CSA법 부가조항에 따라 마리화나에 대한 연방위원회(the Shafer Commission)를 만들어야 했다. 닉슨 대통령은 13명 위원들 중에서 9명을 지명하고 前펜실베니아 주지사(Shafer)를 위원장으로 임명했다. 1972년 위원회는 1,000페이지 넘은 보고서를 제출했다. 보고서의 핵심 세 가지는 ①마리화나는 위험성이 지나치게 과장되었고 상대적으로 육체적 중독이 없다, ②마리화나에 대한 가혹한 법조항이 오히려 더 해악을 준다, ③마리화나의 소량에 대한 소유와 유통의 형벌을 삭제하고 합법화할 것을 권고했다.

그러나 닉슨 행정부는 위원회의 권고를 모두 무시하고 오히려 1973년 연방마약청(DEA)을 창설했다. 한마디로 연방차원에서 마리화나에 대한 개혁은 전혀 없었다. 하지만 위원회의 권고사항에 따라 1970년대 동안 연방마약법에 반하는 11개 주가 마리화나에 대한 非범죄화를 단행했다. CSA에 대한 최초의 반항은 1973년 오리건주였다. 소량의 마리화나 소지에 대한 형벌(1온스당 벌금 $100)을 약화시켜 非범죄화를 단행했다. 이를 따라 1978년까지 총 10개 주가 더 非범죄화를 단행했다. 이것이 제1차 非범죄화의 물결이다.

1980년대는 레이건의 반공을 위한 【람보정치】로 마리화나를 포함한 마약류에 대한 소위 마약과의 전쟁으로 점철됐다. 이를 위해 레이건 행정부는 1986년 불법마약류의 유통에 대해 판사의 선고재량권을 박탈한 법(Antidrug Abuse Act)과 이 법을 수정한 1988법의 경우 소지만 해도 초범은 1,000달러 벌금과 최대 징역 1년을 선고하게 만들었다. 또한 삼진아웃제(third strike)를 도입하여 강제적으로 25년형을 부과했다. 한마디로 1980년대는 1950년대로 회귀한 것이다. 이 때문에 1980년 이후 2001년까지 20년 동안 非범죄화를 허용한 주는 없었다.

그러나 1980~1990년대 동안 마리화나에 대한 강력한 처벌법에도 불구하고 1996년은 미국 마리화나의 역사에서 중요한 전환점의 시작이었다. 바로 캘리포니아주에서 최초로 의학적 목적을 위한 마리화나의 재배, 소지, 사용을 합법화한 것이다. 이후 2022년까지 37개 주와 수도인 워싱턴 D.C.가 캘리포니아주의 뒤를 이었다. 그러나 연방정부는 마리화나의 非범죄화는 묵인할 수는 있어도 1970년 연방마약법에 따라 1급 마약은 의료용으로 사용할 수 없기에 주법에 대해 단속할 것이라고 천명했다. 결국 터진 사건이 2005년 위헌소송(*Gonzales v. Raich*) 재판이다. 대법원의 최종판결은 당시 11개 주가 이미 의료용 마리화나를 합법화했지만 2심인 연방항소법원의 판결을 뒤집고 대법관 9명 중에서 3명이 소수의견을 냈지만 나머지 6명은 의료용 마리화나를 금지하거나 처벌할 수 있는 의회의 권한을 인정했다. 이때 적용한 연방법이 주간통상조항이다.

미국 마리화나 역사에서 非범죄화 2차 물결이 2001년 네바다주부터 시작됐다. 이후 2022년까지 10개 주가 非범죄화를 단행했다. 해서 1970년대 11개 주와 워싱턴 D.C.를 포함해서 총 22개 주가 非범죄화를 실행하고 있다. 이 중에서 16개 주가 오락용 합법화를 실시하고 있다. 의료용 마리화나의 경우 합법화한 주가 워싱턴 D.C.를 포함해서 총 38개이다. 미국 마리화나 역사에서 최대 전환점은 2012년 워싱턴

주와 콜로라도주가 1970년 CSA가 제정된 이래 최초로 마리화나의 非범죄화도 아니고 의료화도 아닌 소량의 개인 오락용을 합법화한 것이다. 2022년까지 오락용을 합법화한 주는 워싱턴 D.C.를 포함해서 총 22개이다. 2023년 2개 주가 더 합법화했다. 물론 21세 이상의 성인과 최대 1온스까지 허용했다. 더구나 이들 주들은 상업적 판매와 유통도 허용했다. 개인적 재배도 두 개 주를 제외하고는 합법화했다. 물론 21세 이상만 사용을 허용하고 뉴욕을 제외하고 공공장소에서의 소비는 금지했다.

비록 이것이 연방정부 차원이 아니라 주정부 차원이라 하더라고 엄청난 충격이었다. 연방정부는 1973년 오리건주의 非범죄화와 1996년 캘리포니아주의 의료용 합법화와 함께 2개 주에서 오락용의 합법화는 연방정부에 대한 도전인 동시에 마리화나 정책에 대한 새로운 정책을 시도하게 만들었다. 결국 오바마 행정부 시절인 2013년 법무부 副장관(James M. Cole)은 모든 연방검사들에게 비망록(The Cole Memorandum)을 보내 범죄 등 8가지를 제외하고 오락용 마리화나가 합법화된 주에서 연방법을 집행하지 않도록 당부했다. 한마디로 주법에 간섭하지 않을 것이라고 말한 것이다.

오바마 행정부에서 연방차원에서는 최초로 2014년 원주민 인디언들에게 보호구역에 한해서 마리화나를 합법화는 새로운 정책을 발표했다. 이 정책은 마리화나를 불법으로 정한 주에서도 통용된다. 또한 2014년 일몰법인 수정법(Rohrabacher-Farr amendment)으로 새로운 마약정책을 제시했다. 이 수정법은 법무부가 의료용 마리화나를 허용하는 주법에 간섭하지 못하게 만든 것이다. 그러나 2018년 트럼프 행정부에서 2013년의 비망록은 폐지됐다. 대신 새로운 법(The Hemp Farming Act)을 제정해 마리화나 주성분인 THC가 0.3% 이하인 햄프를 합법화했다. 이것은 마리화나에서 추출한 향정신성 성분이 없는 CBD를 연방차원에서 합법화하면서 의료용 마리화나를 찬성했다는 의미이다. 마리화나가 불법인 주에서는 하나의 희소식이었다.

한편 이와 같은 보수적 공화당과 진보적 민주당이 마리화나에 대해 금지와 관용이라는 냉탕과 온탕을 주고받자 관련 소송이 대법원으로 많이 제출되었다. 이에 대법관(Thomas Clarence)은 2021년 오바마와 트럼프 행정부를 은근히 비난하면서 연방정부의 국민에 대한 통개 훈련시키는 접근법(federal government's piecemeal approach)에 대해 대법원은 지원할 필요가 없음을 시사했다. 한마디로 이제 더 이상 대법원을 괴롭히지 말고 정치적으로 해결하라는 의미이다.

2020년 CSA로부터 마리화나를 제외시키는 법안이 하원에서 통과되었지만 상원에서 승인받지 못했다. 바이든 행정부인 2022년 새로운 법(The Medical Marijuana and Cannabidiol Research Expansion Act)은 의료목적의 리서치를 좀 더 쉽게 허용했다. 기존에는 꼭 필요할 경우 FDA의 승인과 DEA의 인가가 필요했다. 이 기간이 보통 1년 걸렸는데 이를 2개월로 단축한 것이다. 이것은 특히 연방수준에서 최초로 독자적으로 추진한 개혁법이라는 데 의의가 있다. 현재 연방수준의 마리화나 관련 非범죄화와 주법을 공식적으로 인정하는 법(The Cannabis Administration and Opportunity Act)이 진행

중이다. 또한 2022년 바이든 대통령은 마리화나의 단순한 소지의 경우 사면령을 내렸다.

의료용 마리화나는 더욱 활성화될 전망이다. 최근 11개 주에서 의료용 마리화나를 위해 새로운 법안(Low-THC, high-CBD)을 추진 중이다. 왜냐하면 마리화나의 대표적 주성분인 THC가 향정신성 효과가 있는 반면 CBD는 非향정신성으로 의학용에 많이 사용하기 때문이다. 특히 아동의 간질발작 치료에 효과가 있다. 더구나 WHO가 인정한 20종류의 질병에 이것의 효능을 인정했다. 이를 위해 THC의 성분을 감소시키면 CBD가 상승하는 효과를 볼 수 있다.

요약하면, 20세기를 미국의 세기라고 불리듯 지난 100년 동안 미국은 글로벌 마약정책의 총대를 메고 범죄화를 주도적으로 휘둘렀다. 대표적인 사례가 1976년 마리화나의 오락용 사용을 허용한 네덜란드와 2010년대 마리화나의 오락용 사용을 합법화한 멕시코에 대해 강력한 외교적 압력을 행사했다. 이런 결과가 2021년 조사에 의하면 닉슨 이래 마약과의 전쟁으로 지난 50년 동안 미국이 쏟아부은 재정이 약 1조 달러이다. 매년 평균 200억 달러(원화로 20조)를 소비한 것이다. 2009년 오바마 행정부 시절 백악관 국가마약통제정책국장은 마약과의 전쟁은 실패한 정책으로 그 용어를 더 이상 사용하지 않고 마약중독을 【범죄】가 아닌 【질병】으로 인식하기 시작했다. 핵심은 미국의 마리화나 정책이 변하고 있다는 사실이다.

마찬가지로 1937년 이래 85년 동안 미국의 마리화나 정책을 한마디로 말하면 불법화→범죄화→非범죄화→의료용 합법화→오락용 합법화로 점차적으로 변하는 경향을 보이고 있다. 물론 연방차원에서는 여전히 1급 마약을 유지하고 있다. 그러나 50% 가까운 주가 오락용을 합법화하고 시간이 흐를수록 이 숫자는 더 늘어날 전망이다. 한마디로 가까운 미래 연방정부차원에서 전면 합법화 추세로 나아갈 것으로 예상한다. 이런 맥락에서 19세기 골드러시처럼 21세기【그린러시 (Green Rush: 2012~?)】라는 용어가 탄생했다. 이 용어는 미국과 캐나다에서 마리화나 산업의 급성장을 묘사하는 의미이다. 마리화나 관련 재배, 편의점, 의료, 무역, 주식, 채권 등 무수히 많은 파생상품들이 등장하고 있다.

1937년 이후 금지기간인 현재까지 대통령과 부통령, 상·하원 의원, 주지사, 장관, 판사, 시장 등 많은 정치인들이 마리화나를 사용했다. 예를 들면, 대통령으로는 George Bush, Bill Clinton, Barack Obama, 부통령으로는 Al Gore, Kamala Harris, 의원으로는 하원의장 Newt Gingrich와 Joseph Kennedy II, 주지사로는 Arnold Schwarzenegger와 Jeb Bush, 국무장관 John Kerry 등이 있다. 판사로는 대법관 Thomas Clarence와 워싱턴 DC 항소법원장인 Douglas Ginsburg가 있다. 클린턴 대통령은 마리화나의 非범죄화를 찬성했다. 오바마 대통령은 오락용 마리화나의 합법화에는 반대했지만 합법화한 주에 대해서는 연방법을 집행하지 않을 것이라는 방관 자세를 유지했다. 현재 바이든 대통령은 마리화나가 헤로인과 1등급 마약임을 지적하면서 어떻게 펜타닐보다 더 위험한 마약이라고 하는 것은 난센스라고 지적했다.

미국에서 마리화나에 대한 합법화 여론은 꾸준히 증가했다. 최초의 여론조사는 1969년 Gallup으로 찬성은 12%에 불과했다. 1977년에는 찬성이 28%로 두 배 이상 상승했다. 2011년에 찬성이 50%로 다시 두 배 상승했다. 2013년에는 58%로 처음으로 과반수를 넘었다. 2017년에는 보수적인 공화당 지지자들로부터 찬성 64%로 처음으로 과반수가 넘었다. 2018년에는 찬성 66%로 진보적 민주당 지지자로부터 71%를 연령 55세 이상으로부터는 55%로 처음으로 과반수 넘었다. 2021년에는 세 사람 중에서 두 사람이 찬성했다. 결국 다음 대선후보에서는 오락용 마리화나를 합법화한다는 후보가 등장하지 않을까?

제4절
21세기 국제 마약밀매의 구조

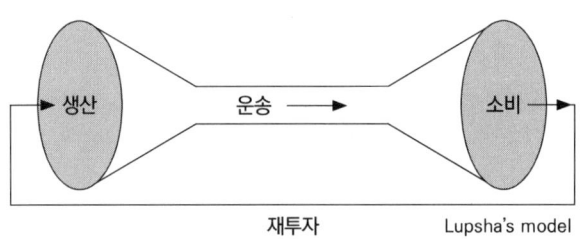

〈그림 9-3〉 마약밀매의 일반적 구조[357]

〈그림 9-3〉은 국제 마약밀매의 일반적 4단계 구조를 단순화한 것이다. 마약밀매의 경제적 특성은 대부분의 국가에서 불법이라는 것을 제외하고는 하나의 제품에 대해 생산→운송→소비→재투자라는 합법적 경제활동과 거의 유사한 순환과정을 지니는 속성이 있다. 따라서 비록 불법이지만 상품가치를 지닌 마약도 마약밀매의 일반적 4단계 순환구조를 거치면서 확대 재생산되는 것이다. 국제 마약밀매에 있어서 이러한 순환구조는 1912년 국제아편협약에서 국가 간 아편무역이 통제된 이래 1930년대 프렌치 커넥션이 시작되면서 현재까지 지속되고 있다. 거의 100년간 지속된 이러한 순환구조는 국제마약통제레짐이 강화될수록 그리고 그에 따른 각국의 마약 관련 국내법이 강화될수록 마약밀매에 의한 불법수익이 높아지는 경향이 있기 때문에 기존구조는 변치 않고 유지되는 것이다.

첫째, 마약의 생산단계이다. 이 단계는 대체로 지구의 남반부에 위치한 개발도상국들에서 이루어지며 헤로인이나 코케인과 같은 천연마약의 경우 재배→정제→생산단계로 세분된다. 정제 및 생산부분에서 일반적으로 전문적 마약조직이 개입한다. **둘째**, 마약의 운송단계이다. 이 단계는 개인을 통한 소량에서부터 항공기를 이용한 대량의 마약이 생산지에서 소비지로 유통된다. 후자의 경우 마약유통에 대한 통제의 용이성으로 인해 주로 초국가적 범죄조직이 개입한다.

셋째, 마약의 소비단계이다. 이 단계는 주로 지구의 북반부에 위치한 미국, 유럽, 일본과 같은 선진국에서 이루어지며 분배→판매→소비단계로 세분된다. 분배 및 판매부분에서 대체적으로 국내 범죄조직이 개입한다. **넷째**, 마약의 재투자 단계이다. 이 단계는 자금세탁(money laundering)과 화학물 밀매(chemical trafficking)로 세분된다. 전자는 소비단계에서 회수되는 불법 마약자금을 생산단계에 재투자하기 위해 다양한 방법을 통해 합법화하여 전달하는 것이다. 후자는 마약정제에 필요한 필수화학물(헤로인은 무수초산, 코케인은 과망간산칼륨)을 구입해서 생산단계에 전달하는 것이다.

마약밀매의 순환과정에서 더욱 심각한 문제는 각 단계가 고정적이 아니라 끊임없이 살아 움직이는 유기체처럼 【역동성】을 지녔다는 사실이다. 물론 이것의 본질은 마약을 생산해서 물질적 욕구를 획득하든 혹은 마약을 소비하여 정신적 욕구를 추구하든 근본적으로 인간의 탐욕에서 기원한다. 따라서 마약유통의 역동성은 어떤 의미에서 보면 인간의 본질적 탐욕이 유발시킨 것이다. 이 때문에 마약유통의 순환과정은 근본적으로 단절하기 어려운 문제이다. 이를 구체적으로 살펴보자.

첫째, 생산단계의 역동성이다. 특정 마약재배 지역에서 단속이 이루어질 때 재배지역은 신속한 속도로 다른 지역으로 옮겨 간다. 소위【풍선효과】이다. 이 때문에 생산감소전략이 쉽지 않다. **둘째**, 운송단계의 역동성이다. 하나의 마약밀매 루트가 적발되면 곧 새로운 루트가 개발되고 결국 다시 처음의 루트를 이용하면서 반복적으로 변화한다. 운송단계에는 주로 TOC가 개입하는데 이제는 테러조직까지 개입하는 양상을 보이고 있다. 물론 개인이 사용하는 소량의 경우 on-line를 이용할 수는 있다. 특히 2011년에 등장한 다크넷(darknet)의 경우 블록체인의 기술을 이용하고 비트코인을 사용하면서 보안성과 익명성을 갖춘 불법 웹사이트가 현재 사이버 암시장을 주도한다. 암시장의 규모는 연간 4,000억 달러 이상으로 주종상품이 마약이다. 이처럼 다크넷의 규모가 커지면서 가까운 장래 TOC가 개입할 것으로 예상한다. 그러나 아직까지는 대량운송의 경우 off-line를 이용할 수밖에 없다.

셋째, 소비단계의 역동성이다. 마약의 생산과 운송단계에서의 변화는 소비자의 태도도 변화시킨다. 다시 말하면 마약 생산비 및 운송비의 상승은 마약가격의 급상승으로 유도하면서 소비자는 다른 대체마약을 선호하게 만들고 궁극적으로 마약 생산지에서 마약의 종류를 바꾸도록 만든다. 소위 펜타닐과 같은 신종마약의 등장이다. 마약의 역사를 되돌아볼 때 결국 불법마약에 대한 지속적 단속이 마약생산과 마약조직의 역동성을 오히려 극대화시키고 마약생산, 운송, 소비의 방법을 더욱 교묘하게 만들면서 오히려 법집행기관의 단속범위의 확대를 유발하는 부작용을 일으킨다. 결국 마약정책의 초점을 소비자에 맞추어야 한다는 의미이다. 따라서 소비감소전략에는 마약소비자를【범죄자】로 보느냐

【환자】라 보느냐에 따라 정책의 대전환이 나타난다. 현재까지 가장 효과적인 방법이 네덜란드 모델이다.

넷째, 재투자 단계의 역동성이다. 불법마약의 제조에 사용되는 필수화학물(무수초산, 과망간산칼륨, 아세톤 등)에 대한 수입 대상국 혹은 밀매루트도 끊임없이 변한다. 미국이 코케인 정제에 이용되는 화학물을 통제하기 시작하자 콜롬비아 카르텔은 즉시 인근 중남미 국가들이나 유럽산 화학물로 수입선을 교체했다. 불법 마약자금의 자금세탁의 경우도 한 국가 혹은 하나의 은행이 적발되면 곧 다른 국가 혹은 다른 은행으로 즉시 교체될 뿐이다. 1990년대 이후 세계화와 신자본주의의 확산이 이를 더욱 용이하게 만들고 있다.

자금세탁의 경우 일국에서의 자금세탁 방지만으로는 충분하지 않다. 그래서 2000년 팔레르모 협약이 결성되면서 협약 서명국은 자국에서 의무적으로 자금세탁방지법을 제정하게 만들었다. 케미컬 밀매의 경우 1988년 UN 협약의 경우 팔레르모 협약과 같은 강제성이 없다. 이 때문에 화학물질 밀매의 경우 마약 관련 화학물질 거래 방지를 위한 전략으로 INCB는 두 가지 전략이 있다. 하나는 【Project Cohesion(2006)】으로 헤로인과 코케인 제조의 필수화학물에 대한 불법수출입을 통제하기 위한 국제통제 프로그램이 있고, 다른 하나는 【Project Prism(2003)】으로 암페타민류 제조의 필수화학물에 대한 불법수출입을 통제하기 위한 국제통제 프로그램이 있다. 이런 원료물질에 대한 수출입 전 해당국에 의무적으로 사전 통보를 해야 한다.

제5절
21세기 국제 마약밀매의 전망

21세기 국제 마약밀매에 대한 장기적인 전망은 크게 네 가지 측면에서 파악할 수 있다. **첫째**, 생산단계의 경우 대부분의 불법 마약생산국이 지구의 남반부에 위치한 저개발 국가들로 구성되어 있고 마약 관련 부패가 만연되어 마약생산은 미국을 중심으로 한 국제적 노력에도 불구하고 지속적으로 이루어질 전망이다. 더욱이 대부분의 마약생산국의 경우 테러 및 게릴라 조직이 활동자금을 마련하기 위한 근거지로 간주하고 있기 때문에 마약생산은 더욱 복잡한 양상으로 전개될 것이다. 특히 정치권력과 마약조직의 공생관계가 이루어지고 있는 대부분의 마약생산 및 유통국가의 경우에 대해 세계 최대의 소비국인 미국이 국제적 제재조치를 취할 경우 국제 분쟁화할 가능성을 배제할 수 없다. 왜냐하면 마약소비가 마약의 공급과 수요라는 두 요소에 의해 이루어지므로 반드시 마약생산국 자체의 문제만은 아니기 때문이다.

둘째, 운송단계의 경우 마약밀매의 세계화 과정에서 외국 범죄조직과 국내 범죄조직의 상호연계 가능성이 더욱 높아질 전망이다. 이것은 물론 마약밀매에서 나오는 경제적 이득이 다른 불법행위에서 파생되는 이득을 훨씬 능가하기 때문이다. 이것은 정치부패가 만연된 마약생산국에서 정치권력의 개입이 지속적으로 이루어지는 주요 요인이 되며 또한 마약소비가 극심한 선진국에서 점차적으로 마약부패 및 마약부패의 뇌물액수가 커지는 경향이 있다. 따라서 각국의 단속강화와 함께 국내외 마약조직들은 체포위험률을 피하기 위해 조직들 사이에 분배와 판매단계에서 마약밀매의 분업화가 이루어질 전망이다. 특히 체포위험률을 피하기 위해 범죄조직은 합법 혹은 불법 인터넷(darknet)을 통한 개별운송의 통로를 점차 확대할 것이다.

셋째, 소비단계의 경우 각국의 법집행기관의 마약밀매에 대한 단속이 강화되면 마약조직들의 체포위험률에 대한 부가가치가 상대적으로 증가할 것이다. 따라서 일시적으로 마약소비를 감소시킬 수 있는 마약의 고가유지정책이 유지될 수 있으나 고가정책은 또한 상대적으로 높은 불법수익을 창출할 수 있기 때문에 새로운 마약유입을 유도하기도 한다. 이것이 거의 모든 국제범죄조직들이 막대한 불법수익이 보장되는 국제 마약밀매에 조직적 차원에서 개입하는 주요 요인이자 법집행기관의 끊임없는 딜레마이기도 하다.

넷째, 재투자 단계의 경우 모든 불법조직들에게 최대의 아킬레스건은 불법자금을 합법자금으로 사용할 수 있는 자금세탁이다. 마약조직도 예외는 아니다. 연간 5,000억 달러로 추산되는 전 세계 마약 관련 자금세탁은 최근 새롭게 제정하는 각종 국내 및 국제협약 등에서 이에 대한 통제를 강화하고는 있지만 신자본주의의 세계화 기조하에서는 일정한 한계가 있다. 특히 대부분이 개발도상국인 마약생산국과 유통국가들의 경우 외국자본의 유입이 경제도약의 밑거름이 되고 있으므로 자금세탁을 막기 위한 재정통제에는 한계가 있다. 예를 들면 동유럽의 경우 서유럽으로 향하는 마약의 주요통로이기 때문에 마약과 함께 마약자금의 유입이 활발함에도 불구하고 동유럽 국가들이 묵시적으로 이를 방관하고 있는 실정이다.

요약하면, 마약밀매의 일반적 순환구조의 기본 틀은 근본적으로 변화하지 않지만 각 단계는 지속적으로 변화하기에 법집행기관의 단속의 어려움이 있다. 더구나 마약단속의 부작용은 끊임없이 순환구조의 역동성을 유발하고 있다. 그렇다고 단속을 중단할 수 없는 처지에서 이러한 상황은 현재 각국 마약 관련 법집행기관의 가장 커다란 딜레마의 하나이다. 결국 反마약정책의 최선은 어떻게 하면 한정된 여건하에서 마약 유통과정의 흐름을 최소화함으로써 최대한의 효과를 거둘 수 있는가의 문제로 귀결된다.

이와 함께 고려해야 할 가장 중요한 요인이 있다. 바로 마약 그 자체에 대한 인식이다. 한마디로 마약은 가치중립적이다. 마약을 【공공의 적】으로 생각하는 것부터 문제이다. 정책은 마약 사용자에게 초점을 맞추어야 한다. 이런 맥락에서 어설프게 마약을 통제하려는 제도가 【공공의 적】이다. 지난 100년 동안 가장 유연한 마약정책이 네덜란드 모델이다. 이를 만들기 위해 네덜란드는 5년 이상의 시간을 소비했다. 그리고 그런 모델을 검찰 가이드라인을 통해 지속적으로 수정 보완해 오고 있다. 이를 타산지석으로 삼아야 한다. 결론적으로 네덜란드 모델처럼 국가마약정책이 마약에 대한 완전 박멸이라는 실현 불가능한 【유토피아적 전략】보다는 소비에 대한 적절한 마약지수를 유지하면서 확산을 방지하려는 【선택적 통제전략】을 추구하는 것이 장기적으로 훨씬 실용적인 정책임을 의미한다.

참고문헌

Arendt(1972). *Crises of the Republic*. NY: A Harvest/HBJ Book.

Calderon, Francisco Santos(2007). "The world drug Problem seen through a green lens." *Uganda*, Nov.

Carter, Nick(2005). "Losing the Battle." *Newsweek*, Jul, 11.

Cook, Collen W. et al.(2008). "Mexico's Drug Cartels." *CRS Report for Congress*, Feb, 25.

Grinspoon, Lester(1970). *Marihuana Reconsidered*. Harvard University Press.

Larry Rohter, Larry(2000). "To Colombians, Drug War is a Toxic Foe." *New York Times*, May 1.

Levitt, Matthew & Michael Jacobson(2009). "Introduction." *Countering Transnational Threats: Terrorism, Narco-Trafficking, and WWD Proliferation*. edited by Matthew Levitt & Michael Jacobson, The Washington Institute for Near East policy.

Lumpe, Lora(1997). "The US Arms Both Sides of Mexico's Drug War: Covert Action." *Quarterly*, No.61, Summer.

Lupsha, Peter A.(1996). "Transnational Organized Crime versus the Nation-State." *Transnational Organized Crime*, vol.2, no.1.

Madriga, Daniel Blancas(2008). "From Texas to Mexico City: The Arms Trafficking Route." *La Cronica*, July 16, http://watchingamerica.com/News/2119/from-texas-to-mexico-city- the-route-of-arms-trafficking-ssp/.

Maingot, Anthony P.(1994). "Confronting Corruption in the Hemisphere: A Sociological Perspective." *Journal of Interamerican Studies and World Affairs*, Vol.36, No.3.

Makarenko, Tamara(2004). "The Crime-Terror Continuum." *Global Crime*, Vol.6, No.1.

Mendoza, Gardenia Aguilar(2007). "Cultivos de droga dana cada vez mayor terreno en Mexico." *La Opinion Digital*, May 24.

Meyer, Josh(2009). "Drug cartels raise the stakes on human smuggling." *Los Angeles Times*, March 23.

Riding, Alan(1986). *Distant Neighbors*. New York: Vintage Books.

Rose-Ackerman, Susan(2000). "Is Leaner Government Necessarily Clearner Gover-nment?" In *Combating Corruption in Latin America*, edited by Tulchin, Joseph S. & Ralph H. Espach, The Woodrow Wilson Center Press.

Schaffer Library of Drug Policy(2010). "Coca and Colombia Environment." Case No.136. http://www.druglibrary.org/Schaffer/cocaine/cocaeny.htm, April 29.

Society for Conservation Biology(2002). "Illicit Crops Threaten Birds in Colombia." 23 July http://www.sciencedaily.com/releases/2002/07/020723075732.htm.

Sterling, Claire(1994). *Thieves' World*. NY: Simon & Schuster.

The White House(1998). *A National Security Strategy for a New Century*.

The White House(2001). *Office of National Drug Control Policy*.

The US. Dept. of State(2008). *International Narcotics Strategic Control Report*.

Walker, William J.(2006). "The Relationship and Threat of Transnational Organized Crime, drug Trafficking and Terrorist Groups in the Western Hemisphere." *Monograph* presented to the Inter American Defense College as a requisite for obtaining the diploma of completion for the Course on Defense and Hemisphere Security.

Walser, Ray & James M. Roberts(2007). "The U.S. and Mexico: Taking the Merida Initiative against Narco-terror." *WebMemo*, the Heritage Foundation, No.1705, Nov. 16.

Williams, Paul L.(2005). *The Al Queda Connection*. Amherst, NY: Prometheus Books.

Williams, Phil(2008). "Terrorist Financing and Organized Crime: Nexus, Appropriation, or Transformation." In *Countering the Financing of Terrorism*, edited by Thomas J. Biersteker and Sue E, Eckert, NY: Routledge.

연합뉴스, 2001/01/05, 2001/02/20, 2002/10/17.

Associated Press(2006). "Cocaine destroying rainforest parks in Colombia." Sept, 28, http://news.mongabay.com/2005/0928-ap.html.

Boston, com(2005). "UN report puts world's illicit drug trade at estimated $321.6 billion." June 30.

Lindsmith-Drug Policy Foundation. "eNewsletter." 2001/09/21, 2001/09/29, 2002/03/15, 2002/03/30, 2002/06/21, 2002/07/07, 2002/08/24, 2002/09/06

BBC News. http://news.bbc.co.uk/hi/english/uk/news-id_1575000/1575510.stm. 2001/10/06.

http://news.bbc.co.uk/hi/english/static/in.depth/world/2000/drugs_trade/default.st.

http://www.cnn.com/2001/us/09/26/inv.drug.money/index.html.

제10장

결론

"It's so good. Don't even try it once."

— *intravenous heroin user*

마리화나, 아편, 코카잎과 같은 천연마약 그 자체는 개념적으로 가치 중립적이라고 말할 수 있다. 그러나 마약의 역사에서 마약은 인간의 질병을 치료했지만 이와 동시에 인간을 부패시켰다. 마약의 사용을 인간이 어떤 식으로 접근하느냐 하는 문제에 따라 마약은 인간에게【좋은 것】혹은【나쁜 것】이 될 수 있는 이중성을 지니고 있다. 적어도 그리스·로마 시대까지 사람들의 마약에 대한 일반적 인식은 개인의 자유에 의한 개인적 선택의 문제였다. 마약의 선악은 복용비율에 따라 선약도 될 수 있고 독약도 될 수 있다고 경고한 히포크라테스의 격언은 현재는 물론 미래의 인류에게도 매우 중요한 의미를 제공한다. 이러한 선악에 대한 중립적 입장의 마약이 서구 역사가 기독교화되면서 중세 마녀사냥의 희생양이 되었다. 그리고 마약에 대한 마녀사냥의 전통은 현재까지 종종 정치적 희생양의 수단으로 이어지고 있다.

천연마약이 실질적으로 인간에게 문제가 된 것은 19세기부터이다. 그리고 천연마약이 화학적 공정과정을 거쳐 모르핀, 헤로인, 코케인과 같은 半화학 합성마약으로 정제되면서 중독성이라는 해악이 발견되기 시작한 것은 19세기 말이다. 결국 인간의 탐욕에서 시작된 마약의 사용은 20세기 초 국제아편협약을 제정하면서 점차적으로 불법화됐다. 그러나 마약의 불법화는 단순한 불법화로 종식되지 않았다. 중세의 마녀사냥처럼 마약에 대한 마녀사냥의 전통은 20세기 초 미국에서 소수민족의 탄압에 악용됐다. 20세기 중반부터 수많은 새로운 순수 화학합성 마약들이 등장함에 따라 마약의 오남용 문제가 심각한 사회, 국가, 글로벌 문제로 등장했다. 그러나 마약의 사용에 대한 전적인 책임은 마약을 생산한 제약회사나 감독의무가 있는 국가가 아닌 사용자에게 부과됐다. 더구나 20세기 중순의 매카시즘, 21세기 초의 테러와의 전쟁이라는 미명하에 【마약 사용자=테러리스트】라는 정치적 수단으로 악용됐다.

〈표 10-1〉 마약 관련 마녀사냥의 사례들

시기	장소	사회구조	사회행위자	대상	도구
중세 말~ 르네상스	유럽	종교개혁	新舊교도	여성	마약 사용자
20세기 초반	미국	청교도주의	백인우월주의자	소수민족	마약 사용자
20세기 중반	자유세계	매카시즘	반공주의자	공산주의자	마약밀매자
21세기 초반	전 세계	테러와의 전쟁	미국	테러리스트	마약밀매자

인류는 현재 세계화의 과정에 살고 있다. 세계화는 인류에게 새로운 희망을 주었지만 동시에 부정적인 측면도 유발하기 시작했다. 1990년대 이후 세계화의 부정적 현상들은 더욱 증폭됐다. 세계화는 특히 테러조직, 범죄조직, 마약조직들에게 불법행위를 하기에 좋은 환경을 제

공해 주었다. 불법행위의 핵심의 하나는 마약밀매이다. 20세기 후반부 인류는 【공산주의】라는 적색유령에서 벗어난 순간적 기쁨은 【마약밀매】라는 새로운 백색유령으로 인해 고민에 빠졌다. 마약 특히 화학합성마약이 지나는 【향락】과 【파멸】이라는 양면성 때문에 정신적으로 방황하며 불안정한 위치에 있는 청소년들을 노리고 있다. 이 때문에 바야흐로 21세기의 전 세계는 이 백색유령과의 전쟁을 준비해야 한다. 왜냐하면 공산주의나 테러리즘과 같이 【보이는 적】보다 마약밀매와 같이 【보이지 않는 적】이 장기적으로 훨씬 치명적이기 때문이다.

사회현상의 관점에서 20세기가 【전쟁과 이데올로기 투쟁의 세기】였다면, 21세기는 【테러와 범죄와의 투쟁의 세기】가 될지도 모른다. 행위자의 관점에서 20세기가 TIME 창간자(Henry Luce)가 말했던 【미국의 세기】였다면, 21세기는 국가에 대항하는 【불법단체들의 세기】가 될 가능성이 높다. 중요한 사실은 그런 무질서 현상의 핵심은 마약밀매가 될 것이다. 왜냐하면 마약밀매에서 파생된 다양한 불법현상들은 그런 현상들이 상호 결합하여 또 다른 새로운 형태의 불법현상을 야기하면서 국제무질서의 근원이 되기 때문이다. 21세기에 국가는 이 거대한 불법현상과 불법단체와의 새로운 전쟁을 준비해야 한다. 그러나 이에 대항하는 국가의 통제력은 점차적으로 약화되는 것이 시대적 추세이다. 더구나 국가권력의 확대는 세계화로 인해 더욱 성숙되고 막강해진 시민사회의 반발로 어려움에 직면할 것이다.

요약하면 철저한 준비 없이 21세기 다양한 분야에서 발생하는 초국가적 위협과 위기의 심각성을 인식할 때는 이에 대한 신속한 대응책을 세울 수 없다. 특히 새로운 위협에 대응하는 법집행기관들이 지닌 현재의 한계와 제약으로는 새로운 적과 맞서 싸울 수 없다. 따라서 새로운 시대에 새로운 적의 등장과 함께 그것에 적절히 대항할 수 있는 새로운 법집행체제를 형성해야 한다. 이런 맥락에서 국가와 시민사회는 대립적 존재가 아니다. 왜냐하면 21세기 초국가적 위협들은 국가와 시민사회 모두에게 파멸로 이끄는 공동의 적이기 때문이다. 이러한 새로운 위협에 공동으로 대처하기 위해서는 국가와 시민사회 모두가 상호신뢰와 상호협력을 추진하는 변화된 모습을 보여야 한다.

미주

1) McKenna(1992), p.24.
2) McKenna(1992), p.20.
3) Eliade(1964), p.4.
4) Clottes(2002), p.7.
5) Eliade(1964), pp.3-7.
6) Samorini(1992), pp.69-78.
7) Schultes(1990), p.7.
8) Furst(1990), p.xix.
9) McKenna(1992), p.xiv.
10) UNODC(2009).
11) http://www.alb2c3.com/drugs/hash005.htm.
12) UNODC(2006), Chapter 3 & 28.
13) Stafford(1992).
14) Rudgley(1998).
15) Rubin(1976), p.305.
16) Mekenna(1992), p.150.
17) Ackerknecht(1995), p.25.
18) http://www.onlinepot.org/medical/eberspapyrus.htm.
19) Rudgley et al.(1998).
20) BBC News, 2003/01/06.
21) http://www.cannabisculture.com/backissues/cc11/christ.html.
22) Li(1974), p.444.
23) Herodotus, http://classics.mit.edu/Herodotus/history.4.iv.html.
24) Devenport-Hines(2002), p.30.
25) http://en.wikipedia.org/wiki/Opium.

26) Booth(1996), pp.15-16.
27) http://en.wikipedia.org/wiki/Opium.
28) Escohotado(1999), p.6.
29) Kritikos and Papadaki(1967), pp.35-38.
30) Schiff(2002).
31) Devenport-Hines(2002), p.30.
32) Schiff(2002).
33) DEA(1993).
34) http://cocaine.org/cokleaf.html.
35) Rivera(2005), pp.455-458.
36) Streatfeild(2001), pp.8-9.
37) Streatfeild(2001), p.21; Constable(2002), p.80.
38) Streatfeild(2001), p.35; Constable(2002), pp.85-86.
39) Pahnake(1996); Schutes(2001).
40) Escohotado(1999), p.8.
41) 대검찰청(2003), p.16.
42) Eliade(2005). p.107.
43) Eliade(1964), p.82.
44) Eliade(2005), p.115.
45) Schultes(1990), p.5.
46) Wasson(1990).
47) McKenna(1992), p.61.
48) Furst(1990), pp.146-164.
49) Reichel-Dolmatoff(1990), p.93.
50) Fernandez(1990), pp.245-246.
51) Graves(1993), p.96.
52) McKenna(1992), p.76-78.
53) Wasson(1990), p.212.

54) http://en.wikipedia.org/wiki/Pharmacos.
55) http://en.wikipedia.org/wiki/Pharmacon.
56) Burkert(1985), p.82.
57) Eliade(1993).
58) Eliade(1993), p.294.
59) Escohotado(1999), p.7.
60) Touw(1981), pp.23-34.
61) Voigt(1988), p.74.
62) Eliade(1993), pp.283-285.
63) Escohotado(1999), p.3.
64) Smith(1964), p.3.
65) McKenna(1992), p.xviii.
66) McKenna(1992), p.6.
67) Smith(1964), p.5.
68) Hultkrantz(1988), p.36.
69) Hultkrantz(1988), p.39.
70) McKenna(1992), p.8.
71) Escohotaod(1999), p.2.
72) Emboden(1979), pp.27-28, recited in McKenna(1992), p.194.
73) Schiff(2002), http://findarticles.com/p/articles/miqa3833/is.200207/ain9107282/print.
74) Escohotado(1999), p.14.
75) Booth(1996).
76) Kritikos, http://www.wbenjamin.org/nc/poppy.opium.html.
77) Scarborough(1996), p.4.
78) Scarborough(1996), p.5.
79) Akerknecht(1995), p.57.
80) Escohotado(1999), p.13.
81) Scarborough(1996), p.11.

82) Scarborough(1996), p.4.
83) http://en.wikipedia.org/wiki/Demeter.
84) http://en.wikipedia.org/wiki/Eleusinian,Mysteries.
85) Escohotado(1999), p.17.
86) Matossian(1989).
87) Escohotado(1999), p.17.
88) Wasson(1978), recited in McKenna(1992), p.90.
89) Dickie(2003), pp.149-159.
90) Scarborough(1996), p.18.
91) Escohotado(1999), pp.19-20.
92) Haskins(2005), p.38.
93) Devenport-Hines(2002), p.31.
94) Scarborough(1996), p.15.
95) Escohotado(1999), p.14.
96) Escohotado(1999), p.20.
97) Escohotado(1999), p.19.
98) Escohotado(1999), p.23.
99) Escohotado(1999), p.10.
100) Escohotado(1999), pp.25-26.
101) Escohotado(1999), p.27.
102) 정용재(1998), p.3.
103) Conrad et al.(1995), p.243.
104) 森島恒雄(1998), pp.171-172.
105) Christen, p.91; 森島恒雄(1998), pp.164-170.
106) Levack(2003), pp.163-165.
107) 森島恒雄(1998), p.165.
108) Levack(2003), p.188.
109) 정용재(1998), p.62.

110) Salamann(1995), p.102.

111) Barstow(1994), pp.97-107.

112) 상세한 내용은 Barstow(1994), chapter V.

113) 정용재(1998), p.17.

114) Linder(2005).

115) Sallmann(1995), pp.14-15.

116) Russell(1971), p.173.

117) Levack(1992), p.49.

118) Salmann(1995), p.21.

119) 조성권(2004)의 논문을 수정.

120) Siraisi(1990), p.8.

121) Siraisi(1990), pp.141-142.

122) Levack(2003), p.84.

123) Sallmann(1995), p.53; Quenor(1994), pp.177-178: Levack(2003), p.42; Escohotado(1999), p.36.

124) Mendelson & Mdllo(1986), p.78; Powell(1998); Kuklin(1999).

125) Rätsch, p.74.

126) Rätsch, p.94.

127) 김정자(1990), p.244. 정용재(1998), p.60에서 재인용.

128) 정용재(1998), P.61.

129) Salamann(1995), p.139; Fuchs(2001), pp.506-509.

130) Salmann(1995), p.54.

131) Salmann(1995), p.66.

132) Salamann(1995), p.102.

133) Ackerknecht(1995), p.30.

134) Ackerknecht(1995), p.31.

135) Levack(2003), pp.103-105.

136) Strathern(2005), pp.25-30.

137) Davenport-Hines(2002), p.32.

138) Davenport-Hines(2002), p.35.
139) Davenport-Hines(2002), p.36.
140) Davenport-Hines(2002), p.43.
141) Davenport-Hines(2002), p.45.
142) Davenport-Hines(2002), p.49.
143) Davenport-Hines(2002), p.54.
144) Beidler(2009).
145) Strathern(2005), pp.22-37.
146) Schiff(2002), p.187.
147) Zheng(2003), pp.1-39.
148) Davenport-Hines(2002), p.46.
149) Davenport-Hines (2002), p.47.
150) Davenport-Hines(2002), p.47.
151) Bertelsen(2008).
152) McCoy(2007).
153) Zheng(2003), pp.1-39.
154) Trocki(2002), p.3.
155) Davenport-Hines(2002), p.47.
156) Deport-Hines(2002), p.100.
157) Davenport-Hines(2002), p.101.
158) Davenport-Hines(2002), p.99.
159) Davenport-Hines(2002), p.98.
160) 川原秀城(2008), p.46.
161) http://en.wikipedia.org/wiki/Cocaine.
162) Karch(1998), p.19.
163) http://en.wikipedia.org/wiki/John.S.Pemberton.
164) Davenport-Hines(2002), p.157.
165) Davenport-Hines(2002), p.158.
166) Thornton(1983), pp.151-169.

167) http://library,thinkquest,org/C0115926/drugs/cocainel.htm.

168) http://library.thinkquest.org/C0115926/drugs/cocainel.htm.

169) Davenport-Hines(2002), p.165.

170) Davenport-Hines(2002), pp.168-169.

171) Wahl(1985), pp.34-35, http://www.victorianweb.org/science/health/health4.html.

172) Davenport-Hines(2002), p.41.

173) Davenport-Hines(2002), p.99.

174) Davenport-Hines(2002), p.90.

175) 특히 모로는 중추신경계에 대한 마약의 효과를 체계적으로 연구한 최초의 의사이다.

176) Davenport-Hines(2002), p.41.

177) Zieger(2002).

178) 문학작품 속에서의 마약 및 마약의 역할을 다룬 가장 저명한 저서는 Boon(2002)를 참고할 것.

179) Davenport-Hines(2002), pp.62-63.

180) Zieger(2002).

181) Zinger(2002).

182) 현대의 절주 및 절대금주운동은 Twelve-Step program으로 계승됐다.

183) 프랑스 심리학자(Alfred Binet: 1857~1911)는 퇴보를 마약중독과 같은 개념으로 사용했다.

184) 지나친 음주를 하나의 질병으로 간주한 영국 의학서는 Thomas Trotter의 1804년 논문

185) Zieger(2002).

186) Zieger(2002).

187) Davenport-Hines(2002), p.107.

188) Davenport-Hines(2002), pp.117-118.

189) Davenport-Hines(2002), p.125.

190) Davenport-Hines(2002), p.119.

191) Kandall(1999), pp.33-52.

192) Davenport-Hines(2002), p.127.

193) Davenport-Hines(2002), p.169.
194) Davenport-Hines(2002), p.128.
195) Davenport-Hines(2002), p.79.
196) Allingham(2006).
197) McCoy(2007).
198) Davenport-Hines(2002), p.82.
199) Richards(2001).
200) 김기정(2005), pp.322-327.
201) Davenport-Hines(2002), p.200.
202) Levinson(2002), pp.14-15.
203) Davenport-Hines(2002), p.202.
204) Levinson(2002), pp.14-15.
205) Abadinsky(1990). p.90.
206) Abadinsky(1990), p.307.
207) 조성권(1997)의 논문을 수정.
208) McCoy(1991), p.263.
209) 川合眞吉, 표문태 역(1979), pp.151-180.
210) 川合眞吉, 표문태 역(1979), p.186.
211) Morgan(1960)과 Posner(1988)을 참고.
212) Seagrave(1992: 상), p.202.
213) Seagrave(1992: 상), pp.292-293을 참고.
214) 이하 Seagrave(1992: 상), pp.224-228을 요약.
215) Martin(1995), p.67.
216) 이하 Scagrave(1992: 상), pp.220-222를 요약.
217) Bresler(1980), pp.31-32: Seagrave(1992: 하). pp.137-157; Martin(1995).
218) 서문당 편집실(1986), pp.417-418.
219) 서문당 편집실(1986), pp.403-407.
220) Sheehan(1990), pp.9-10.
221) Bresler(1980), pp.31-32; Segrave(1992: 하), pp.137-157; Martin(1995).

222) Sheehan(1990), pp.11-12.
223) Sheehan(1990), pp.12-13.
224) Sheehan(1990), p.17.
225) 동남아 커넥션의 역사적 기원은 조성권(2001), pp.186-187.
226) Macoy(1991), Chapter 9.
227) McCoy(1991)의 chapter 9.
228) Bresler(1980); 김자동 역(1986); Sheehan(1990).
229) McCoy(1991), p.17.
230) McCoy(1991), pp.11-25; Scott & Marshall(1991), pp.4-7.
231) Escohotado(1999), p.105.
232) Mills(1991), p.38.
233) Chase(2000), pp.41-65.
234) Baker(2001), p.Al.
235) Sheehan(1990), pp.17-18.
236) Lupsha(1987), pp.32-33.
237) Chepesiuk(1999), p.50.
238) Wasson(1957).
239) Seedling(1990), pp.83-87
240) Musto(1999), pp.247-248. 마약사범이 1965년 18,000명에서 1970년 188,000명으로 증가.
241) Belenko(2000), pp.255-256.
242) 상세한 내용은 Belenko(2000), pp.260-261.
243) Lamour & Lamberti(1974), p.60, recited in Chepesiuk(1999), p.159.
244) 이 법은 The McClellan Committee Hearings(1962-1964)에서 기원.
245) Lamour & Lamberti(1974), p.104, recited in Chepesiuk(1990), p.160.
246) President's Commission on Organized Crime(1984), p.34.
247) Musto(1999), p.264.
248) Chepesiuk(1999), p.32.
249) Nadelmann(1998), pp.111-126.

250) Collins(1999), p.85.
251) 상세한 내용은 Woodword(1987); Blum(2003).
252) 상세한 내용은 Cockbum & Cockburn(1988).
253) Chepesiuk(1999), p.199.
254) 마약문제는 1985년 2%에서 1989년 38%로 폭증했다(Berenko 2000, 306).
255) Marby(1989), p.3.
256) Berenko(2000), p.307.
257) Bagley(1988), p.167.
258) Walker(1981), p.197: Gugliotta & Leen(1989), p.22.
259) Castillo(1987), p.111.
260) Gugliotta & Leen(1989), p.92.
261) 조성권(1997), pp.178-183.
262) 조성권(1998), pp.109-125.
263) El Espectador, 1988/01/10.
264) Salazar(1990), p.197.
265) Salazar(1990), pp.28-29.
266) Cho(1994), p.114.
267) Salazar(1990), p.202.
268) 조성권(2011), 제10장.
269) McCoy(1991), p.222-226.
270) Bergen(2001), p.68.
271) Daily Times Monitor, 2003/07/23.
272) McCoy(1991), p.385.
273) McCoy(1991), p.22; Cooley(2000), chapter 7.
274) BBC News, 2001/10/06, http://news.bbc.co.uk/hi/english/uk/news-id.1590000/1590827.stm.
275) BBC News, 2001/10/06, http://news.bbc.co.uk/hi/english/uk/news-id.1590000/1590827.stm.
276) Lenahan(1998), pp.183-184.

277) Kinzer(2008), p.4.

278) Cockburn(1987), pp.154-160.

279) Testimony to U.S. Senate Select Committee(1996).

280) BBC News, 04/06/06.

281) Parry(2004).

282) The Congressional Committee Investigating Iran Contra(1987).

283) Blum(2006).

284) US, Senate Committee on Foreign Relations(1989), pp.145-147.

285) Cockburn(1987), pp.152-153.

286) Cockburn & Cockburn(1988).

287) Cockburn & Cockburn(1988).

288) Bagley(1988). p.166.

289) Berenko(2000), p.334.

290) 1996년 이들에 의해 조성된 불법자금은 1조 달러로 추산(연합뉴스 97/02/15).

291) Holden-Rhodes and Lupsha(1993), p.212

292) Holden-Rhodes and Lupsha(1993), p.212.

293) 마약의 합법화 논쟁에 대한 논의는 Evans and Berent(1992).

294) 조성권(1998), p.124

295) NYT, 90/02/21, p.A3.

296) NYT, 95/11/24, p.A7.

297) Thoumi(1987), Aharez(1995).

298) Martin & Romano(1992), pp.60-64.

299) Steinitz(1985), p.141.

300) Lee(May 1995), p.210.

301) 조성권(2010), p.55.

302) BBC News, 01/11/02.

303) BBC News, 07/11/19.

304) Mia Hashibe, et al.(Oct. 2006), pp.1829-34.

305) American Thoracic Society, 07/05/21.

306) NYT, 01/05/14.

307) Lindsmith-Drug Policy Foundation, "eNewsletter", 02/07/26.

308) Associated Press, 2007/07/26.

309) Lindsmith-Drug Policy Foundation, "eNewsletter", 02/11/01.

310) Joseph Carroll(2005).

311) Ryan Grim(2009).

312) Lindsmith-Drug Policy Foundation, "eNewsletter", 01/08/31 & 02/11/01.

313) 강문구·조성권(2000), pp.284-298.

314) NYT, 97/02/23, p.8.

315) NYT, 97/07/11, p.A1.

316) NYT, 95/12/26, p.A13; 96/02/19, p.A14.

317) Eaton(1998), recited in Chepesiuk(1999), p.244.

318) Chepesiuk(1999), p.36.

319) Chepesiuk(1999), p.37.

320) http://news.bbc.co.uk/hi/english/static/in_depth/world/2000/drugs_trade/default.st.

321) Boston.com, 05/06/30.

322) The White House(2001).

323) 연합뉴스, 02/10/17.

324) The US Dept. of State(2002).

325) Maingor(1994).

326) Rose-Ackerman(2000), p.95.

327) Arendt(1972), pp.134-155.

328) Lindsmith-Drug Policy Foundation, 01/09/11.

329) Lindsmith-Drug Policy Foundation, 02/06/21.

330) Lindsmith-Drug Policy Foundation, 02/03/15 & 02/09/06.

331) 연합뉴스, 01/01/05; 01/02/20.

332) Lindsmith-Drug Policy Foundation, 02/07/07.

333) Nick Carter, Jul. 11, 2005.

334) Cook, et al.(2008), p.4.
335) Mendoza, May 24, 2007; Meyer, Mar. 23, 2009.
336) Walser & Roberts(2007), pp.1-3.
337) Lumpe(1997), pp.4-5.
338) Madriga, July 16, 2008.
339) Alan Riding(1986), p.164.
340) Lindsmith-Drug Policy Foundation, 01/09/29.
341) BBC News, 01/10/06.
342) Lindsmich-Drug Policy Foundation, 02/08/24.
343) US Dept. of State(2002-2008); World Drug Report(2023).
344) Walker(2006), p.21; Williams(2008), p.135.
345) Levitt & Jacobson(2009), p.4.
346) Sterling(1994), p.14.
347) Williams(2005), p.140
348) Makarenko(2004), p.132.
349) Makarenko(2004), p.131.
350) Associated Press, 06/09/28.
351) Society for Conservation Biology, 23 Jul. 2002.
352) Calderon(2007), p.2.
353) Calderon(2007), p.2.
354) Calderon(2007), p.2.
355) Grinspoon(1970), p.32.
356) Rohter, 1 May, 2000.
357) Lupsha(1996). p.39.